국가공인 漢字 급수 자격시험 대비
8급~1급까지 배정한자 3,500字 급수표 수록

24日 완성 부수한자
그림 연상 기억법

부수한자 214字를 그림으로 구조화 기억
초등생도 완벽하게 기억할 수 있는 그림 연상법
기본 부수는 한자의 기초가 되는 주춧돌과 같음
누구나 한자 공부에 앞서 꼭 알아 두어야 할 부수한자

기초한자 8·7급 한자능력시험대비 배정한자 및 실전문제

한국두뇌개발교육원 **손 동 조** 원장 저
한국기억법창시자 **손 주 남** 원장
박 소 진 그림

방과후 학교 교재

홈페이지 : http://www.kbspeed.com
한국두뇌개발교육원

다음카페 : http://cafe.daum.net/kbspeedj

저자 이메일 : amsre@hanmail.net

본서 기획자 : 한국두뇌개발원

독자상담 : 02-725-6277

머리말

　한자 부수의 글자를 공부한다는 것은 한자를 쉽게 공부하는 방법입니다.

　부수(部首)란 5만 자에 관련된 한자를 214자의 우두머리 글자를 만들어, 1획 한 일(一)에서 17획 피리 약(龠)까지 분류되었습니다. 중국 후한 때 허신(許愼)의 540자에서 오늘날 부수 한자의 원조격인 1716년에 청나라 4대 황제인 강희제의 지시로 편찬한 강희자전(康熙字典)에서 214자의 부수가 획순으로 배열되었습니다.

　국어의 가나다, 영어의 알파벳을 공부하듯 한자의 214字의 부수를 공부하는 것입니다.

　국어의 70% 이상이 한자어입니다. 국어는 소리글자이고 한자는 뜻글자입니다. 한자 부수를 알면 중국어나 일본어를 쉽게 배울 수 있습니다.

　초등학생이 일본어나 중국어 자격증에 도전할 수 있는 것은 한자실력에서도 기본적인 부수공부가 바탕으로 한 것입니다. 부수는 한자의 짜임에서 핵심이며, 한자분류의 기본원칙이며 자전이나 사전에서 글자를 찾는 데 기준이 됩니다. 많은 양의 한자를 쉽게 재미있게 잘 익히는 방법이라 강조합니다.

　'부수 한자 그림 연상기억법'의 특징은 214자의 부수를 쉽게 연상되는 그림으로 기억법의 원리를 적용하여 구조화 작업을 하였습니다. 각 장(場)에는 부수 한자를 9자씩 넣어 3의 원리로 배열했고, 총 그림의 장면을 24장으로 나누어 구성하였습니다. 하루에 한 장면씩 총 24일 완성으로 214자를 연상하여 기억할 수 있게 컬러(천연색) 그림으로 만들어져 있습니다. 부수 한자를 익힌 후 초급 한자 8·7급에 해당하는 한자는 누구라도 쉽게 급수시험에 합격할 수 있도록 구성하였습니다. 부록으로 1~8급의 급수를 구분하여 한자능력 검정시험에 대비하여 총 3,500자를 단계적으로 표시하여 앞으로 배울 한자 공부에 도움이 되도록 하였습니다.

　한자교육의 열풍으로 급수시험의 문제점인 '한자를 쓰는 게 아니라 보고 그렸다.' 혹은 '억지로 암기했다.' 라는 것입니다. 한자공부의 기본을 무시하고 한자의 뜻을 모른 채 상위급수 대비에 스트레스를 받고 한자에 대한 흥미를 잃어 초등학생이 중학생이 되어서는 한자에 대해 거부감으로 이어지는 문제점입니다. '부수 한자 그림 연상기억법'은 초등학교에서 재량활동 시간에 한자교육의 좋은 기본서로 학생들이 흥미를 갖고 배울 수 있는 체계적인 교재입니다.

저자

차 례

◇ 육서의 기본원리 ·············· 6
◇ 한자 필순의 기본원칙 ·············· 8
◇ 한자부수의 위치와 명칭 ·············· 10
◇ 기본 부수한자 총 214字 ·············· 11
◇ 부수한자 기억의 구성원리 ·············· 13

부수 漢字 구조화 연상

1일차	乙 새 사냥의 장 ·············· 15
2일차	宀 덮을 멱의 장 ·············· 19
3일차	匸 감출 혜의 장 ·············· 23
4일차	土 흙 토의 장 ·············· 27
5일차	寸 마디 촌의 장 ·············· 31
6일차	巾 수건 건의 장 ·············· 35
7일차	彡 터럭 삼의 장 ·············· 39
8일차	斗 말 두의 장 ·············· 43
9일차	止 그칠 지의 장 ·············· 47
10일차	火 불 화의 장 ·············· 51
11일차	玄 검을 현의 장 ·············· 55
12일차	疒 병들어 기댈 녁의 장 ·············· 59

13일차 示 보일 시의 장 ·········· 63		■ 8급 배정 한자 50자 ·········· 112
14일차 网 그물 망의 장 ·········· 67		■ 7급 배정 한자 100자 ·········· 114
15일차 臣 신하 신의 장 ·········· 71		■ 7·8급 배정 한자 총 150자 훈·음 바르게 쓰면서 익히기 ·········· 116
16일차 艸 풀 초의 장 ·········· 75		■ 7·8급 배정 한자 총 150자 바르게 쓰면서 익히기 ·········· 118
17일차 言 말씀 언의 장 ·········· 79		■ 실전 기출 및 예상문제 8급 問題紙 120
18일차 身 몸 신의 장 ·········· 83		■ 한자능력검정시험 8급 답안지 ·········· 121
19일차 金 쇠 금의 장 ·········· 87		■ 실전 기출 및 예상문제 7급 問題紙 122
20일차 面 얼굴 면의 장 ·········· 91		■ 한자능력검정시험 7급 답안지 ·········· 123
21일차 首 머리 수의 장 ·········· 95		■ 한자능력검정시험 8·7급 정답 ·········· 124
22일차 鬼 귀신 귀의 장 ·········· 99		■ 부수와 연결된 활용한자 쓰고 뜻 이해하기 ·········· 125
23일차 黑 검을 흑의 장 ·········· 103		■ 부록 한자 급수별 분류표 ·········· 149
24일차 龍 용 룡의 장 ·········· 107		■ 漢字능력검정시험 대비 한자성어 및 고사성어 ·········· 220

육서(六書)의 원리[1]

❖ 한자는 모양 형(形), 소리 음(音), 뜻 의(意) 3가지 요소로 만들어졌다.
❖ 한자가 만들어지는 원리, 원칙을 육서(六書)라 한다.

예 : 모양 …… 一 한 일
뜻 (訓 : 훈) …… 한(하나)   소리(音 : 음) …… 일

1 상형문자(象形文字)

- 자연이나 물체의 모양을 본떠서 만든 글자.

예 : ⛰ → 山(메 산)   〰 → 川(내 천)   ☀ → 日(날 일)

2 지사문자(指事文字)

- 생각이나 뜻 등 추상적인 개념을 선이나 점으로 나타낸 글자.

예 : ⊥ → 上(위 상)   ⊤ → 下(아래 하)   一 → 木 → 本(근본 본)

3 회의문자(會意文字)

- 위의 상형문자나 지사문자 등 이미 만들어진 두 글자 이상을 합하여 만든 글자.

예 : 日(날 일) + 月(달 월) = 明(밝을 명)
　　木(나무 목) + 木(나무 목) = 林(수풀 림)

육서(六書)의 원리[2]

❖ 한자는 모양 형(形), 소리 음(音), 뜻 의(意) 3가지 요소로 만들어졌다.
❖ 한자가 만들어지는 원리, 원칙을 육서(六書)라 한다.

④ 형성문자(形聲文字)

- 뜻을 나타내는 부분과 음(音)을 나타내는 부분으로 결합하여 만들어진 글자.

예 : 木(나무 목) + 寸(마디 촌) = 村(마을 촌)
　　女(계집 녀) + 古(예 고)　= 姑(시어미 고)

⑤ 가차문자(假借文字)

- 글자의 뜻에 상관없이 음만 빌려서 쓰는 문자.

예 : Asia　　→ 아세아(亞細亞)
　　France → 프랑스(佛蘭西/불란서)

⑥ 전주문자(轉注文字)

- 하나의 글자가 쓰임에 따라 훈과 음이 다르게 쓰이는 문자.

예 : 樂　1. 즐길 락　→ 娛樂(오락) : 재미있게 놀아서 기분을 즐겁게 하는 일.
　　　　2. 노래 악　→ 音樂(음악) : 성악과 기악의 예술.
　　　　3. 좋아할 요→ 樂山樂水(요산요수) : 산수 경치를 좋아함.

　　　更　1. 고칠 경　→ 更新(경신) : 옛것을 고쳐 새롭게 함.
　　　　2. 다시 갱　→ 更生(갱생) : 다시 살아남.

　　　降　1. 내릴 강　→ 降雨(강우) : 비가 내림.
　　　　2. 항복할 항→ 降伏(항복) : 힘에 눌려서 적에게 굴복함.

漢字 필순(筆順)의 기본 원칙 [1]

한자 쓰기의 바른 순서

* 한자에서 점 또는 선을 한 획이라고 한다.
* 한 글자를 쓸 때 모두 몇 획으로 짜여 있는가를 획수라 한다.
* 한 글자를 형성하여 가는 순서를 필순이라고 한다.
* 바른 필순에 따라 쓸 때 글자는 균형 잡히고 아름다운 글자 모양이 이루어지게 된다.

① 위에서 아래로 쓴다.
  예 : 言 (말씀 언) : ` 亠 二 三 三 言 言
      三 (석 삼) : 一 二 三

② 왼쪽에서 오른쪽으로 쓴다.
  예 : 外 (바깥 외) : ノ ク タ 列 外
      川 (내 천) : ノ 丿 川

③ 가로획과 세로획이 만날 때는 가로획을 먼저 쓴다.
  예 : 十 (열 십) : 一 十
      春 (봄 춘) : 一 二 三 丰 夫 表 春 春 春

④ 몸은 안보다 바깥부터 먼저 쓴다.
  예 : 同 (한가지 동) : 丨 冂 冂 同 同 同

⑤ 바깥부분을 먼저 쓰고 안쪽을 쓴다.
  예 : 火 (불 화) : 丶 丷 少 火

⑥ 좌우가 대칭될 때 가운데를 먼저 쓴 다음에 좌우 순으로 쓴다.
  예 : 水 (물 수) : 丨 亅 水 水

漢字 필순(筆順)의 기본 원칙 [2]

한자 쓰기의 바른 순서

* 한자에서 점 또는 선을 한 획이라고 한다.
* 한 글자를 쓸 때 모두 몇 획으로 짜여 있는가를 획수라 한다.
* 한 글자를 형성하여 가는 순서를 필순이라고 한다.
* 바른 필순에 따라 쓸 때 글자는 균형 잡히고 아름다운 글자 모양이 이루어지게 된다.

⑦ 삐침 별(丿)과 파임 불(㇏)이 만날 때는 삐침을 먼저 쓴다.
  예 : 父 (아비 부) : ⼂ ⼃ ⽗ 父
       人 (사람 인) : 丿 人

⑧ 가운데를 꿰뚫는 획은 나중에 긋는다.
  예 : 中 (가운데 중) : 丨 冂 口 中
       手 (손 수) : ⼂ ⼆ 三 手

⑨ 가로획보다 삐침을 짧게 써야 모양이 나는 것은 삐침을 먼저 쓴다.
  예 : 右 (오른 우) : 丿 ナ 十 右 右

⑩ 삐침을 가로획보다 길게 써야 모양이 나는 것은 가로획을 먼저 쓴다.
  예 : 左 (왼 좌) : 一 ナ 十 左 左

⑪ 허리를 긋는 획은 나중에 긋는다.
  예 : 女 (계집 녀) : ⼂ ⼡ 女
       母 (어미 모) : ⼂ ⼛ 母 母 母

⑫ 오른쪽 위의 점 주(丶)는 맨 나중에 찍는다.
  예 : 成 (이룰 성) : 丿 厂 厂 万 成 成 成
       犬 (개 견) : 一 ナ 大 犬

3 한자부수의 위치와 명칭

* 부수는 자전(字典)에서 찾기에 기준이 되며, 글자의 뜻에 영향을 준다.
* 부수는 모두 214자가 있으며, 한자의 부수가 글자 중의 어느 부분에 있는가에 따라 다음과 같이 분류한다.
* 부수 글자 중에는 독립된 한 자가 그대로 부수인 글자도 있다.

번호	명칭	부 수 위 치		보 기	
1	변	氵	왼쪽에 위치	江	훈음: 강 강 부수: 氵(삼수변) 원부수: 水(물 수)
2	방	刂	오른쪽에 위치	利	훈음: 이할 리 부수: 刂(선칼도방) 원부수: 刀(칼도)
3	머리	宀	위쪽에 위치	安	훈음: 편안할 안 부수: 갓머리 부수 훈음: 집 면
4	발	灬	아랫부분에 위치	無	훈음: 없을 무 부수: 灬(연화발) 원부수: 火(불 화)
5	엄 호 [=엄]	广	위쪽(머리)+왼쪽(변)	庭	훈음: 뜰 정 부수: 广(집 엄)
6	받 침	辶	왼쪽(변)+아래쪽(발)	道	훈음: 길 도 부수: 辶(책받침) 원부수: 辵(쉬엄쉬엄갈 착)
7	몸	囗	바깥둘레를 에워쌈	國	훈음: 나라 국 부수: 囗(큰입구몸) 나라 국/에울 위
		行	왼쪽(변)+오른쪽(방)	街	훈음: 거리 가 부수: 行(다닐 행)
		門	위쪽+왼쪽+오른쪽	間	훈음: 사이 간 부수: 門(문 문)
		匚	위쪽+왼쪽+아래쪽	區	훈음: 구분할 구/지경 구 부수: 匚(감출 혜)
8	제부수		전체부분이 부수로 쓰이는 글자	入, 土, 木, 見	

1. 기본 부수한자 총 214字 중 1단계 [111字]

*부수한자의 획수와 명칭을 바르게 기억하세요.

부수	명칭	부수	명칭	부수	명칭	부수	명칭
	1획	厶	사사 사	弋	주살 익	气	기운 기
一	한 일	又	또 우	弓	활 궁	水(氵)	물 수
丨	뚫을 곤		3획	彐(彑)	돼지머리 계	火(灬)	불 화
丶	점 주	口	입 구	彡	터럭 삼	爪(爫)	손톱 조
丿	삐침 별	囗	나라 국(에울 위)	彳	자축거릴 척	父	아비 부
乙	새 을	土	흙 토		4획	爻	점괘 효
亅	갈고리 궐	士	선비 사	心(忄)	마음 심	爿	나무조각 장
	2획	夂	뒤져올 치	戈	창 과	片	조각 편
二	두 이	夊	천천히걸을 쇠	戶	지게 호	牙	어금니 아
亠	머리부분 두	夕	저녁 석	手(扌)	손 수	牛	소 우
人(亻)	사람 인	大	큰 대	支	지탱할 지	犬(犭)	개 견
儿	어진사람 인	女	계집 녀	攴(攵)	칠 복		5획
入	들 입	子	아들 자	文	글월 문	玄	검을 현
八	여덟 팔	宀	집 면	斗	말 두	玉(王)	구슬 옥
冂	멀 경	寸	마디 촌	斤	도끼 근	瓜	외 과
冖	덮을 멱	小	작을 소	方	모 방	瓦	기와 와
冫	얼음 빙	尢	절름발이 왕	无	없을 무	甘	달 감
几	안석 궤	尸	주검 시	日	날 일	生	날 생
凵	입벌릴 감	屮	싹날 철(왼손좌)	曰	가로 왈	用	쓸 용
刀(刂)	칼 도	山	메 산	月	달 월	田	밭 전
力	힘 력	巛(川)	내 천	木	나무 목	疋	필 필(발 소)
勹	쌀 포	工	장인 공	欠	하품 흠	疒	병들어기댈 녁
匕	비수 비	己	몸 기	止	그칠 지	癶	필 발
匚	상자 방	巾	수건 건	歹	살발린뼈 알	白	흰 백
匸	감출 혜	干	방패 간	殳	창 수	皮	가죽 피
十	열 십	幺	작을 요	毋	말 무	皿	그릇 명
卜	점 복	广	집 엄	比	견줄 비	目	눈 목
卩(㔾)	병부 절	廴	끌 인	毛	털 모	矛	창 모
厂	언덕 한	廾	받들 공	氏	각시 씨(성 씨)	矢	화살 시

2. 기본 부수한자 총 214字 중 2단계 [103字]

*부수한자의 획수와 명칭을 바르게 기억하세요.

부수	명 칭	부수	명 칭	부수	명 칭	부수	명 칭
5 획		色	빛 색	8 획		鬲	오지병 격, 솥 력
石	돌 석	艸(艹)	풀 초	金	쇠 금(성 김)	鬼	귀신 귀
示(礻)	보일 시	虍	범 호	長	긴 장	11 획	
禸	발자국 유	虫	벌레 충(훼)	門	문 문	魚	물고기 어
禾	벼 화	血	피 혈	阜(阝)	언덕 부	鳥	새 조
穴	구멍 혈	行	다닐 행	隶	밑 이	鹵	소금밭 로
立	설 립	衣(衤)	옷 의	隹	새 추	鹿	사슴 록
6 획		襾	덮을 아	雨	비 우	麥	보리 맥
竹	대 죽	7 획		靑	푸를 청	麻	삼 마
米	쌀 미	見	볼 견	非	아닐 비	12 획	
糸	실 사	角	뿔 각	9 획		黃	누를 황
缶	장군 부	言	말씀 언	面	얼굴 면	黍	기장 서
网(罒)	그물 망	谷	골 곡	革	가죽 혁	黑	검을 흑
羊	양 양	豆	콩 두	韋	다룸가죽 위	黹	바느질할 치
羽	깃 우	豕	돼지 시	韭	부추 구	13 획	
老(耂)	늙을 로	豸	발없는벌레 치	音	소리 음	黽	맹꽁이 맹(민)
而	말이을 이	貝	조개 패	頁	머리 혈	鼎	솥 정
耒	쟁기 뢰	赤	붉을 적	風	바람 풍	鼓	북 고
耳	귀 이	走	달릴 주	飛	날 비	鼠	쥐 서
聿	붓 율	足	발 족	食	밥 식	14 획	
肉(月)	고기 육(육달월)	身	몸 신	首	머리 수	鼻	코 비
臣	신하 신	車	수레 차(거)	香	향기 향	齊	가지런할 제
自	스스로 자	辛	매울 신	10 획		15 획	
至	이를 지	辰	별 진(날 신)	馬	말 마	齒	이 치
臼	절구 구	辵(辶)	쉬엄쉬엄갈 착	骨	뼈 골	16 획	
舌	혀 설	邑(阝)	고을 읍	高	높을 고	龍	용 룡
舛	어그러질 천	酉	닭 유	髟	긴털드리울 표	龜	거북 구(귀), (균)
舟	배 주	釆	분별할 변	鬥	싸움 투(두)	17 획	
艮	괘이름 간	里	마을 리	鬯	울창주 창	龠	피리 약

부수한자 기억의 구성 원리

❖ 부수한자 총 214자를 한 장(場)에 9개씩 배열하여 그림으로 구조화하였습니다.

❖ 한 장면의 그림을 보고 이해하고 기억할 수 있도록 쉽고 재미있게 총 24장으로 구성되어 있습니다.

❖ 부수한자를 한 장의 만화 그림을 보듯이 상·중·하, 좌·중·우로 3개씩 3의 원리로 완성하여 9개의 부수한자를 한눈에 보고 이해할 수 있도록 부수 순서대로 나열하였습니다.

[그림 연상 구조화 3의 원리]

[예]	좌	중	우
상	①	④	⑦
중	②	⑤	⑧
하	③	⑥	⑨

❖ 기억을 더욱 쉽게 하려면 3개씩 끊어서 기억하되 번호의 위치를 잘 보고 순번 감 있게 연상하여 기억해야 합니다.

❖ 각 장면 중에서 중앙에 위치에 있는 ⑤번의 부수한자가 각 장의 핵심 부수한자가 되므로 그 한자를 중심으로 전·후, 좌·우 대각선에 위치에 있는 부수까지 한눈에 보고 기억할 수 있게 되어 이야기 식으로 구성되어 있습니다.

기억력 향상과 두뇌개발을 위한 부수한자 연상 기억법

- 각 장(場)의 ⑤번 그림이 중심의 장이됩니다.
- 漢字를 그림으로 연상 하세요.
- 연상하기 내용을 읽고 나서 3개씩 기억하세요.
- 그림의 내용을 읽고 한자의 훈·음까지 기억하세요.
- 1일 한 장(場)씩 훈·음을 쓰고 나서 부수 漢字를 써 보세요.

1일 차 乙 새 사냥의 장(場)

1~9까지 구조화 연상
아래 구조화된 그림을 보고 상·중·하 3의 원리로 연상 기억하세요.

연상기억하기 •••••

- **좌** : 막대기 하나를 들고 밑에 아이는 막대기로 불을 뚫으니 불똥이 점처럼 퍼져 나간다.
- **중** : 나무를 삐쳐서 들고 새를 잡으려고 갈고리 모양의 끈을 던진다.
- **우** : 막대기 두 개를 들고 머리에 띠를 묶은 사람이 끈을 잡고 있다.

[부수 한자 9字 훈·음 기억하기]

1	一	한 일	4	ノ	삐침 별	7	二	두 이
하나, 땅		1획	삐치다		1획	둘, 거듭		2획
2	丨	뚫을 곤	5	乙	새 을	8	亠	머리부분 두
뚫다, 막대기		1획	굽다, 새		1획	위, 머리		2획
3	丶	점 주	6	亅	갈고리 궐	9	人	사람 인
불똥, 강조		1획	갈고리		1획	사람		2획

1~9 부수 한자 보고 훈·음 쓰고 뜻 이해하기 [1]

* 아래 부수 한자를 보고 연상하여 훈·음을 바르게 써 보세요.

1일차 훈·음 쓰기

[중]

[좌]

삐치다
④ 丿 [   ]

[우]

하나, 땅
① 一 [   ]

새 사냥의 장(場)
1~9까지 연상

둘, 거듭
⑦ 二 [   ]

굽다, 새
⑤ 乙 [   ]

뚫다, 막대기
② 丨 [   ]

위, 머리부분
⑧ 亠 [   ]

갈고리
⑥ 亅 [   ]

불똥, 강조
③ 丶 [   ]

사람
⑨ 人 [   ]

한자부수 획순따라 쓰기연습

쓰기연습 [1]

✽ 아래 부수 한자를 획순에 맞추어 천천히 예쁘게 써 보세요.

① 한 일 一	1획순 : 一	
② 뚫을 곤 丨	1획순 : 丨	
③ 점 주 丶	1획순 : 丶	
④ 삐침 별 丿	1획순 : 丿	
⑤ 새 을 乙	1획순 : 乙	
⑥ 갈고리 궐 亅	1획순 : 亅	
⑦ 두 이 二	2획순 : 一 二	
⑧ 머리부분 두 亠	2획순 : 丶 一	
⑨ 사람 인 人	2획순 : 丿 人	

부수 漢字 구조화 연상

1~9 훈·음 보고 부수 한자 연상하여 쓰기 [1]

* 아래 훈·음을 보고 연상하여 부수한자를 바르게 써 보세요.

1일차 부수한자 쓰기

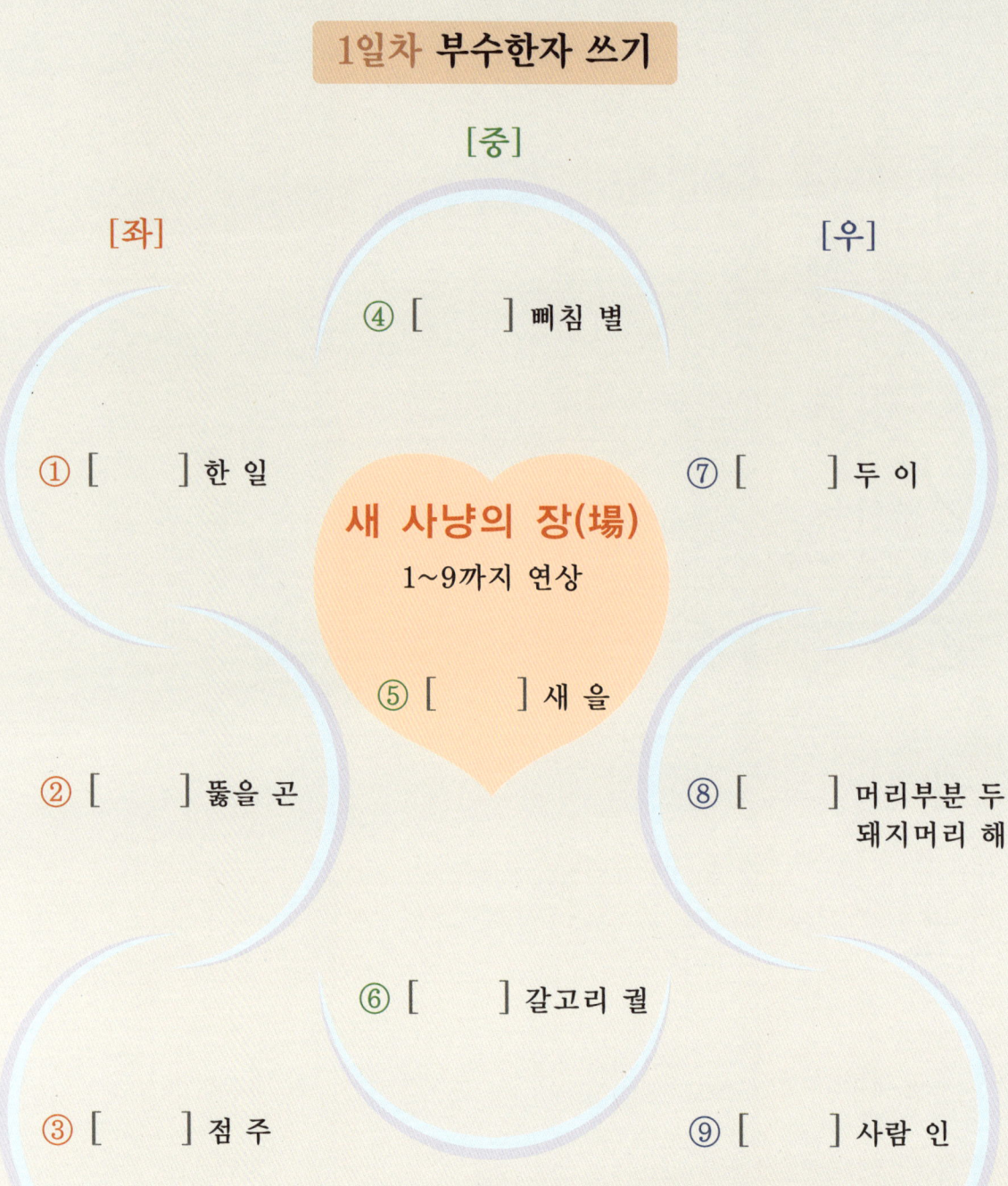

[중]

[좌]　　　　　　　　　　　　　　　　　　[우]

④ [　　] 삐침 별

① [　　] 한 일　　　　　　　　　　⑦ [　　] 두 이

새 사냥의 장(場)
1~9까지 연상

⑤ [　　] 새 을

② [　　] 뚫을 곤　　　　　　　　⑧ [　　] 머리부분 두
　　　　　　　　　　　　　　　　　　돼지머리 해

⑥ [　　] 갈고리 궐

③ [　　] 점 주　　　　　　　　　⑨ [　　] 사람 인

2일차 ㅡ 덮을 멱의 장(場)

10~18까지 구조화 연상
아래 구조화된 그림을 보고 상·중·하 3의 원리로 연상 기억하세요.

연상기억하기

좌: 어진 사람이 발을 구부리고, 들어가는 입구에 지붕 밑은 여덟 팔자에 수염을 달고 있다.
중: 멀리 경기장에 골대가 있고 덮어있는 물컵 속에는 얼음이 떠있다.
우: 책상이 있는 방에 입을 벌리고 칼을 든 강도가 있다.

[부수 한자 9字 훈·음 기억하기]

10	儿	어진사람 인	13	冂	멀 경	16	几	안석 궤
걷는 사람		2획	멀다		2획	책상		2획
11	入	들 입	14	冖	덮을 멱	17	凵	입벌릴 감
들어가다		2획	덮다		2획	위가 벌어짐		2획
12	八	여덟 팔	15	冫	얼음 빙	18	刀	칼 도
여덟		2획	차갑다		2획	칼, 무기		2획

10~18 부수 한자 보고 훈·음 쓰고 뜻 이해하기 [2]

* 아래 부수 한자를 보고 연상하여 훈·음을 바르게 써 보세요.

2일차 훈·음 쓰기

한자부수 획순따라 쓰기연습

쓰기연습 [2]

* 아래 부수 한자를 획순에 맞추어 천천히 예쁘게 써 보세요.

① 儿 어진사람 인	2획순 : ノ 儿
② 入 들 입	2획순 : ノ 入
③ 八 여덟 팔	2획순 : ノ 八
④ 冂 멀 경	2획순 : 丨 冂
⑤ 冖 덮을 멱	2획순 : 丶 冖
⑥ 冫 얼음 빙	2획순 : 丶 冫
⑦ 几 안석 궤	2획순 : ノ 几
⑧ 凵 입벌릴 감	2획순 : ㄴ 凵
⑨ 刀 칼 도	2획순 : フ 刀

10~18 훈·음 보고 부수 한자 연상하여 쓰기 [2]

* 아래 훈·음을 보고 연상하여 부수한자를 바르게 써 보세요.

2일차 부수한자 쓰기

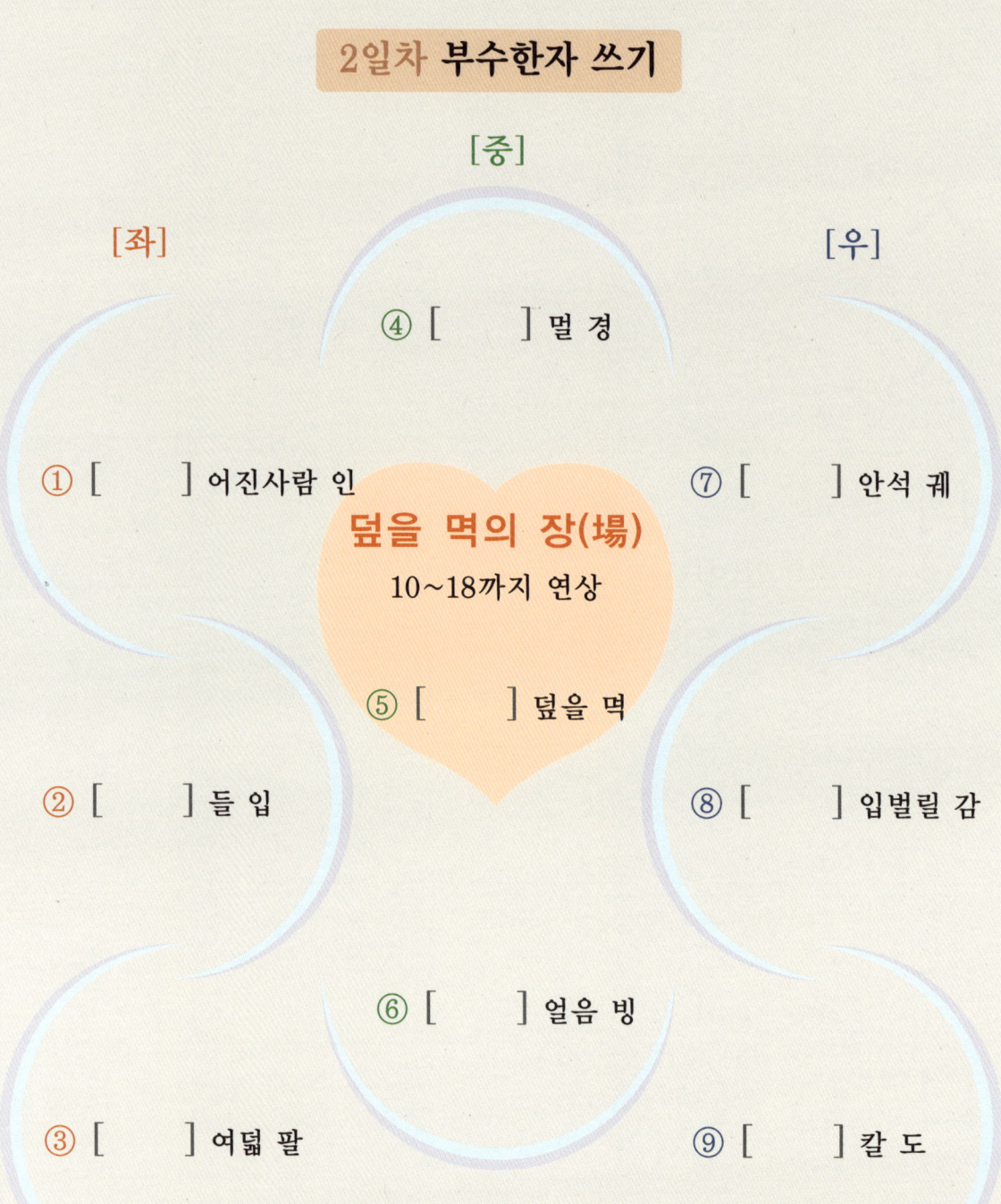

[중]

④ [　　] 덮을 경

[좌]　　　　　　　　　　　　　　　　　　[우]

① [　　] 어진사람 인　　　　　　⑦ [　　] 안석 궤

덮을 멱의 장(場)
10~18까지 연상

⑤ [　　] 덮을 멱

② [　　] 들 입　　　　　　　　⑧ [　　] 입벌릴 감

⑥ [　　] 얼음 빙

③ [　　] 여덟 팔　　　　　　　⑨ [　　] 칼 도

3일차 ㄷ 감출 혜의 장(場)

19~27까지 구조화 연상
아래 구조화된 그림을 보고 상·중·하 3의 원리로 연상 기억하세요.

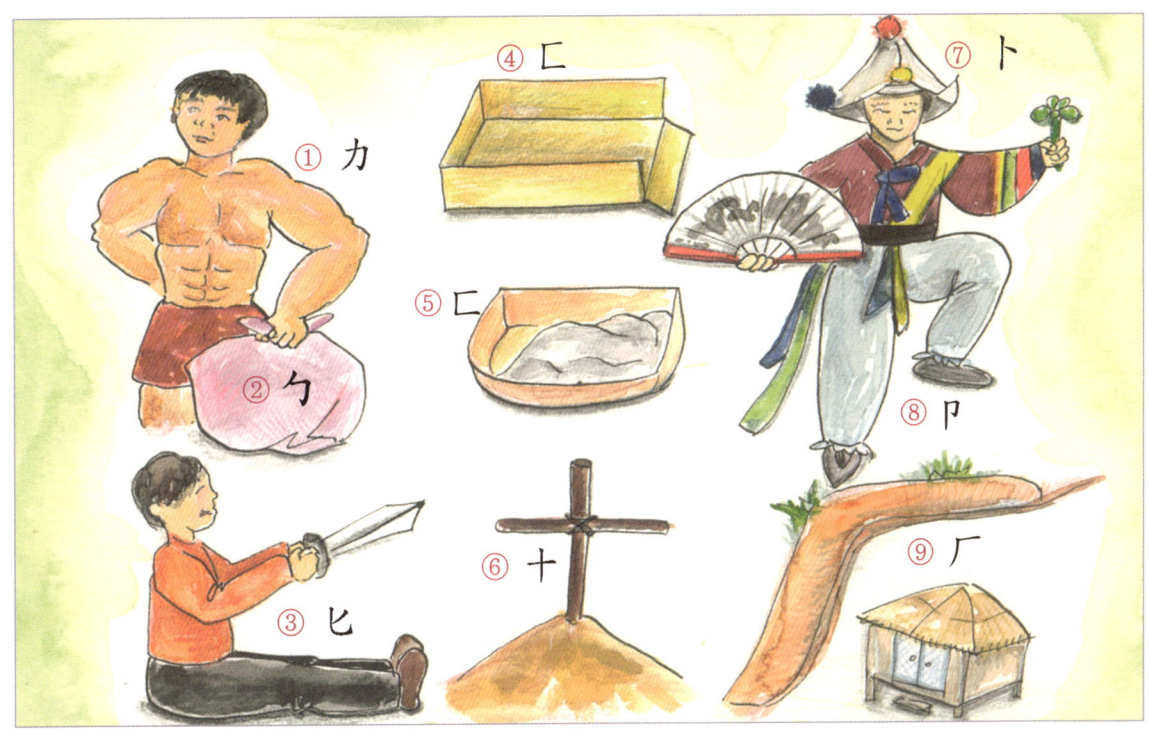

연상기억하기

- **좌** : 힘이 센 근육질의 남자가 물건을 싸들고 아래 아이는 비수를 들고 앉아 있다.
- **중** : 상자가 한쪽이 터져있고 아래 상자에 속에 무엇을 감춰놓고 열십자에 무덤이 있다.
- **우** : 무당이 점을 치고 한쪽 다리를 구부리고 절을 하며 언덕 아래는 한가로이 집이 있다.

[부수 한자 9字 훈·음 기억하기]

19 힘들이다	力	힘 력 2획	22 상자	ㄷ	상자 방 2획	25 점치다	卜	점 복 2획
20 싸다	勹	쌀 포 2획	23 감추다	ㄷ	감출 혜 2획	26 벼슬	卩	병부 절 2획
21 날카롭다	匕	비수 비 2획	24 많다	十	열 십 2획	27 굴바위	厂	언덕 한 2획

19~27 부수 한자 보고 훈·음 쓰고 뜻 이해하기 [3]

* 아래 부수 한자를 보고 연상하여 훈·음을 바르게 써 보세요.

3일차 훈·음 쓰기

[중]

[좌] [우]

상자
④ 匚 [   ]

힘들이다 점치다
① 力 [   ]   ⑦ 卜 [   ]

감출 혜의 장(場)
19~27까지 연상

감추다
⑤ 匚 [   ]

싸다 벼슬
② 勹 [   ]   ⑧ 卩 [   ]

많다
⑥ 十 [   ]

날카롭다 굴바위, 언덕
③ 匕 [   ]   ⑨ 厂 [   ]

한자부수 획순따라 쓰기연습

쓰기연습 [3]

* 아래 부수 한자를 획순에 맞추어 천천히 예쁘게 써 보세요.

力 ① 힘 력	2획순: フ 力
勹 ② 쌀 포	2획순: ノ 勹
匕 ③ 비수 비	2획순: ノ 匕
匚 ④ 상자 방	2획순: 一 匚
匸 ⑤ 감출 혜	2획순: 一 匸
十 ⑥ 열 십	2획순: 一 十
卜 ⑦ 점 복	2획순: 丨 卜
卩 ⑧ 병부 절	2획순: フ 卩
厂 ⑨ 언덕 한	2획순: 一 厂

부수 漢字 구조화 연상 ● 25

19~27 훈·음 보고 부수 한자 연상하여 쓰기 [3]

* 아래 훈·음을 보고 연상하여 부수한자를 바르게 써 보세요.

3일차 부수한자 쓰기

[중]

[좌]　　　　　　　　　　　　　　　　　　　[우]

④ [　　] 상자 방

① [　　] 힘 력　　　　　　　　　　⑦ [　　] 점 복

감출 혜의 장(場)
19~27까지 연상

⑤ [　　] 감출 혜

② [　　] 쌀 포　　　　　　　　　　⑧ [　　] 병부 절

⑥ [　　] 열 십

③ [　　] 비수 비　　　　　　　　　⑨ [　　] 언덕 한

4일차 土 흙 토의 장(場)

28~36까지 구조화 연상
아래 구조화된 그림을 보고 상·중·하 3의 원리로 연상 기억하세요.

연상기억하기

- **좌** : 팔을 구부려 사사로이 책을 끼고 아래는 두 손으로 나무를 잡고 입으로 기압을 넣는다.
- **중** : 나라는 성벽으로 에워싸 있고 성벽 밑에 흙에서 싹이 자라며 선비는 책을 읽고 있다.
- **우** : 바퀴가 무거워 뒤처져 걸어오고 천천히 걸으며 숫자를 세니 어느새 저녁이 다 됐다.

[부수 한자 9字 훈·음 기억하기]

28	ㅿ	사사 사	31	口	나라 국 (에울 위)	34	夂	뒤져올 치
사사롭다		2획	에워싸다		3획	뒤따라오다		3획
29	又	또 우	32	土	흙 토	35	夊	천천히 걸을 쇠
또, 다시		2획	흙, 땅		3획	편안히걷다		3획
30	口	입 구	33	士	선비 사	36	夕	저녁 석
사람 입		3획	선비		3획	저녁		3획

부수 漢字 구조화 연상 ● 27

28~36 부수 한자 보고 훈·음 쓰고 뜻 이해하기 [4]

* 아래 부수 한자를 보고 연상하여 훈·음을 바르게 써 보세요.

4일차 훈·음 쓰기

[중]

[좌] [우]

에워싸다
④ 口 [   ]

사사롭다　　　　　　　　　　　　뒤따라오다
① 厶 [   ]　　　　　　　　　　　⑦ 夂 [   ]

흙 토의 장(場)
28~36까지 연상

흙, 땅
⑤ 土 [   ]

또, 다시　　　　　　　　　　　　편안히걷다
② 又 [   ]　　　　　　　　　　　⑧ 夊 [   ]

선비
⑥ 士 [   ]

사람 입　　　　　　　　　　　　저녁
③ 口 [   ]　　　　　　　　　　　⑨ 夕 [   ]

한자부수 획순따라 쓰기연습

쓰기연습 [4]

＊ 아래 부수 한자를 획순에 맞추어 천천히 예쁘게 써 보세요.

① 사사 사 ム	2획순 : ㄥ ム
② 또 우 又	2획순 : フ 又
③ 입 구 口	3획순 : ㅣ 口 口
④ 나라 국 囗	3획순 : ㅣ 冂 囗
⑤ 흙 토 土	3획순 : 一 十 土
⑥ 선비 사 士	3획순 : 一 十 士
⑦ 뒤져올 치 夂	3획순 : 丿 ク 夂
⑧ 천천히걸을쇠 夊	3획순 : 丿 ク 夊
⑨ 저녁 석 夕	3획순 : 丿 ク 夕

부수 漢字 구조화 연상

28~36 훈·음 보고 부수 한자 연상하여 쓰기 [4]

* 아래 훈·음을 보고 연상하여 부수한자를 바르게 써 보세요.

4일차 부수한자 쓰기

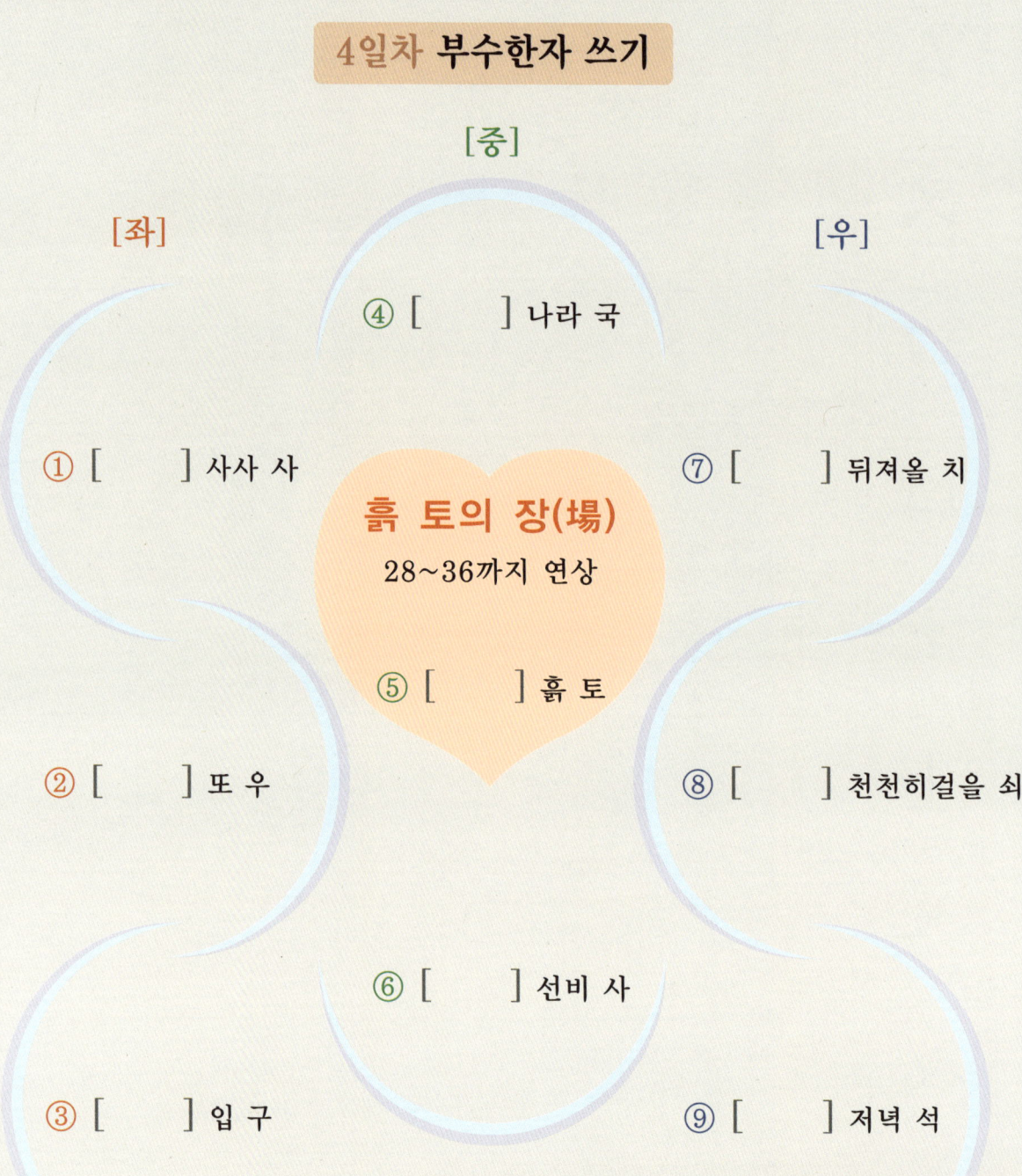

[중]

[좌]   [우]

④ [   ] 나라 국

① [   ] 사사 사   ⑦ [   ] 뒤져올 치

흙 토의 장(場)
28~36까지 연상

⑤ [   ] 흙 토

② [   ] 또 우   ⑧ [   ] 천천히걸을 쇠

⑥ [   ] 선비 사

③ [   ] 입 구   ⑨ [   ] 저녁 석

5일차 寸 마디 촌의 장(場)

37~45까지 구조화 연상
아래 구조화된 그림을 보고 상·중·하 3의 원리로 연상 기억하세요.

연상기억하기

- **좌** : 큰대자로 팔을 벌리고 여자 아이는 다소곳이 앉아있고 아들은 자유롭게 놀고 있다.
- **중** : 초가집 지붕이 덮여있고 손마디가 굵은 사람이 작은 것을 자르고 있다.
- **우** : 절름발이 왕따가 죽으면 시체가 되니 새싹이 나오는 날 철없이 돌아다닌다.

[부수 한자 9字 훈·음 기억하기]

37	大	큰 대	40	宀	집 면	43	尢	절름발이 왕
크다		3획	집, 지붕		3획	절름발이		3획
38	女	계집 녀	41	寸	마디 촌	44	尸	주검 시
여자, 딸		3획	헤아리다		3획	주검, 사람		3획
39	子	아들 자	42	小	작을 소	45	屮	싹날 철
자식, 아들		3획	작다		3획	왼손, 싹나다		3획

37~45 부수 한자 보고 훈·음 쓰고 뜻 이해하기 [5]

* 아래 부수 한자를 보고 연상하여 훈·음을 바르게 써 보세요.

5일차 훈·음 쓰기

[중]

[좌]   [우]

집, 지붕
④ 宀 [　　]

크다　　　　　　　　　　　　　　　　절름발이
① 大 [　　]　　　　　　　　　　　　⑦ 尢 [　　]

마디 촌의 장(場)
37~45까지 연상

헤아리다
⑤ 寸 [　　]

여자, 딸　　　　　　　　　　　　　주검, 사람
② 女 [　　]　　　　　　　　　　　　⑧ 尸 [　　]

작다
⑥ 小 [　　]

자식, 아들　　　　　　　　　　　　왼손, 싹나다
③ 子 [　　]　　　　　　　　　　　　⑨ 屮 [　　]

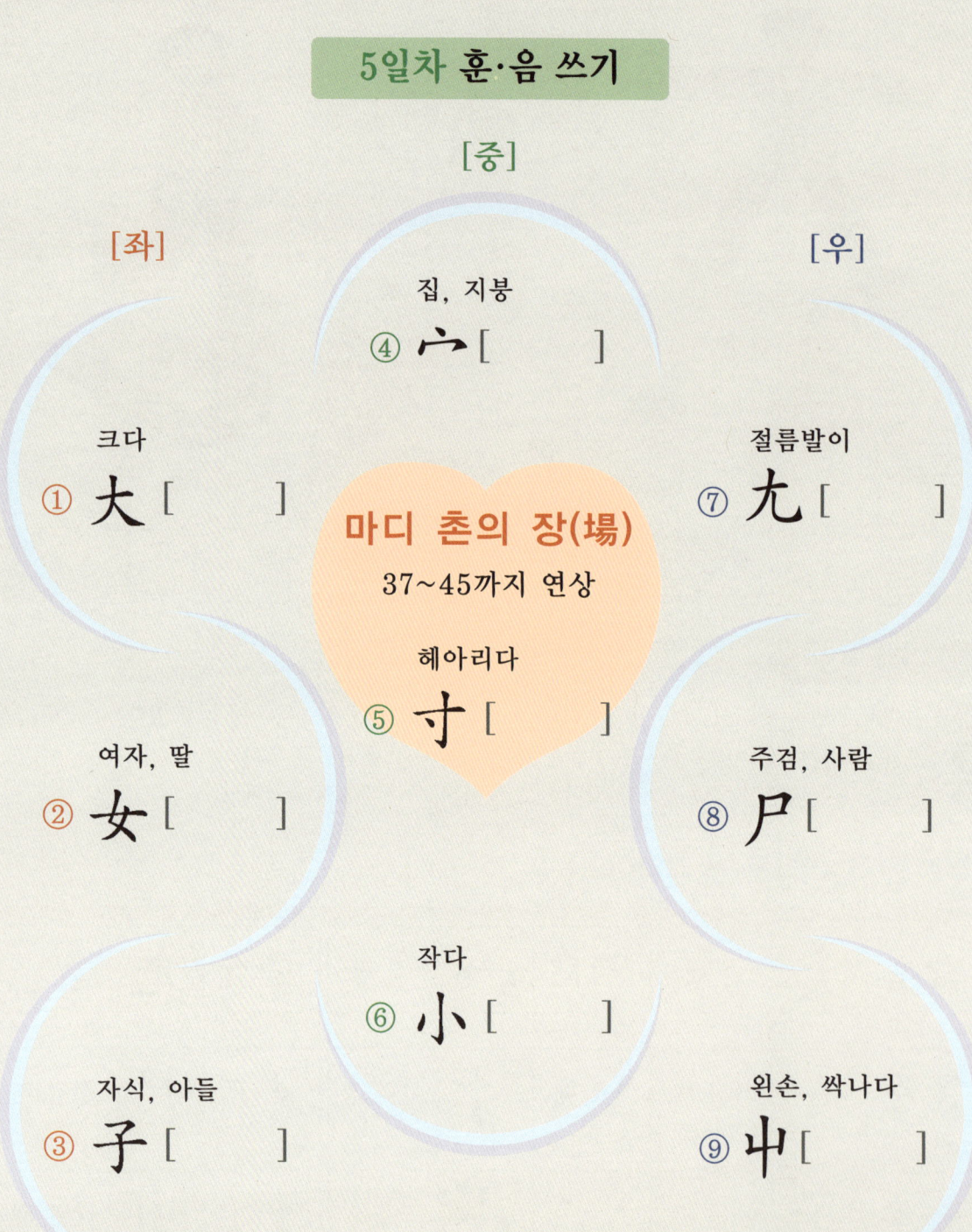

한자부수 획순따라 쓰기연습
쓰기연습 [5]

* 아래 부수 한자를 획순에 맞추어 천천히 예쁘게 써 보세요.

大 ① 큰 대	3획순: 一 ナ 大
女 ② 계집 녀	3획순: く 夂 女
子 ③ 아들 자	3획순: 丁 了 子
宀 ④ 집 면	3획순: 丶 丶 宀
寸 ⑤ 마디 촌	3획순: 一 寸 寸
小 ⑥ 작을 소	3획순: 亅 小 小
尢 ⑦ 절름발이 왕	3획순: 一 ナ 尢
尸 ⑧ 주검 시	3획순: 丁 コ 尸
屮 ⑨ 싹날 철	3획순: 一 凵 屮

부수 漢字 구조화 연상

37~45 훈·음 보고 부수 한자 연상하여 쓰기 [5]

* 아래 훈·음을 보고 연상하여 부수한자를 바르게 써 보세요.

5일차 부수한자 쓰기

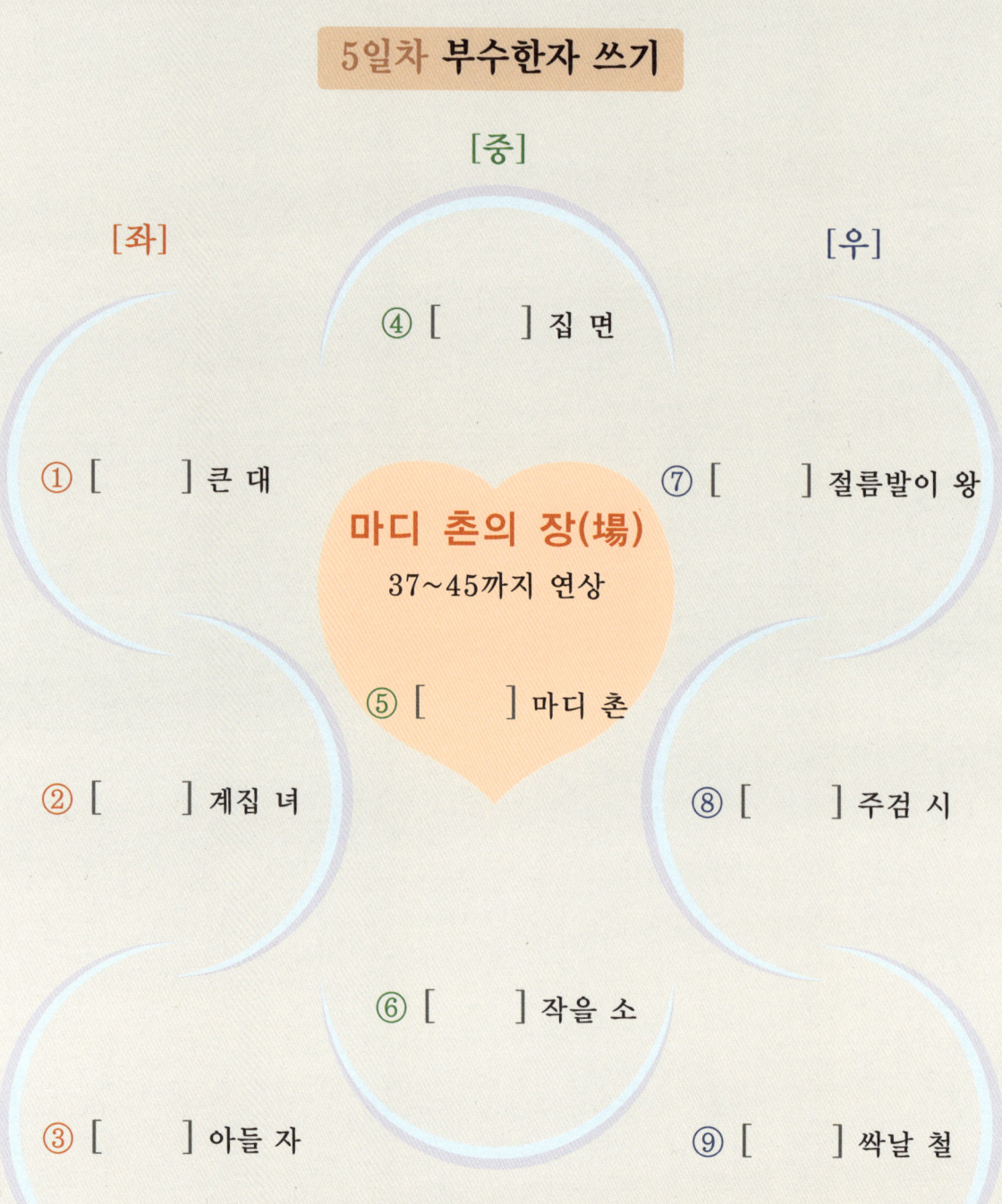

[중]

④ [　　] 집 면

[좌]　　　　　　　　　　　　　　　　　　[우]

① [　　] 큰 대　　　　　　　　　⑦ [　　] 절름발이 왕

마디 촌의 장(場)
37~45까지 연상

⑤ [　　] 마디 촌

② [　　] 계집 녀　　　　　　　　⑧ [　　] 주검 시

⑥ [　　] 작을 소

③ [　　] 아들 자　　　　　　　　⑨ [　　] 싹날 철

6일차 巾 수건 건의 장(場)

46~54까지 구조화 연상
아래 구조화된 그림을 보고 상·중·하 3의 원리로 연상 기억하세요.

연상기억하기

- **좌** : 산 아래 시냇물이 흐르고 장인이 공구를 들고 다리를 만든다.
- **중** : 몸이 허약한 아이가 기운이 빠져 철봉에 수건을 걸어놓고 방패를 세워둔다.
- **우** : 작은 요것 마늘쪽이 떨어져 있고 집이 엄하게 서 있고 사람이 수레를 끌고 간다.

[부수 한자 9字 훈·음 기억하기]

46	山	메 산	49	己	몸 기	52	幺	작을 요
산, 지형		3획	몸, 자기		3획	작다		3획
47	巛	내 천	50	巾	수건 건	53	广	집 엄
냇물, 개천		3획	수건, 천		3획	집, 장소		3획
48	工	장인 공	51	干	방패 간	54	廴	끌 인
만들다		3획	막다, 방패		3획	당기다		3획

46~54 부수 한자 보고 훈·음 쓰고 뜻 이해하기 [6]

* 아래 부수 한자를 보고 연상하여 훈·음을 바르게 써 보세요.

6일차 훈·음 쓰기

[중]

몸, 자기
④ 己 [   ]

[좌]

산, 지형
① 山 [   ]

냇물, 개천
② 巛 [   ]

만들다
③ 工 [   ]

수건 건의 장(場)
46~54까지 연상

수건, 천
⑤ 巾 [   ]

막다, 방패
⑥ 干 [   ]

[우]

작다
⑦ 幺 [   ]

집, 장소
⑧ 广 [   ]

당기다
⑨ 廴 [   ]

한자부수 획순따라 쓰기연습

쓰기연습 [6]

* 아래 부수 한자를 획순에 맞추어 천천히 예쁘게 써 보세요.

山 ① 메 산	3획순 : 丨 凵 山
巛 ② 내 천	3획순 : 丿 巜 巛
工 ③ 장인 공	3획순 : 一 丅 工
己 ④ 몸 기	3획순 : 丁 コ 己
巾 ⑤ 수건 건	3획순 : 丨 冂 巾
干 ⑥ 방패 간	3획순 : 一 二 干
幺 ⑦ 작을 요	3획순 : 丿 幺 幺
广 ⑧ 집 엄	3획순 : 丶 一 广
廴 ⑨ 끌 인	3획순 : 丁 彐 廴

부수 漢字 구조화 연상

46~54 훈·음 보고 부수 한자 연상하여 쓰기 [6]

* 아래 훈·음을 보고 연상하여 부수한자를 바르게 써 보세요.

6일차 부수한자 쓰기

[중]

[좌]　　　　　　　　　　　　　　　　　　　[우]

④ [　　] 몸 기

① [　　] 메 산　　　　　　　　　　　⑦ [　　] 작을 요

수건 건의 장(場)
46~54까지 연상

⑤ [　　] 수건 건

② [　　] 내 천　　　　　　　　　　　⑧ [　　] 집 엄

⑥ [　　] 방패 간

③ [　　] 장인 공　　　　　　　　　　⑨ [　　] 끌 인

7일 차 — 터럭 삼의 장(場)

55~63까지 구조화 연상

아래 구조화된 그림을 보고 상·중·하 3의 원리로 연상 기억하세요.

연상기억하기

- **좌** : 두 손으로 종이를 받들고 주살익 모양의 말뚝을 박고 그 아래 활이 떨어져 있다.
- **중** : 돼지의 무게를 계산하고 터럭 머리가 세 가닥이 있고 사람이 자축거리는 척하고 있다.
- **우** : 마음에 심장이 보이고 창 던지는 연습을 하며 지게 호 외짝 문이 열려 있다.

[부수 한자 9자 훈·음 기억하기]

55	廾	받들 공	58	크(彑)	돼지머리 계	61	心(忄)	마음 심
들다		3획	돼지머리		3획	중심, 심장		4획
56	弋	주살 익	59	彡	터럭 삼	62	戈	창 과
화살		3획	털모양		3획	창, 무기		4획
57	弓	활 궁	60	彳	자축거릴 척	63	戶	지게 호
활, 굽다		3획	행하다		3획	출입문		4획

55~63 부수 한자 보고 훈·음 쓰고 뜻 이해하기 [7]

* 아래 부수 한자를 보고 연상하여 훈·음을 바르게 써 보세요.

7일차 훈·음 쓰기

[중]

돼지머리
④ 크(彑) [   ]

[좌]

들다
① 廾 [   ]

[우]

중심, 심장
⑦ 心(忄) [   ]

터럭 삼의 장(場)
55~63까지 연상

털모양
⑤ 彡 [   ]

화살
② 弋 [   ]

창, 무기
⑧ 戈 [   ]

행하다
⑥ 彳 [   ]

활, 굽다
③ 弓 [   ]

출입문
⑨ 戶 [   ]

한자부수 획순따라 쓰기연습

쓰기연습 [7]

* 아래 부수 한자를 획순에 맞추어 천천히 예쁘게 써 보세요.

廾 ① 받들 공	3획순 : 一 ナ 廾
弋 ② 주살 익	3획순 : 一 弋 弋
弓 ③ 활 궁	3획순 : 一 ユ 弓
彐(彑) ④ 돼지머리 계	3획순 : ㄱ ㅋ 彐
彡 ⑤ 터럭 삼	3획순 : ノ ノ 彡
彳 ⑥ 자축거릴 척	3획순 : ノ ノ 彳
心 ⑦ 마음 심	4획순 : ノ 心 心 心
戈 ⑧ 창 과	4획순 : 一 弋 戈 戈
戶 ⑨ 지게 호	4획순 : ノ ノ ㄱ 戶

부수 漢字 구조화 연상 ● 41

55~63 훈·음 보고 부수 한자 연상하여 쓰기 [7]

* 아래 훈·음을 보고 연상하여 부수한자를 바르게 써 보세요.

7일차 부수한자 쓰기

[중]

[좌]　　　　　　　　　　　　　　　　　　[우]

④ [　　] 돼지머리 계

① [　　] 받들 공　　　　　　　　⑦ [　　] 마음 심

터럭 삼의 장(場)
55~63까지 연상

⑤ [　　] 터럭 삼

② [　　] 주살 익　　　　　　　　⑧ [　　] 창 과

⑥ [　　] 자축거릴 척

③ [　　] 활 궁　　　　　　　　⑨ [　　] 지게 호

8일차 斗 말 두의 장(場)

64~72까지 구조화 연상
아래 구조화된 그림을 보고 상·중·하 3의 원리로 연상 기억하세요.

연상기억하기 ......

- **좌** : 손을 쳐들며 발로 땅을 지탱하며 걷고, 북채로 쳐서 복을 부른다.
- **중** : 글공부를 위한 천자문이 쓰여 있고 한 말 되는 콩이 있으며 아래 도끼가 근사하다.
- **우** : 칠판에 모르게 방향을 표시해 두고 모자가 날아가 없어지는 날에는 일기가 좋다.

[부수 한자 9字 훈·음 기억하기]

64 손씨, 수단	手(扌) 손 수 4획	67 문서, 무늬	文 글월문 4획	70 방향, 곳	方 모 방 4획
65 지탱하다	支 지탱할 지 4획	68 말(용량)	斗 말 두 4획	71 없음	无 없을 무 4획
66 두드리다	攴(攵) 칠 복 4획	69 도끼, 무게	斤 도끼 근 4획	72 해, 시간	日 날 일 4획

64~72 부수 한자 보고 훈·음 쓰고 뜻 이해하기 [8]

* 아래 부수 한자를 보고 연상하여 훈·음을 바르게 써 보세요.

8일차 훈·음 쓰기

[중]

[좌]　　　　　　　　　　　　　　　　　　　[우]

문서, 무늬
④ 文 [　　　]

솜씨, 수단
① 手(扌) [　　　]

방향, 곳
⑦ 方 [　　　]

말 두의 장(場)
64~72까지 연상

말(용량)
⑤ 斗 [　　　]

지탱하다
② 支 [　　　]

없음
⑧ 无 [　　　]

도끼, 무게
⑥ 斤 [　　　]

두드리다
③ 攴(攵) [　　　]

해, 시간
⑨ 日 [　　　]

한자부수 획순따라 쓰기연습

쓰기연습 [8]

＊ 아래 부수 한자를 획순에 맞추어 천천히 예쁘게 써 보세요.

手(扌) ① 손 수	4획순 : 一 二 三 手
支 ② 지탱할 지	4획순 : 一 十 ㄣ 支
攵(攴) ③ 칠 복	4획순 : 一 丨 ㄣ 攵
文 ④ 글월 문	4획순 : 丶 一 ナ 文
斗 ⑤ 말 두	4획순 : 丶 丶 二 斗
斤 ⑥ 도끼 근	4획순 : 一 厂 斤 斤
方 ⑦ 모 방	4획순 : 丶 一 方 方
无 ⑧ 없을 무	4획순 : 一 二 ⺂ 无
日 ⑨ 날 일	4획순 : 丨 冂 日 日

부수 漢字 구조화 연상 ● 45

64~72 훈·음 보고 부수 한자 연상하여 쓰기 [8]

* 아래 훈·음을 보고 연상하여 부수한자를 바르게 써 보세요.

8일차 부수한자 쓰기

[중]

[좌]

[우]

④ [　　] 글월 문

① [　　] 손 수

⑦ [　　] 모 방

말 두의 장(場)

64~72까지 연상

⑤ [　　] 말 두

② [　　] 지탱할 지

⑧ [　　] 없을 무

⑥ [　　] 도끼 근

③ [　　] 칠 복

⑨ [　　] 날 일

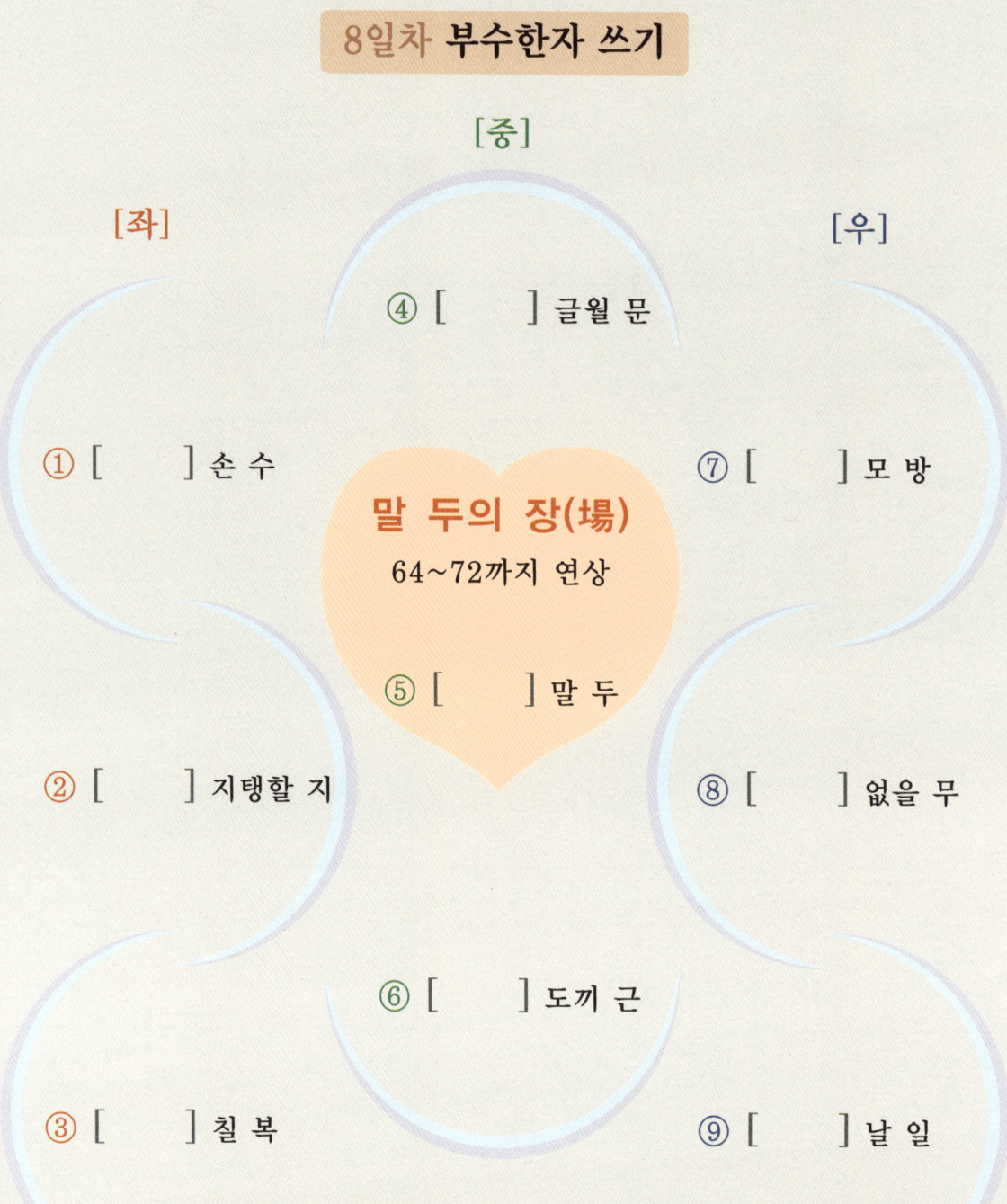

9일 차 止 그칠 지의 장(場)

73~81까지 구조화 연상
아래 구조화된 그림을 보고 상·중·하 3의 원리로 연상 기억하세요.

연상기억하기 • • • • •

좌 : 여자아이가 가로로 입을 벌리고 둥근 달빛 아래 나무가 서 있다.
중 : 하품을 '흠흠' 하는 소리에 동작을 그친 아이가 살 발린 앙상한 뼈를 안 본다.
우 : 포졸이 창을 들고 아이는 마스크를 하고 말을 못하고 두 사람이 견주어 비교한다.

[부수 한자 9字 훈·음 기억하기]

73	日	가로 왈	76	欠	하품 흠	79	殳	창 수
말하다		4획	입벌리다		4획	창, 치다		4획
74	月	달 월	77	止	그칠 지	80	毋	말 무
세월, 달		4획	그치다		4획	말라, 없다		4획
75	木	나무 목	78	歹	살발린뼈 알	81	比	견줄 비
나무		4획	뼈, 시체		4획	비교하다		4획

부수 漢字 구조화 연상 • 47

73~81 부수 한자 보고 훈·음 쓰고 뜻 이해하기 [9]

* 아래 부수 한자를 보고 연상하여 훈·음을 바르게 써 보세요.

9일차 훈·음 쓰기

[중]

[좌] [우]

입벌리다
④ 欠 [   ]

말하다   창, 치다
① 曰 [   ]   ⑦ 殳 [   ]

그칠 지의 장(場)
73~81까지 연상

그치다
⑤ 止 [   ]

세월, 달   말라, 없다
② 月 [   ]   ⑧ 毋 [   ]

뼈, 시체
⑥ 歹 [   ]

나무   비교하다
③ 木 [   ]   ⑨ 匕 [   ]

48

한자부수 획순따라 쓰기연습

쓰기연습 [9]

* 아래 부수 한자를 획순에 맞추어 천천히 예쁘게 써 보세요.

曰	① 가로 왈	4획순: 丨 冂 曰 曰
月	② 달 월	4획순: 丿 冂 月 月
木	③ 나무 목	4획순: 一 十 才 木
欠	④ 하품 흠	4획순: 丿 𠂊 ケ 欠
止	⑤ 그칠 지	4획순: 丨 卜 냐 止
歹	⑥ 살발린뼈 알	4획순: 一 ア 歹 歹
殳	⑦ 창 수	4획순: 丿 几 殳 殳
母	⑧ 말 무	4획순: ㄴ 母 母 母
比	⑨ 견줄 비	4획순: 一 上 比 比

부수 漢字 구조화 연상

73~81 훈·음 보고 부수 한자 연상하여 쓰기 [9]

* 아래 훈·음을 보고 연상하여 부수한자를 바르게 써 보세요.

9일차 부수한자 쓰기

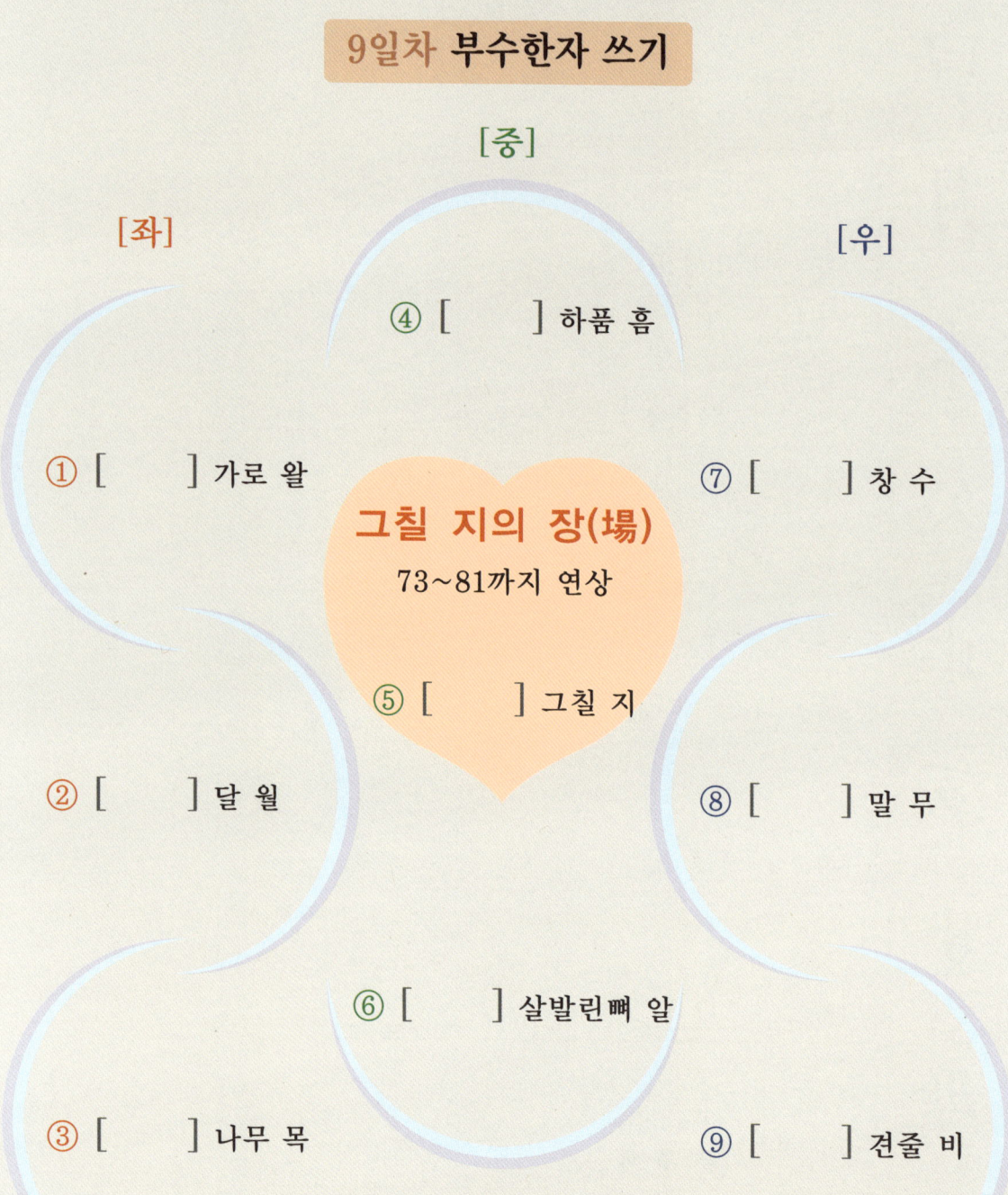

[중]

[좌]　　　　　　　　　　　　　　[우]

④ [　　] 하품 흠

① [　　] 가로 왈　　　　⑦ [　　] 창 수

그칠 지의 장(場)
73~81까지 연상

⑤ [　　] 그칠 지

② [　　] 달 월　　　　⑧ [　　] 말 무

⑥ [　　] 살발린뼈 알

③ [　　] 나무 목　　　　⑨ [　　] 견줄 비

10일차 火 불 화의 장(場)

82~90까지 구조화 연상
아래 구조화된 그림을 보고 상·중·하 3의 원리로 연상 기억하세요.

연상기억하기

좌 : 다람쥐 꼬리털 모양이 예쁘고 나무뿌리가 각시 씨와 같고 솥에서는 끓는 기운이 나온다.
중 : 바위 아래 물이 수없이 흘러 불이 화가 나고 여자는 손톱으로 조심스럽게 연주한다.
우 : 아버지는 부자 될 거라는 점괘의 효력을 믿어 나무 조각으로 만든 장롱을 샀다.

[부수 한자 9字 훈·음 기억하기]

82 毛 털 모	85 水 물 수	88 父 아비 부
털 / 4획	물 / 4획	아버지 / 4획
83 氏 각시 씨 (성 씨)	86 火 불 화	89 爻 점괘 효
성씨 / 4획	불 / 4획	점괘 / 4획
84 气 기운 기	87 爪 손톱 조	90 爿 나무조각 장
기운 / 4획	손톱 / 4획	조각 / 4획

82~90 부수 한자 보고 훈·음 쓰고 뜻 이해하기 [10]

* 아래 부수 한자를 보고 연상하여 훈·음을 바르게 써 보세요.

10일차 훈·음 쓰기

[중]

물
④ 水(氵) [   ]

[좌]

털
① 毛 [   ]

성씨
② 氏 [   ]

기운
③ 气 [   ]

불
⑤ 火(灬) [   ]

손톱
⑥ 爪(爫) [   ]

불 화의 장(場)
82~90까지 연상

[우]

아버지
⑦ 父 [   ]

점괘
⑧ 爻 [   ]

조각
⑨ 爿 [   ]

한자부수 획순따라 쓰기연습

쓰기연습 [10]

* 아래 부수 한자를 획순에 맞추어 천천히 예쁘게 써 보세요.

① 毛 털 모	4획순: ノ ニ 三 毛
② 氏 각시 씨	4획순: ノ 厂 斤 氏
③ 气 기운 기	4획순: ノ 一 气 气
④ 水(氵) 물 수	4획순: ㅣ 丿 水 水
⑤ 火(灬) 불 화	4획순: ㆍ ㆍ 丷 火
⑥ 爪(爫) 손톱 조	4획순: ノ 厂 爪 爪
⑦ 父 아비 부	4획순: ノ ㆍ グ 父
⑧ 爻 점괘 효	4획순: ノ メ 乃 爻
⑨ 爿 나무조각 장	4획순: ㅣ 丬 爿 爿

부수 漢字 구조화 연상 ● 53

82~90 훈·음 보고 부수 한자 연상하여 쓰기 [10]

* 아래 훈·음을 보고 연상하여 부수한자를 바르게 써 보세요.

10일차 부수한자 쓰기

[중]

[좌]　　　　　　　　　　　　　　　　　　[우]

④ [　　] 물 수

① [　　] 털 모　　　　　　　　　　⑦ [　　] 아비 부

불·화의 장(場)
82~90까지 연상

⑤ [　　] 불 화

② [　　] 각시 씨 (성 씨)　　　　　　⑧ [　　] 점괘 효

⑥ [　　] 손톱 조

③ [　　] 기운 기　　　　　　　　　⑨ [　　] 나무조각 장

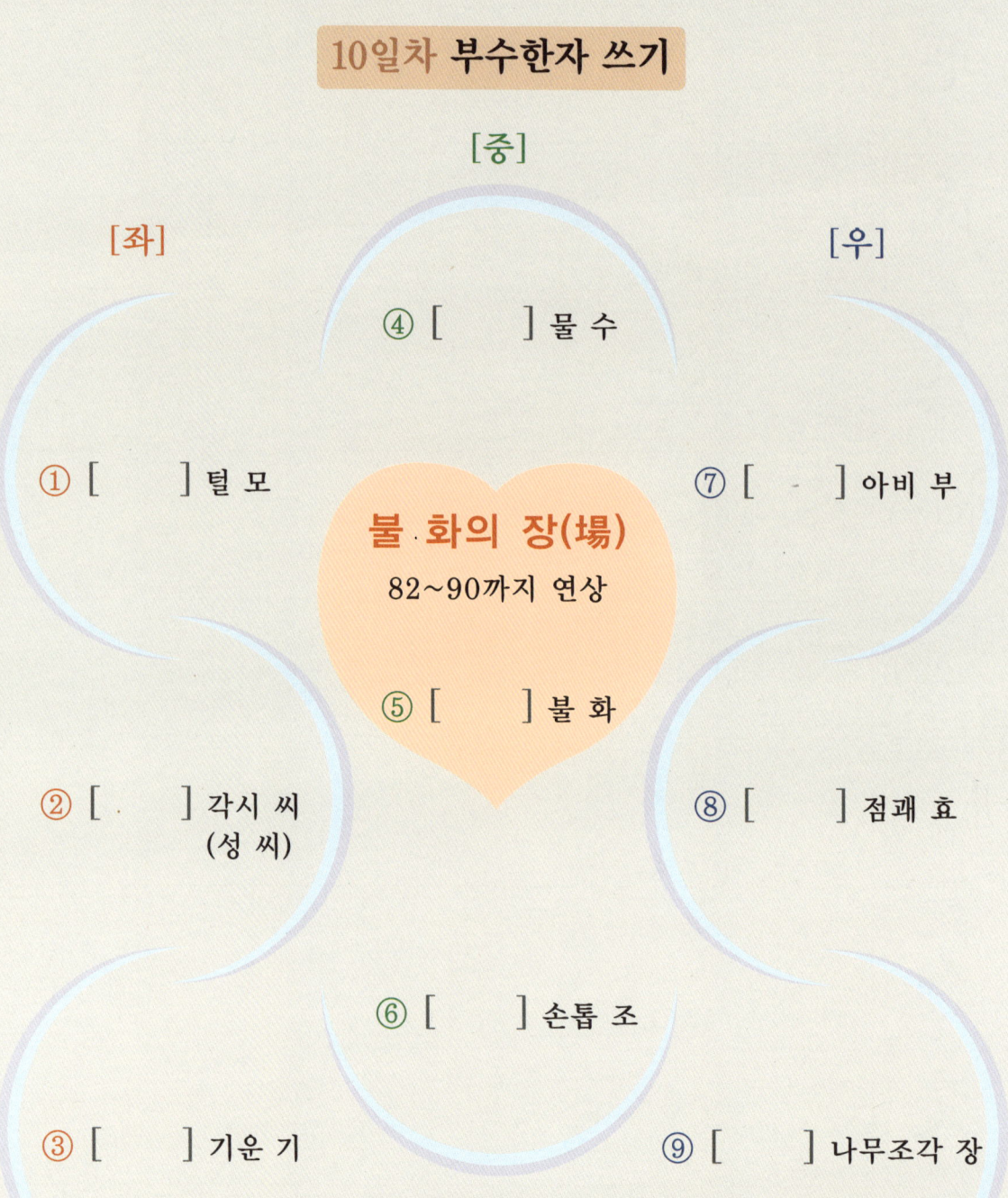

11일차 玄 검을 현의 장(場)

91~99까지 구조화 연상
아래 구조화된 그림을 보고 상·중·하 3의 원리로 연상 기억하세요.

연상기억하기

- **좌** : 조각난 나무가 한쪽 편으로 자라고 어금니가 아파서 소가 우두커니 서 있다.
- **중** : 개가 검게 탄 현장에 앉아서 임금의 옥구슬 왕관을 쳐다본다.
- **우** : 오이가 과실처럼 탐스럽게 매달려 있고 기와지붕 아래서 달게 감을 먹는다.

[부수 한자 9字 훈·음 기억하기]

91	片	조각 편	94	犬(犭)	개 견	97	瓜	외 과
쪼개다		4획	개		4획	참외, 수박		5획
92	牙	어금니 아	95	玄	검을 현	98	瓦	기와 와
어금니		4획	검다		5획	기와, 벽돌		5획
93	牛	소 우	96	玉(王)	구슬 옥	99	甘	달 감
소		4획	구슬, 임금		5획	맛 좋다		5획

91~99 부수 한자 보고 훈·음 쓰고 뜻 이해하기 [11]

* 아래 부수 한자를 보고 연상하여 훈·음을 바르게 써 보세요.

11일차 훈·음 쓰기

[중]

[좌]　　　　　　　　　　　　　　　　　　　[우]

개
④ 犬(犭)[　　　]

쪼개다　　　　　　　　　　　　　　　　참외, 수박
① 片 [　　　]　　　　　　　　　　　　⑦ 瓜 [　　　]

검을 현의 장(場)
91~99까지 연상

검다
⑤ 玄 [　　　]

어금니　　　　　　　　　　　　　　　　기와, 벽돌
② 牙 [　　　]　　　　　　　　　　　　⑧ 瓦 [　　　]

구슬, 임금
⑥ 玉(王)[　　　]

소　　　　　　　　　　　　　　　　　　맛 좋다
③ 牛 [　　　]　　　　　　　　　　　　⑨ 甘 [　　　]

한자부수 획순따라 쓰기연습

쓰기연습 [11]

※ 아래 부수 한자를 획순에 맞추어 천천히 예쁘게 써 보세요.

片 ① 조각 편	4획순 : ノ ノ' ノ° 片	
牙 ② 어금니 아	4획순 : 一 ㄷ 牙 牙	
牛 ③ 소 우	4획순 : ノ ㅗ 느 牛	
犬(犭) ④ 개 견	4획순 : 一 ナ 大 犬	
玄 ⑤ 검을 현	5획순 : 丶 亠 亠 玄 玄	
玉(王) ⑥ 구슬 옥	5획순 : 一 T 王 王 玉	
瓜 ⑦ 외 과	5획순 : 一 厂 爪 瓜 瓜	
瓦 ⑧ 기와 와	5획순 : 一 厂 瓦 瓦 瓦	
甘 ⑨ 달 감	5획순 : 一 十 廿 甘 甘	

부수 漢字 구조화 연상 ● 57

91~99 훈·음 보고 부수 한자 연상하여 쓰기 [11]

* 아래 훈·음을 보고 연상하여 부수한자를 바르게 써 보세요.

11일차 부수한자 쓰기

[중]

[좌]   [우]

④ [　　] 개 견

① [　　] 조각 편　　　⑦ [　　] 외 과

검을 현의 장(場)
91~99까지 연상

⑤ [　　] 검을 현

② [　　] 어금니 아　　　⑧ [　　] 기와 와

⑥ [　　] 구슬 옥

③ [　　] 소 우　　　⑨ [　　] 달 감

12일차 疒 병들어 기댈 녁의 장(場)

100~108까지 구조화 연상
아래 구조화된 그림을 보고 상·중·하 3의 원리로 연상 기억하세요.

연상기억하기

- **좌** : 날아온 씨가 땅에서 생겨나 쓸 용도가 많은 나뭇가지를 밭 전체에 심어 놓았다.
- **중** : 필히 발을 소심하게 꼬아 앉아있고 병들어 기댈 곳이 없어 필히 발로 걸어서 등산하다.
- **우** : 흰 백지가 빛이 나고 호랑이 가죽 피혁이 펼쳐 있으며 그릇이 명확히 꽂혀있다.

[부수 한자 9字 훈·음 기억하기]

100 生 날 생	103 疋 필필 (발 소)	106 白 흰 백
낳다 5획	필, 발 5획	깨끗하다 5획
101 用 쓸 용	104 疒 병들어 기댈 녁	107 皮 가죽 피
사용하다 5획	아프다 5획	가죽, 껍질 5획
102 田 밭 전	105 癶 필발	108 皿 그릇 명
밭, 땅 5획	일어나다 5획	그릇 5획

100~108 부수 한자 보고 훈·음 쓰고 뜻 이해하기 [12]

* 아래 부수 한자를 보고 연상하여 훈·음을 바르게 써 보세요.

12일차 훈·음 쓰기

[중]

[좌]　　　　　　　　　　　　　　　　　　　[우]

필, 발
④ 疋 [　　　]

낳다　　　　　　　　　　　　　　　　　　깨끗하다
① 生 [　　　]　　**병들어 기댈 녁의**　　⑦ 白 [　　　]
　　　　　　　　　　장(場)
　　　　　　　　　100~108까지 연상

아프다
⑤ 疒 [　　　]

사용하다　　　　　　　　　　　　　　　가죽, 껍질
② 用 [　　　]　　　　　　　　　　　　⑧ 皮 [　　　]

일어나다
⑥ 癶 [　　　]

밭, 땅　　　　　　　　　　　　　　　　그릇
③ 田 [　　　]　　　　　　　　　　　　⑨ 皿 [　　　]

한자부수 획순따라 쓰기연습

쓰기연습 [12]

* 아래 부수 한자를 획순에 맞추어 천천히 예쁘게 써 보세요.

生
① 날 생
5획순: ノ ㄴ ㅁ 生 生

用
② 쓸 용
5획순: ノ 刀 月 月 用

田
③ 밭 전
5획순: 丨 冂 日 田 田

疋
④ 필 필(발 소)
5획순: 一 丁 下 疋 疋

疒
⑤ 병들어기댈 녁
5획순: ` 亠 广 疒 疒

癶
⑥ 필 발
5획순: ノ 夕 ダ ダ 癶

白
⑦ 흰 백
5획순: ノ 亻 白 白 白

皮
⑧ 가죽 피
5획순: ノ 厂 广 皮 皮

皿
⑨ 그릇 명
5획순: 丨 冂 冂 皿 皿

부수 漢字 구조화 연상 ● 61

100~108 훈·음 보고 부수 한자 연상하여 쓰기 [12]

* 아래 훈·음을 보고 연상하여 부수한자를 바르게 써 보세요.

12일차 부수한자 쓰기

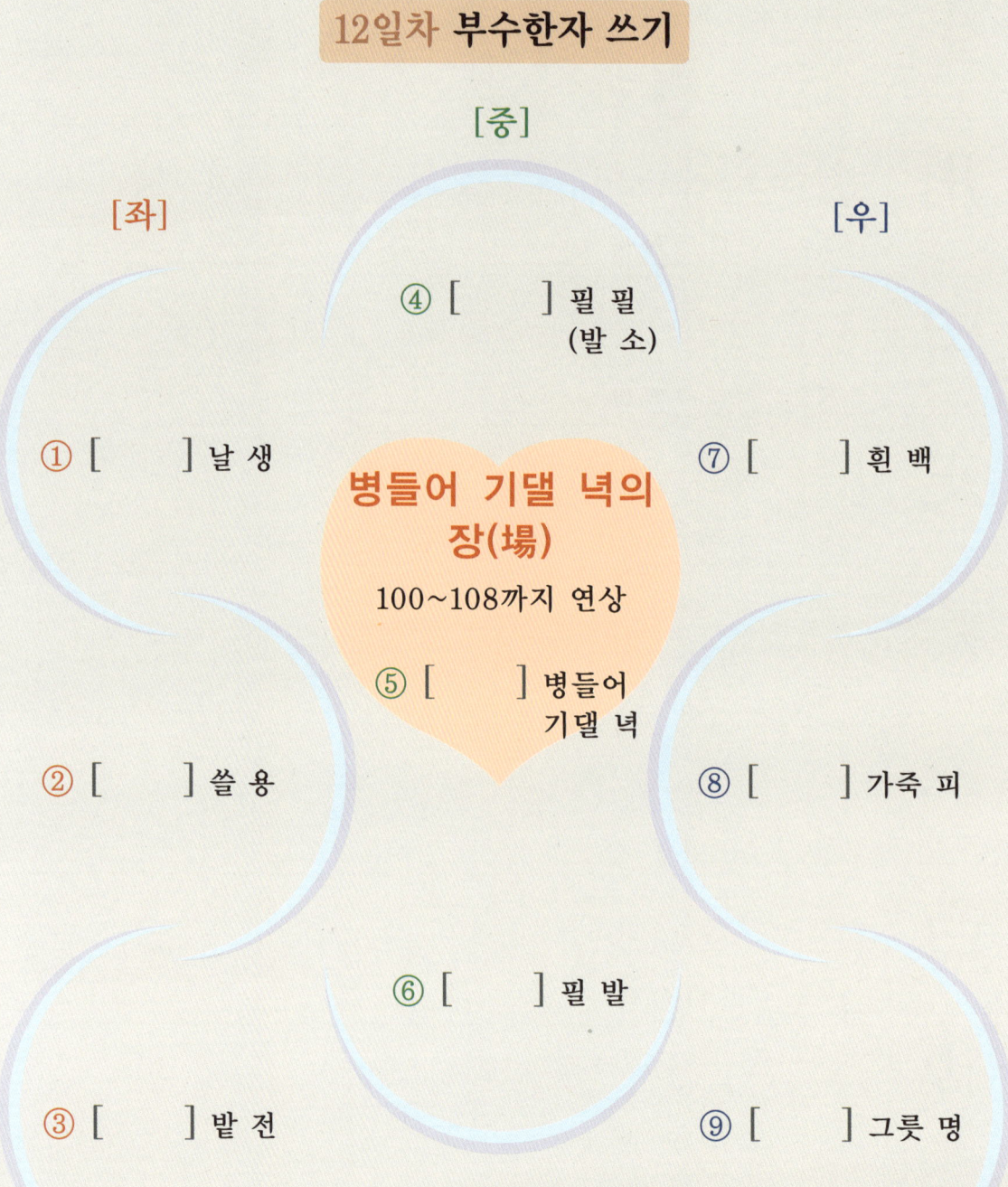

[중]

④ [　] 필 필
(발 소)

[좌]

① [　] 날 생

[우]

⑦ [　] 흰 백

병들어 기댈 녁의
장(場)
100~108까지 연상

⑤ [　] 병들어
기댈 녁

② [　] 쓸 용

⑧ [　] 가죽 피

⑥ [　] 필 발

③ [　] 밭 전

⑨ [　] 그릇 명

13일차 示 보일 시의 장(場)

109~117까지 구조화 연상
아래 구조화된 그림을 보고 상·중·하 3의 원리로 연상 기억하세요.

연상기억하기

- **좌** : 눈은 목표인 창 모서리를 쳐다보고 화살의 시위를 당기려 한다.
- **중** : 언덕 아래 돌이 있고 무덤 속에 안 보이실지 모르지만 짐승이 발자국을 유유히 남겼다.
- **우** : 벼는 화창한 날에 고개를 숙이고 구멍이 혈관처럼 난 볏짚 앞에 아이가 서 있다.

[부수 한자 9字 훈·음 기억하기]

109	目	눈 목	112	石	돌 석	115	禾	벼 화
눈, 보다		5획	돌		5획	벼		5획
110	矛	창 모	113	示(礻)	보일 시	116	穴	구멍 혈
창, 무기		5획	제사		5획	구멍		5획
111	矢	화살 시	114	内	발자국 유	117	立	설 립
화살		5획	발자국		5획	세우다		5획

109~117 부수 한자 보고 훈·음 쓰고 뜻 이해하기 [13]

* 아래 부수 한자를 보고 연상하여 훈·음을 바르게 써 보세요.

13일차 훈·음 쓰기

[중]

[좌]　　　　　　　　　　　　　　　　　　　[우]

돌
④ 石 [　　　]

눈, 보다　　　　　　　　　　　　　　　　　벼
① 目 [　　　]　　　　　　　　　　　　　⑦ 禾 [　　　]

보일 시의 장(場)
109~117까지 연상

제사
⑤ 示(礻) [　　　]

창, 무기　　　　　　　　　　　　　　　　　구멍
② 矛 [　　　]　　　　　　　　　　　　　⑧ 穴 [　　　]

발자국
⑥ 内 [　　　]

화살　　　　　　　　　　　　　　　　　　세우다
③ 矢 [　　　]　　　　　　　　　　　　　⑨ 立 [　　　]

한자부수 획순따라 쓰기연습

쓰기연습 [13]

* 아래 부수 한자를 획순에 맞추어 천천히 예쁘게 써 보세요.

부수 漢字 구조화 연상

109~117 훈·음 보고 부수 한자 연상하여 쓰기 [13]

* 아래 훈·음을 보고 연상하여 부수한자를 바르게 써 보세요.

13일차 부수한자 쓰기

[중]

[좌]　　　　　　　　　　　　　　　　　　　[우]

④ [　　] 돌 석

① [　　] 눈 목　　　　　　　　　　⑦ [　　] 벼 화

보일 시의 장(場)
109~117까지 연상

⑤ [　　] 보일 시

② [　　] 창 모　　　　　　　　　　⑧ [　　] 구멍 혈

⑥ [　　] 발자국 유

③ [　　] 화살 시　　　　　　　　　　⑨ [　　] 설 립

14일차 网 그물 망의 장(場)

118~126까지 구조화 연상
아래 구조화된 그림을 보고 상·중·하 3의 원리로 연상 기억하세요.

① 竹　② 米　③ 糸　④ 缶　⑤ 网　⑥ 羊　⑦ 羽　⑧ 老　⑨ 而

연상기억하기

좌 : 대나무로 죽을 만들려고 쌀을 미량 넣고 앞에서 실을 사정없이 꽈배기처럼 꼬고 있다.
중 : 장군이 부은 물통이 있으며 그 아래에 그물로 양을 양껏 잡는다.
우 : 새가 날갯짓을 기웃기웃하며 늙은 노인이 지팡이를 짚고 걸어가며 말을 이어간다.

[부수 한자 9字 훈·음 기억하기]

118	竹	대 죽	121	缶	장군 부	124	羽	깃 우
대나무		6획	질그릇		6획	깃털		6획
119	米	쌀 미	122	网(四)	그물 망	125	老(耂)	늙을 로
쌀		6획	그물		6획	늙다		6획
120	糸	실 사	123	羊	양 양	126	而	말이을 이
실		6획	착하다		6획	말 잇다		6획

118~126 부수 한자 보고 훈·음 쓰고 뜻 이해하기 [14]

* 아래 부수 한자를 보고 연상하여 훈·음을 바르게 써 보세요.

14일차 훈·음 쓰기

[중]

[좌]　　　　　　　　　　　　　　　　　　　　[우]

질그릇
④ 缶 [　　　]

대나무　　　　　　　　　　　　　　　　　　　깃털
① 竹 [　　　]　　　　　　　　　　　　　　　⑦ 羽 [　　　]

그물 망의 장(場)
118~126까지 연상

그물
⑤ 网(罒) [　　　]

쌀　　　　　　　　　　　　　　　　　　　　　늙다
② 米 [　　　]　　　　　　　　　　　　　　　⑧ 老(耂) [　　　]

착하다
⑥ 羊 [　　　]

실　　　　　　　　　　　　　　　　　　　　　말 잇다
③ 糸 [　　　]　　　　　　　　　　　　　　　⑨ 而 [　　　]

한자부수 획순따라 쓰기연습

쓰기연습 [14]

* 아래 부수 한자를 획순에 맞추어 천천히 예쁘게 써 보세요.

竹 ① 대 죽	6획순 : ノ ト ⺊ ⺮ 竹 竹
米 ② 쌀 미	6획순 : ⺀ ⺀ 二 半 米 米
糸 ③ 실 사	6획순 : ⺄ ⺪ ⺪ ⺌ 糸 糸
缶 ④ 장군 부	6획순 : ノ ⺊ ⺀ 午 缶 缶
网(罒) ⑤ 그물 망	6획순 : 丨 冂 冂 冈 网 网
羊 ⑥ 양 양	6획순 : ⺀ ⺀ ⺀ ⺌ 羊
羽 ⑦ 깃 우	6획순 : 丁 丁 习 羽 羽 羽
老(耂) ⑧ 늙을 로	6획순 : 一 十 土 耂 耂 老
而 ⑨ 말이을이	6획순 : 一 丆 丆 而 而 而

부수 漢字 구조화 연상 ● 69

118~126 훈·음 보고 부수 한자 연상하여 쓰기 [14]

* 아래 훈·음을 보고 연상하여 부수한자를 바르게 써 보세요.

14일차 부수한자 쓰기

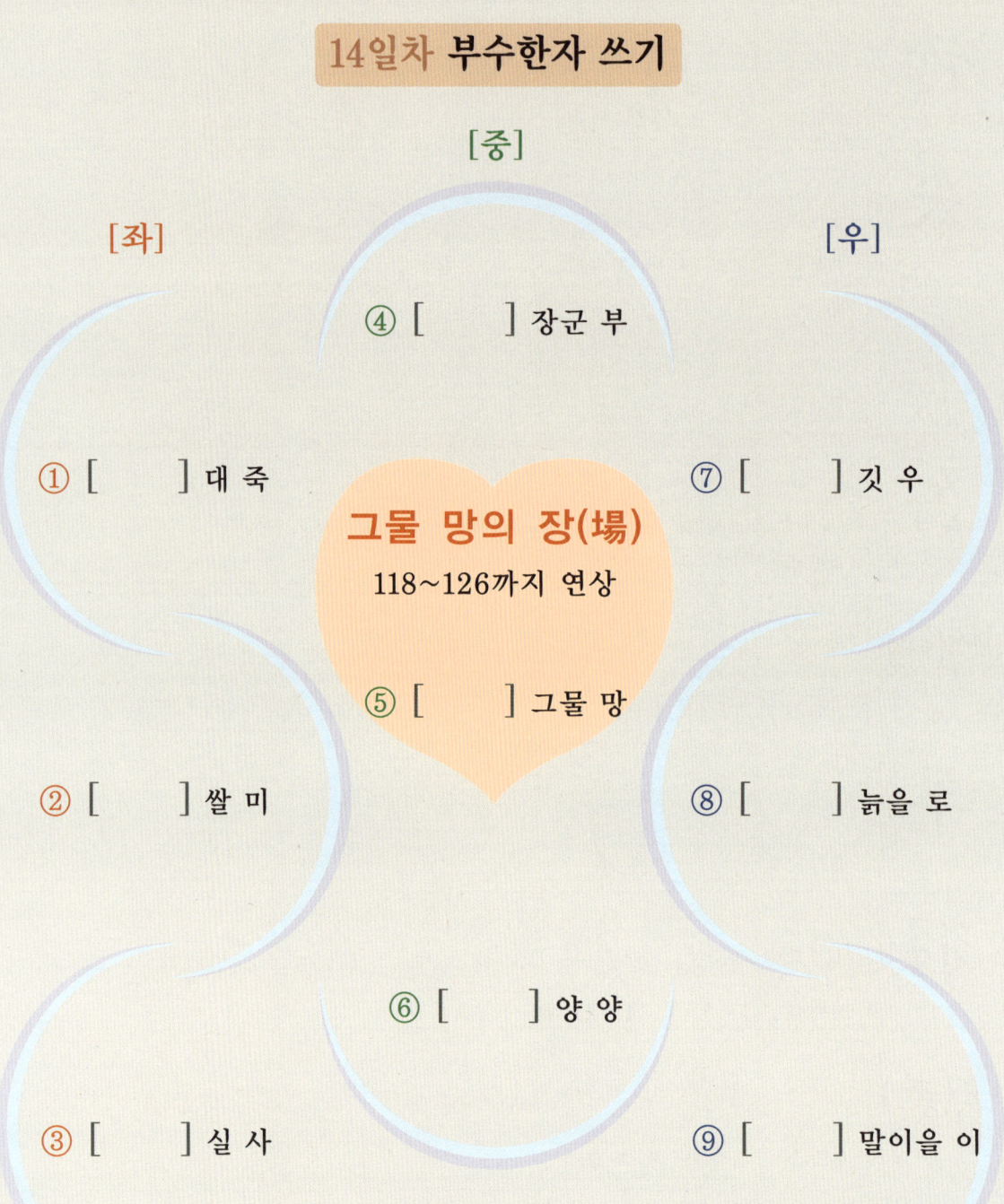

[중]

④ [　　] 장군 부

[좌]

① [　　] 대 죽

② [　　] 쌀 미

③ [　　] 실 사

그물 망의 장(場)
118~126까지 연상

⑤ [　　] 그물 망

⑥ [　　] 양 양

[우]

⑦ [　　] 깃 우

⑧ [　　] 늙을 로

⑨ [　　] 말이을 이

15일차 臣 신하 신의 장(場)

127~135까지 구조화 연상
아래 구조화된 그림을 보고 상·중·하 3의 원리로 연상 기억하세요.

연상기억하기

- **좌** : 쟁기가 벽에 걸려있고 귀가 큰사람이 붓으로 글을 쓰고 있다.
- **중** : 고기가 육중하여 벽에 걸어놓은 것을 신하는 절을 하며 나는 스스로 자랑을 한다.
- **우** : 새가 땅에 이르며 절구통에 구수한 음식이 혀를 설레게 한다.

[부수 한자 9字 훈·음 기억하기]

127	耒	쟁기 뢰	130	肉(月)	고기 육	133	至	이를 지
농기구		6획	고기, 몸		6획	이르다		6획
128	耳	귀 이	131	臣	신하 신	134	臼	절구 구
귀		6획	신하		6획	절구		6획
129	聿	붓 율	132	自	스스로 자	135	舌	혀 설
붓		6획	스스로		6획	혀		6획

127~135 부수 한자 보고 훈·음 쓰고 뜻 이해하기 [15]

* 아래 부수 한자를 보고 연상하여 훈·음을 바르게 써 보세요.

15일차 훈·음 쓰기

[중]

[좌]　　　　　　　　　　　　　　　　　　　　　[우]

고기, 몸
④ 肉(月) [　　]

농기구　　　　　　　　　　　　　　　　　　　　이르다
① 耒 [　　]　　신하 신의 장(場)　　⑦ 至 [　　]
　　　　　　　127~135까지 연상

신하
⑤ 臣 [　　]

귀　　　　　　　　　　　　　　　　　　　　　　절구
② 耳 [　　]　　　　　　　　　　　　　　　　⑧ 臼 [　　]

스스로
⑥ 自 [　　]

붓　　　　　　　　　　　　　　　　　　　　　　혀
③ 聿 [　　]　　　　　　　　　　　　　　　　⑨ 舌 [　　]

한자부수 획순따라 쓰기연습

쓰기연습 [15]

※ 아래 부수 한자를 획순에 맞추어 천천히 예쁘게 써 보세요.

부수 漢字 구조화 연상

127~135 훈·음 보고 부수 한자 연상하여 쓰기 [15]

* 아래 훈·음을 보고 연상하여 부수한자를 바르게 써 보세요.

15일차 부수한자 쓰기

[중]

[좌]　　　　　　　　　　　　　　　　　　　[우]

④ [　　] 고기 육

① [　　] 쟁기 뢰　　　　　　　　　　⑦ [　　] 이를 지

신하 신의 장(場)
127~135까지 연상

⑤ [　　] 신하 신

② [　　] 귀 이　　　　　　　　　　⑧ [　　] 절구 구

⑥ [　　] 스스로 자

③ [　　] 붓 율　　　　　　　　　　⑨ [　　] 혀 설

16일차 — 풀 초의 장(場)

136~144까지 구조화 연상
아래 구조화된 그림을 보고 상·중·하 3의 원리로 연상 기억하세요.

연상기억하기

- **좌** : 어그러질 천한 나무를 밟고 있으며 배를 주문하여 괘이름으로 걸어간다.
- **중** : 무지갯빛 색이 아름답고 그 아래 풀 초가 자라며 그곳에 범 호랑이가 앉아있다.
- **우** : 나뭇잎에 벌레가 충만하고 그릇에 피 혈이 넘쳐흐르며 사람들이 다니며 행동한다.

[부수 한자 9字 훈·음 기억하기]

136 舛 어그러질 천	139 色 빛색	142 虫 벌레 충
어긋나다 / 6획	빛깔 / 6획	벌레 / 6획
137 舟 배 주	140 艸 풀 초	143 血 피 혈
쪽배 / 6획	풀 / 6획	핏줄 / 6획
138 艮 괘이름 간	141 虎 범 호	144 行 다닐 행
머무르다 / 6획	호랑이무늬 / 6획	걷다 / 6획

부수 漢字 구조화 연상

136~144 부수 한자 보고 훈·음 쓰고 뜻 이해하기 [16]

* 아래 부수 한자를 보고 연상하여 훈·음을 바르게 써 보세요.

16일차 훈·음 쓰기

[중]

[좌] [우]

빛깔
④ 色 [　　]

어긋나다　　　　　　　　　　　　　　　　　벌레
① 舛 [　　]　　　　　　　　　　　　　　　⑦ 虫 [　　]

풀 초의 장(場)
136~144까지 연상

풀
⑤ 艸(艹) [　　]

쪽배　　　　　　　　　　　　　　　　　　　핏줄
② 舟 [　　]　　　　　　　　　　　　　　　⑧ 血 [　　]

호랑이무늬
⑥ 虍 [　　]

머무르다　　　　　　　　　　　　　　　　　걷다
③ 艮 [　　]　　　　　　　　　　　　　　　⑨ 行 [　　]

76

한자부수 획순따라 쓰기연습

쓰기연습 [16]

* 아래 부수 한자를 획순에 맞추어 천천히 예쁘게 써 보세요.

136~144 훈·음 보고 부수 한자 연상하여 쓰기 [16]

* 아래 훈·음을 보고 연상하여 부수한자를 바르게 써 보세요.

16일차 부수한자 쓰기

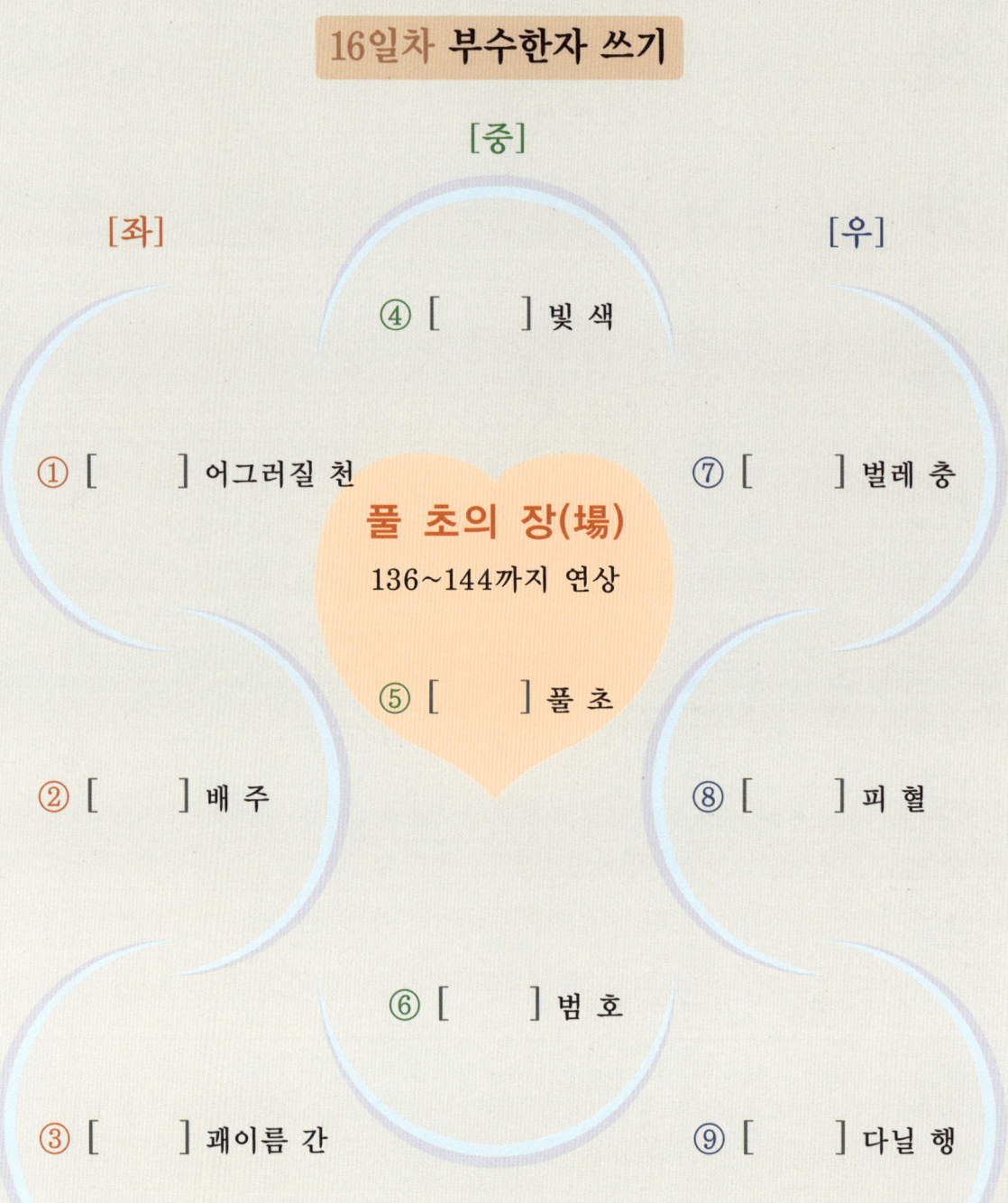

[중]

④ [　　] 빛 색

[좌]

① [　　] 어그러질 천

[우]

⑦ [　　] 벌레 충

풀 초의 장(場)
136~144까지 연상

⑤ [　　] 풀 초

② [　　] 배 주

⑧ [　　] 피 혈

⑥ [　　] 범 호

③ [　　] 쾌이름 간

⑨ [　　] 다닐 행

17일차 言 말씀 언의 장(場)

145~153까지 구조화 연상
아래 구조화된 그림을 보고 상·중·하 3의 원리로 연상 기억하세요.

연상기억하기

- **좌**: 예쁜 옷 의상을 입고 솥뚜껑이 덮여있는 아래 아이가 보며 견제하다.
- **중**: 사슴의 뿔의 각도가 멋있다고 말씀하는 언니, 아래는 골짜기에 물이 골 곡 흐른다.
- **우**: 잔 옆에 콩 두 개가 있고 돼지는 시시하게 앉고 발 없는 벌레는 치사하게 서 있다.

[부수 한자 9字 훈·음 기억하기]

145	衣(衤) 옷 의 / 옷 / 6획	148	角 뿔 각 / 뿔, 각도 / 7획	151	豆 콩 두 / 콩 / 7획
146	襾 덮을 아 / 숨기다 / 6획	149	言 말씀 언 / 말하다 / 7획	152	豕 돼지 시 / 돼지 / 7획
147	見 볼 견 / 견해, 생각 / 7획	150	谷 골 곡 / 골짜기 / 7획	153	豸 발없는 벌레 치 / 해태, 맹수 / 7획

145~153 부수 한자 보고 훈·음 쓰고 뜻 이해하기 [17]

* 아래 부수 한자를 보고 연상하여 훈·음을 바르게 써 보세요.

17일차 훈·음 쓰기

[중]

[좌]　　　　　　　　　　　　　　　　　　　　　[우]

뿔, 각도
④ 角 [　　]

옷　　　　　　　　　　　　　　　　　　　　　콩
① 衣(衤) [　　]　　　　　　　　　　　　　　　⑦ 豆 [　　]

말씀 언의 장(場)
145~153까지 연상

말하다
⑤ 言 [　　]

숨기다　　　　　　　　　　　　　　　　　　　돼지
② 襾 [　　]　　　　　　　　　　　　　　　　⑧ 豕 [　　]

골짜기
⑥ 谷 [　　]

견해, 생각　　　　　　　　　　　　　　　　　해태, 맹수
③ 見 [　　]　　　　　　　　　　　　　　　　⑨ 豸 [　　]

한자부수 획순따라 쓰기연습

쓰기연습 [17]

* 아래 부수 한자를 획순에 맞추어 천천히 예쁘게 써 보세요.

145~153 훈·음 보고 부수 한자 연상하여 쓰기 [17]

* 아래 훈·음을 보고 연상하여 부수한자를 바르게 써 보세요.

17일차 부수한자 쓰기

[중]

[좌]　　　　　　　　　　　　　　　　　　　　　　[우]

④ [　　] 뿔 각

① [　　] 옷 의　　　　　　　　　　　　　　⑦ [　　] 콩 두

말씀 언의 장(場)
145~153까지 연상

⑤ [　　] 말씀 언

② [　　] 덮을 아　　　　　　　　　　　　⑧ [　　] 돼지 시

⑥ [　　] 골 곡

③ [　　] 볼 견　　　　　　　　　　　　　⑨ [　　] 발 없는 벌레 치

18일차 身 몸 신의 장(場)

154~162까지 구조화 연상
아래 구조화된 그림을 보고 상·중·하 3의 원리로 연상 기억하세요.

연상기억하기

좌 : 조개로 만든 패물이 있고 아궁이 속에 붉은 적색의 불이 타니 뜨거워 달릴 준비다.
중 : 발에 빨간 족신을 신고 몸에 신체를 세워서 수레 차위에 서 있다.
우 : 매운 것이 신기하여 먹어 별이 진하게 뜬 것처럼 느끼며 쉬엄쉬엄 갈 착신을 보내다.

[부수 한자 9字 훈·음 기억하기]

154	貝	조개 패	157	足	발 족	160	辛	매울 신
재물, 돈		7획	발, 넉넉하다		7획	독하다		7획
155	赤	붉을 적	158	身	몸 신	161	辰	별 진 (날 신)
붉다		7획	몸		7획	별		7획
156	走	달릴 주	159	車	수레 거 (차)	162	辵(辶)	쉬엄쉬엄갈 착
달아나다		7획	수레		7획	가다		7획

154~162 부수 한자 보고 훈·음 쓰고 뜻 이해하기 [18]

* 아래 부수 한자를 보고 연상하여 훈·음을 바르게 써 보세요.

18일차 훈·음 쓰기

[중]

[좌]　　　　　　　　　　　　　　　　　　　　　[우]

발, 넉넉하다
④ 足 [　　　]

재물, 돈　　　　　　　　　　　　　　　　　　독하다
① 貝 [　　　]　　　몸 신의 장(場)　　　⑦ 辛 [　　　]
　　　　　　　　　154~162까지 연상

몸
⑤ 身 [　　　]

붉다　　　　　　　　　　　　　　　　　　　　별
② 赤 [　　　]　　　　　　　　　　　　　⑧ 辰 [　　　]

수레
⑥ 車 [　　　]

달아나다　　　　　　　　　　　　　　　　　가다
③ 走 [　　　]　　　　　　　　　　　　　⑨ 辵(辶)[　　　]

한자부수 획순따라 쓰기연습

쓰기연습 [18]

* 아래 부수 한자를 획순에 맞추어 천천히 예쁘게 써 보세요.

① 조개 패 — 貝 7획순: ｜ 冂 冃 月 貝 貝 貝
② 붉을 적 — 赤 7획순: 一 十 土 ታ 亣 赤 赤
③ 달릴 주 — 走 7획순: 一 十 土 キ 𧘇 走 走
④ 발 족 — 足 7획순: ｜ 口 口 𠯮 𠯮 足 足
⑤ 몸 신 — 身 7획순: ′ ⺈ 亻 𠂎 𠂎 身 身
⑥ 수레 차(거) — 車 7획순: 一 𠂉 币 币 百 亘 車
⑦ 매울 신 — 辛 7획순: ` 亠 亠 立 立 辛
⑧ 별 진(날 신) — 辰 7획순: 丿 厂 厂 厂 辰 辰 辰
⑨ 쉬엄쉬엄갈 착 — 辵(辶) 7획순: ′ 𠂉 𠂇 𠂇 𠂇 𠂇 辵

154~162 훈·음 보고 부수 한자 연상하여 쓰기 [18]

* 아래 훈·음을 보고 연상하여 부수한자를 바르게 써 보세요.

18일차 부수한자 쓰기

[중]

[좌] [우]

④ [   ] 발 족

① [   ] 조개 패   ⑦ [   ] 매울 신

몸 신의 장(場)
154~162까지 연상

⑤ [   ] 몸 신

② [   ] 붉을 적   ⑧ [   ] 별 진(날 신)

⑥ [   ] 수레 차(거)

③ [   ] 달릴 주   ⑨ [   ] 쉬엄쉬엄갈 착

86

19 일 차 金 쇠 금의 장(場)

163~171까지 구조화 연상
아래 구조화된 그림을 보고 상·중·하 3의 원리로 연상 기억하세요.

연상기억하기

- **좌** : 고을 읍내에 닭이 유유히 걸어 나와 분별하지 못한 채 변을 당하다.
- **중** : 마을 이장은 성이 김씨이며 금이 많아 긴 장대를 들어 지키고 서 있다.
- **우** : 대문에 문이 있으며 언덕 아래 밑에서 이리에 꼬리를 잡고 있다.

[부수 한자 9字 훈·음 기억하기]

163	邑(阝)	고을 읍	166	里	마을 리	169	門	문 문
땅, 고을		7획	마을		7획	문		8획
164	酉	닭 유	167	金	쇠 금 (성 김)	170	阜(阝)	언덕 부
닭, 술		7획	금, 성씨		8획	언덕		8획
165	釆	분별할 변	168	長	긴 장	171	隶	밑 이
나누다		7획	길다		8획	미치다		8획

163~171 부수 한자 보고 훈·음 쓰고 뜻 이해하기 [19]

* 아래 부수 한자를 보고 연상하여 훈·음을 바르게 써 보세요.

19일차 훈·음 쓰기

[중]

[좌]   [우]

마을
④ 里 [   ]

땅, 고을   문
① 邑(阝)[   ]   ⑦ 門 [   ]

쇠 금의 장(場)
163~171까지 연상

금, 성씨
⑤ 金 [   ]

닭, 술   언덕
② 酉 [   ]   ⑧ 阜(阝)[   ]

길다
⑥ 長 [   ]

나누다   미치다
③ 采 [   ]   ⑨ 隶 [   ]

한자부수 획순따라 쓰기연습

쓰기연습 [19]

* 아래 부수 한자를 획순에 맞추어 천천히 예쁘게 써 보세요.

부수 漢字 구조화 연상

163~171 훈·음 보고 부수 한자 연상하여 쓰기 [19]

* 아래 훈·음을 보고 연상하여 부수한자를 바르게 써 보세요.

19일차 부수한자 쓰기

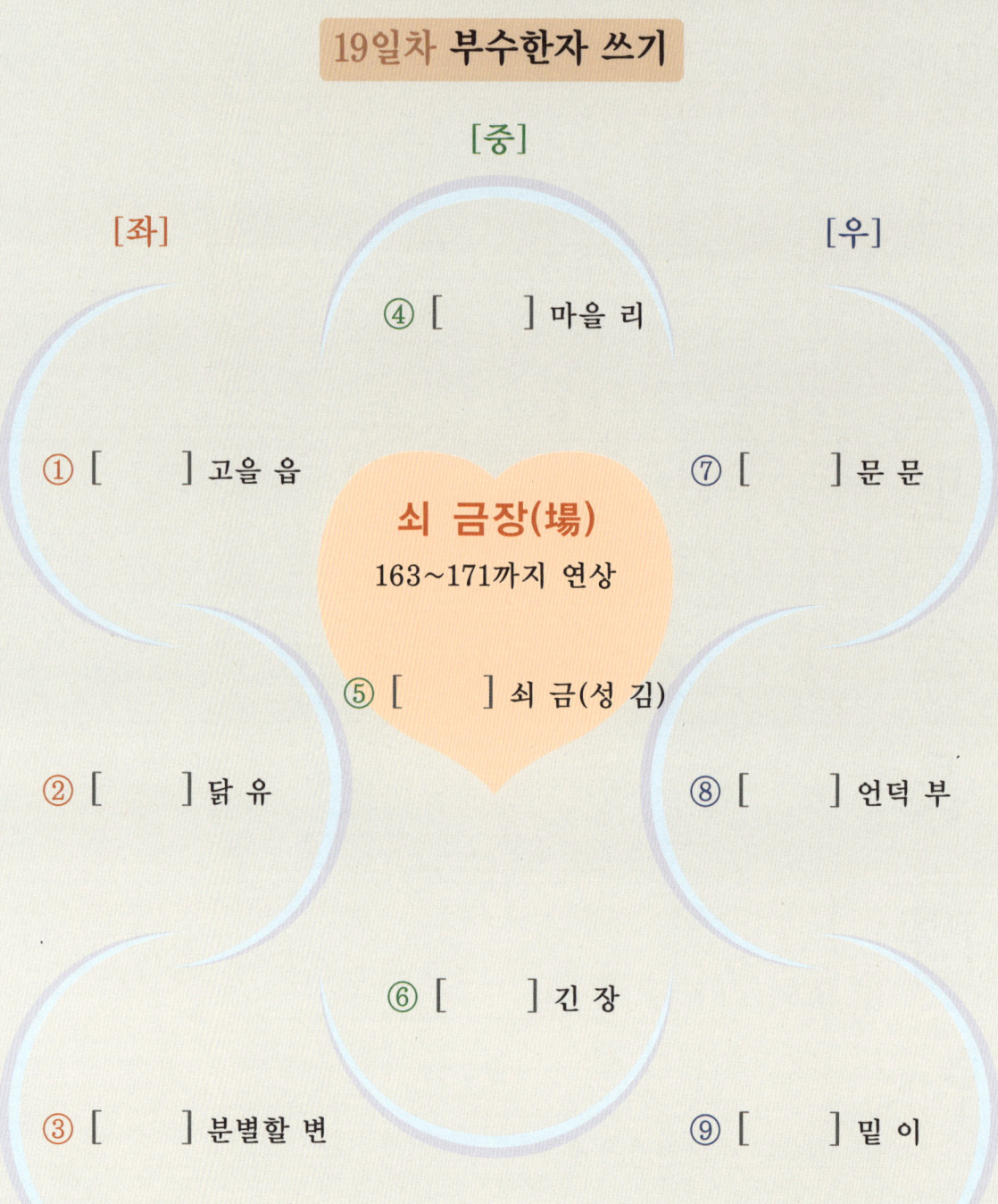

[중]

[좌]　　　　　　　　　　　　　　　　　　　[우]

④ [　　] 마을 리

① [　　] 고을 읍　　　　　　　　　　　　⑦ [　　] 문 문

쇠 금장(場)
163~171까지 연상

⑤ [　　] 쇠 금(성 김)

② [　　] 닭 유　　　　　　　　　　　　⑧ [　　] 언덕 부

⑥ [　　] 긴 장

③ [　　] 분별할 변　　　　　　　　　　⑨ [　　] 밑 이

20일차 面 얼굴 면의 장(場)

172~180까지 구조화 연상
아래 구조화된 그림을 보고 상·중·하 3의 원리로 연상 기억하세요.

연상기억하기

- **좌** : 새가 추워서 앉아 있고 비가 우수수 떨어지고 푸른 청색 아래 터널이 있다.
- **중** : 날개 모양이 아닌 것을 비교하여 얼굴의 면적이 넓은 사람이 가죽 혁대를 차고 있다.
- **우** : 다룸가죽 위를 가위로 자르고 부추에서 구수한 냄새가 좋아서 소리 내어 음악을 한다.

[부수 한자 9字 훈·음 기억하기]

172	佳	새 추	175	非	아닐 비	178	韋	다룸가죽 위
새		8획	아니다		8획	가죽, 주위		9획
173	雨	비 우	176	面	얼굴 면	179	韭	부추 구
비		8획	낯, 얼굴		9획	부추		9획
174	青	푸를 청	177	革	가죽 혁	180	音	소리 음
젊다		8획	가죽		9획	소리		9획

172~180 부수 한자 보고 훈·음 쓰고 뜻 이해하기 [20]

* 아래 부수 한자를 보고 연상하여 훈·음을 바르게 써 보세요.

20일차 훈·음 쓰기

[중]

[좌]　　　　　　　　　　　　　　　　　　　[우]

아니다
④ 非 [　　]

새　　　　　　　　　　　　　　　　　　　가죽, 주위
① 隹 [　　]　　　　　　　　　　　　　　　⑦ 韋 [　　]

얼굴 면의 장(場)
172~180까지 연상

낮, 얼굴
⑤ 面 [　　]

비　　　　　　　　　　　　　　　　　　　부추
② 雨 [　　]　　　　　　　　　　　　　　　⑧ 韭 [　　]

가죽
⑥ 革 [　　]

젊다　　　　　　　　　　　　　　　　　　소리
③ 靑 [　　]　　　　　　　　　　　　　　　⑨ 音 [　　]

한자부수 획순따라 쓰기연습

쓰기연습 [20]

* 아래 부수 한자를 획순에 맞추어 천천히 예쁘게 써 보세요.

부수 漢字 구조화 연상

172~180 훈·음 보고 부수 한자 연상하여 쓰기 [20]

* 아래 훈·음을 보고 연상하여 부수한자를 바르게 써 보세요.

20일차 부수한자 쓰기

[중]

[좌] [우]

④ [ ] 아닐 비

① [ ] 새 추　　　　　　　　⑦ [ ] 다룸가죽 위

얼굴 면의 장(場)
172~180까지 연상

⑤ [ ] 얼굴 면

② [ ] 비 우　　　　　　　　⑧ [ ] 부추 구

⑥ [ ] 가죽 혁

③ [ ] 푸를 청　　　　　　　　⑨ [ ] 소리 음

21일차 首 머리 수의 장(場)

181~189까지 구조화 연상
아래 구조화된 그림을 보고 상·중·하 3의 원리로 연상 기억하세요.

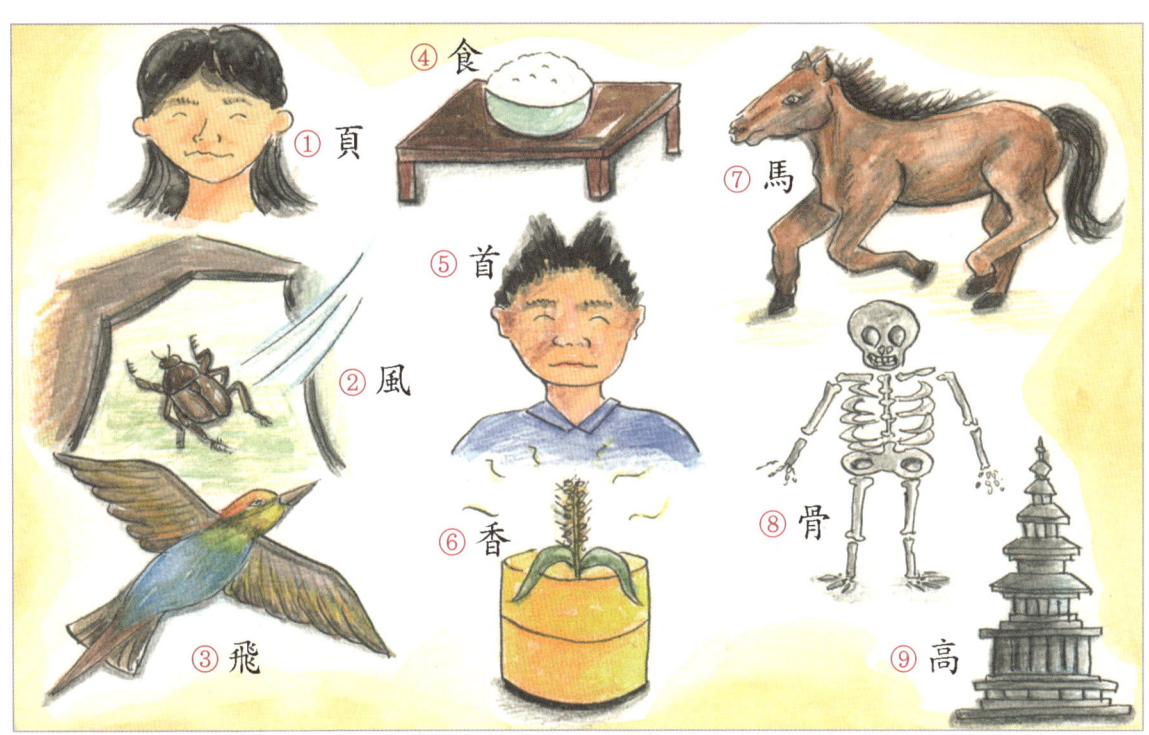

연상기억하기 ······

- 좌 : 머리의 혈색이 좋으며 바람이 불어 풍뎅이가 숨어 있고 새는 날라 비행을 한다.
- 중 : 밥이 식사하도록 있고 머리가 수북하게 자라고 벼에서 향기가 나니 향수를 맞다.
- 우 : 말이 마차를 끌 수 있으며 뼈골만 남은 사람이 높은 고탑만 쳐다보고 있다.

[부수 한자 9字 훈·음 기억하기]

181	頁	머리 혈	184	食	밥 식	187	馬	말 마
머리		9획	밥, 먹다		9획	말		10획
182	風	바람 풍	185	首	머리 수	188	骨	뼈 골
바람		9획	우두머리		9획	뼈		10획
183	飛	날 비	186	香	향기 향	189	高	높을 고
날다		9획	향기롭다		9획	높다		10획

181~189 부수 한자 보고 훈·음 쓰고 뜻 이해하기 [21]

* 아래 부수 한자를 보고 연상하여 훈·음을 바르게 써 보세요.

21일차 훈·음 쓰기

[중]

밥, 먹다
④ 食 [　　]

[좌]

머리
① 頁 [　　]

머리 수의 장(場)
181~189까지 연상

우두머리
⑤ 首 [　　]

바람
② 風 [　　]

[우]

말
⑦ 馬 [　　]

뼈
⑧ 骨 [　　]

향기롭다
⑥ 香 [　　]

날다
③ 飛 [　　]

높다
⑨ 高 [　　]

한자부수 획순따라 쓰기연습

쓰기연습 [21]

* 아래 부수 한자를 획순에 맞추어 천천히 예쁘게 써 보세요.

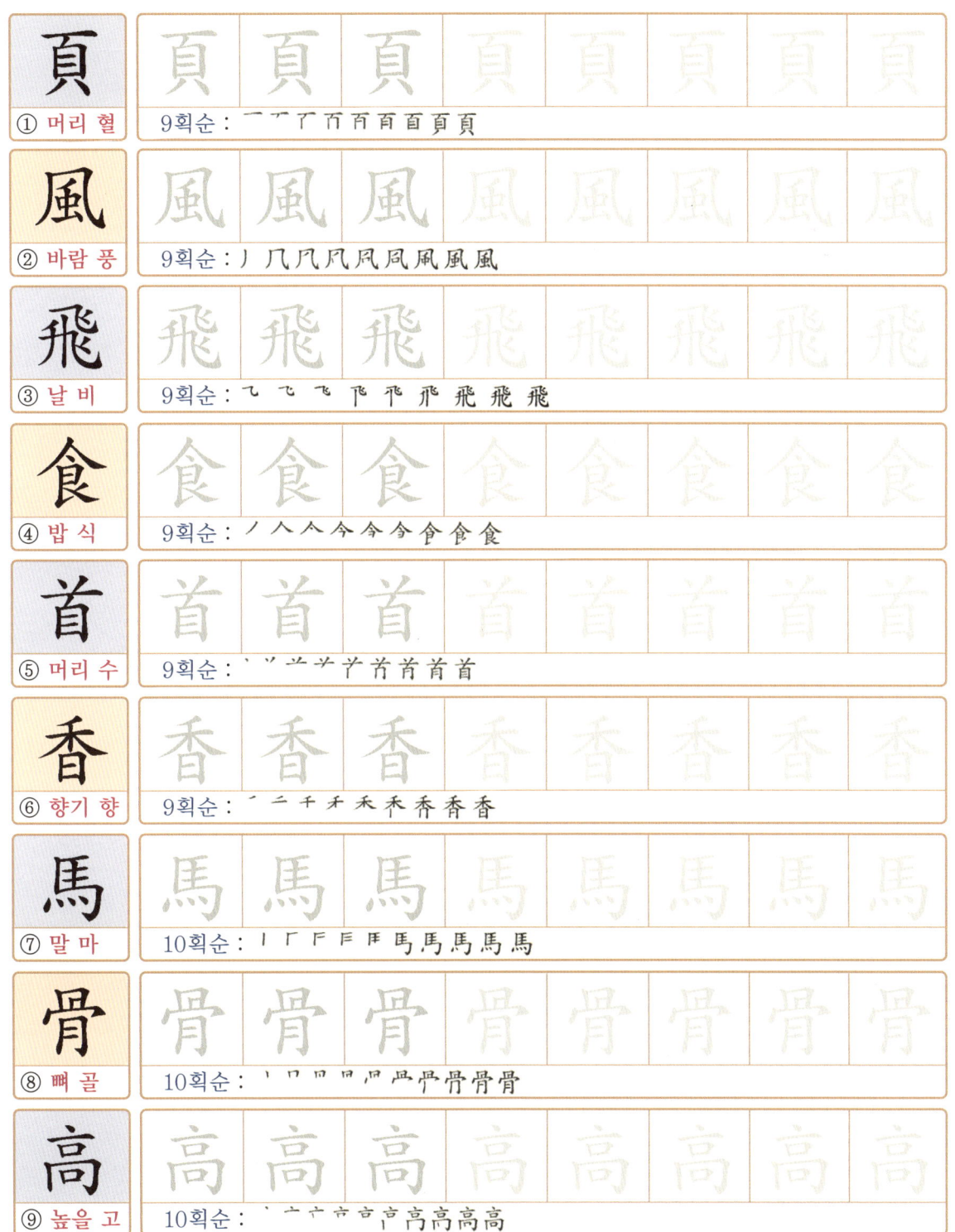

① 머리 혈 — 頁 — 9획순
② 바람 풍 — 風 — 9획순
③ 날 비 — 飛 — 9획순
④ 밥 식 — 食 — 9획순
⑤ 머리 수 — 首 — 9획순
⑥ 향기 향 — 香 — 9획순
⑦ 말 마 — 馬 — 10획순
⑧ 뼈 골 — 骨 — 10획순
⑨ 높을 고 — 高 — 10획순

부수 漢字 구조화 연상

181~189 훈·음 보고 부수 한자 연상하여 쓰기 [21]

* 아래 훈·음을 보고 연상하여 부수한자를 바르게 써 보세요.

21일차 부수한자 쓰기

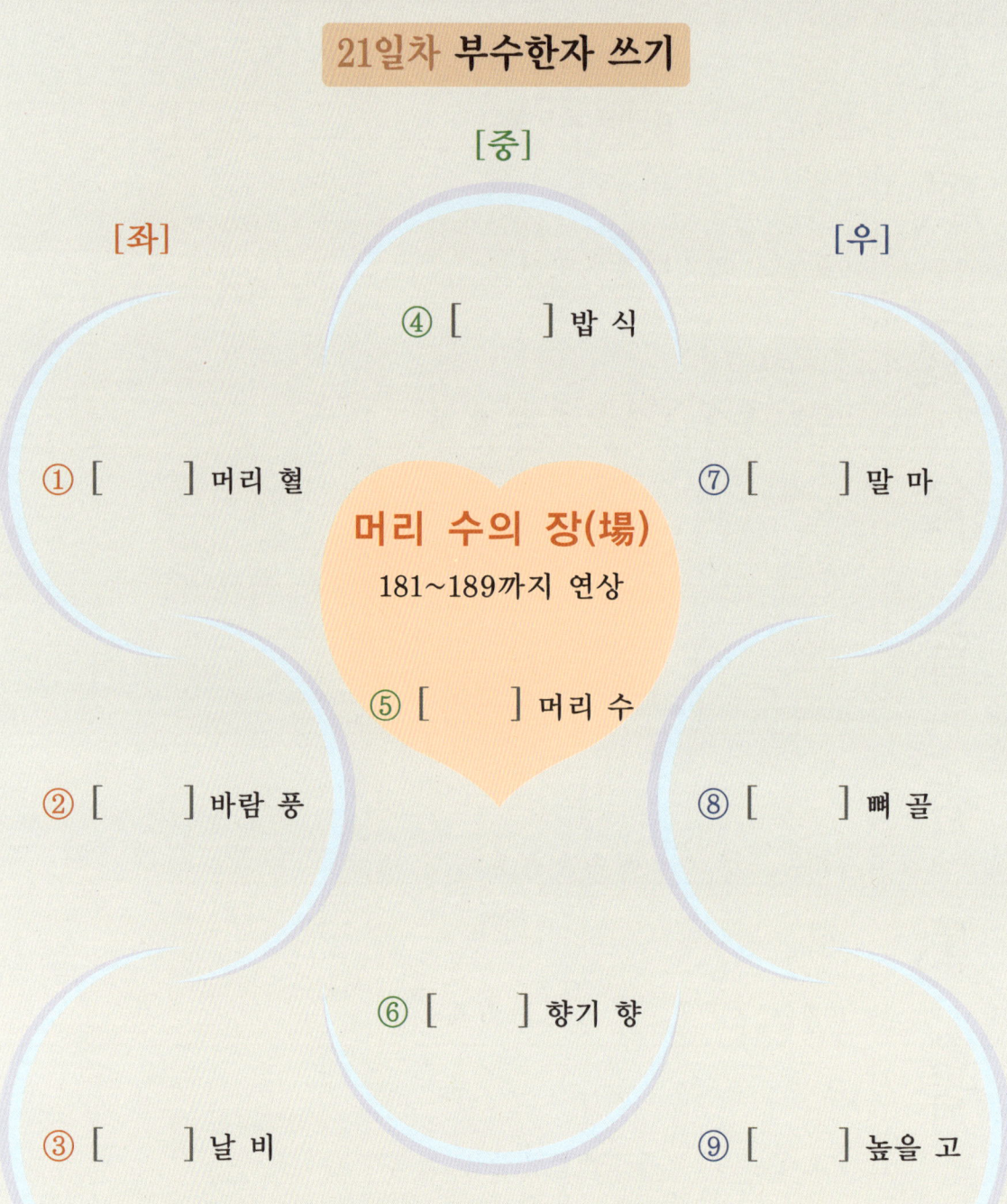

[중]

④ [　　] 밥 식

[좌]

① [　　] 머리 혈

머리 수의 장(場)
181~189까지 연상

⑤ [　　] 머리 수

② [　　] 바람 풍

[우]

⑦ [　　] 말 마

⑧ [　　] 뼈 골

⑥ [　　] 향기 향

③ [　　] 날 비

⑨ [　　] 높을 고

22일차 鬼 귀신 귀의 장(場)

190~198까지 구조화 연상
아래 구조화된 그림을 보고 상·중·하 3의 원리로 연상 기억하세요.

연상기억하기

좌 : 머리를 긴 털 드리울 표처럼 만들었고 권투싸움 투쟁에 관객의 목소리가 울창하다.
중 : 솥 모양의 오지 병 격 앞에 귀신이 귀를 가리고 물고기를 어부가 쳐다보고 있다.
우 : 새가 조숙하게 앉아있으며 소금밭 길에 사슴이 서 있다.

[부수 한자 9字 훈·음 기억하기]

190	髟	긴털드리울 표	193	鬲	오지병 격, 솥 력	196	鳥	새 조
늘어지다		10획	솥, 막다		10획	새		11획
191	鬥	싸움 투 (두)	194	鬼	귀신 귀	197	鹵	소금밭 로
싸우다		10획	귀신		10획	소금밭		11획
192	鬯	울창주 창	195	魚	물고기 어	198	鹿	사슴 록
술이름		10획	생선		11획	사슴		11획

190~198 부수 한자 보고 훈·음 쓰고 뜻 이해하기[22]

* 아래 부수 한자를 보고 연상하여 훈·음을 바르게 써 보세요.

22일차 훈·음 쓰기

[중]

솥, 막다
④ 鬲 [   ]

[좌]

늘어지다
① 髟 [   ]

싸우다
② 鬥 [   ]

술이름
③ 鬯 [   ]

귀신 귀의 장(場)
190~189까지 연상

귀신
⑤ 鬼 [   ]

생선
⑥ 魚 [   ]

[우]

새
⑦ 鳥 [   ]

소금밭
⑧ 鹵 [   ]

사슴
⑨ 鹿 [   ]

한자부수 획순따라 쓰기연습

쓰기연습 [22]

* 아래 부수 한자를 획순에 맞추어 천천히 예쁘게 써 보세요.

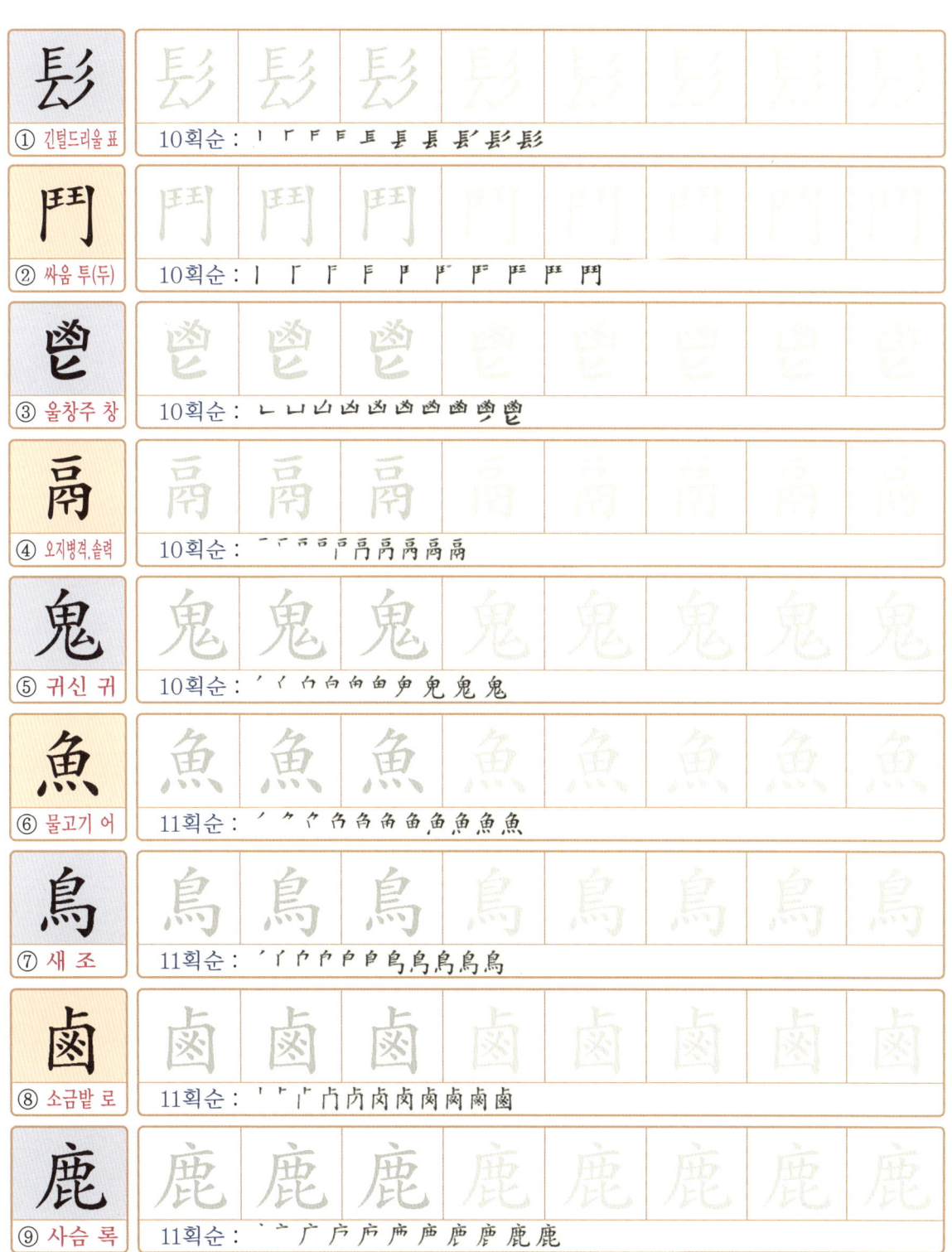

부수 漢字 구조화 연상

190~198 훈·음 보고 부수 한자 연상하여 쓰기 [22]

* 아래 훈·음을 보고 연상하여 부수한자를 바르게 써 보세요.

22일차 부수한자 쓰기

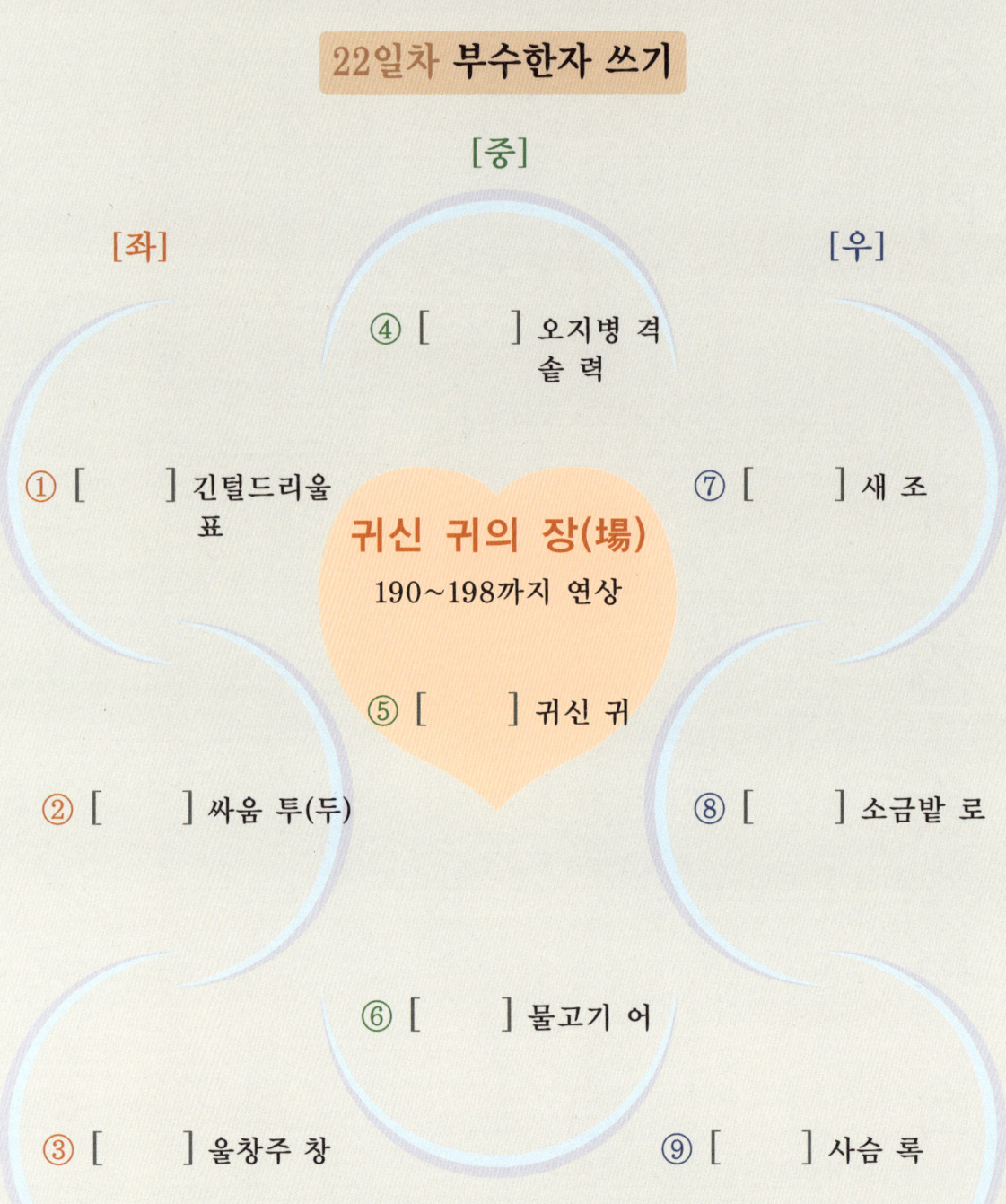

[중]

[좌]　　　　　　　　　　　　　　　　　　　　　[우]

④ [　　] 오지병 격
　　　　　솥 력

① [　　] 긴털드리울 표　　　　　　　　　　⑦ [　　] 새 조

귀신 귀의 장(場)
190~198까지 연상

⑤ [　　] 귀신 귀

② [　　] 싸움 투(두)　　　　　　　　　　⑧ [　　] 소금밭 로

⑥ [　　] 물고기 어

③ [　　] 울창주 창　　　　　　　　　　　⑨ [　　] 사슴 록

23일차 黑 검을 흑의 장(場)

199~207까지 구조화 연상
아래 구조화된 그림을 보고 상·중·하 3의 원리로 연상 기억하세요.

① 麥　② 麻　③ 黃　④ 黍　⑤ 黑　⑥ 黹　⑦ 黽　⑧ 鼎　⑨ 鼓

연상기억하기

- **좌**: 보리로 맥주를 만들 수 있고 산삼과 마를 토밭에 심는다.
- **중**: 기장이 길게 서 있고 검게 그을린 흙 속에 아궁이 앞에 바느질을 치사하게 하고 있다.
- **우**: 맹꽁이가 맹하게 서 있고 그 솥이 정이 들어 북을 고상하게 친다.

[부수 한자 9字 훈·음 기억하기]

199	麥	보리 맥	202	黍	기장 서	205	黽	맹꽁이 맹(민)
보리		11획	기장		12획	맹꽁이		13획
200	麻	삼 마	203	黑	검을 흑	206	鼎	솥 정
삼		11획	나쁜마음		12획	솥		13획
201	黃	누를 황	204	黹	바느질할 치	207	鼓	북 고
누렇다		12획	바느질하다		12획	북		13획

부수 漢字 구조화 연상 ● 103

199~207 부수 한자 보고 훈·음 쓰고 뜻 이해하기 [23]

* 아래 부수 한자를 보고 연상하여 훈·음을 바르게 써 보세요.

23일차 훈·음 쓰기

[중]

기장
④ 黍 [   ]

[좌]

보리
① 麥 [   ]

삼
② 麻 [   ]

누렇다
③ 黃 [   ]

검을 흑의 장(場)
199~207까지 연상

나쁜마음
⑤ 黑 [   ]

바느질하다
⑥ 黹 [   ]

[우]

맹꽁이
⑦ 黽 [   ]

솥
⑧ 鼎 [   ]

북
⑨ 鼓 [   ]

한자부수 획순따라 쓰기연습

쓰기연습 [23]

* 아래 부수 한자를 획순에 맞추어 천천히 예쁘게 써 보세요.

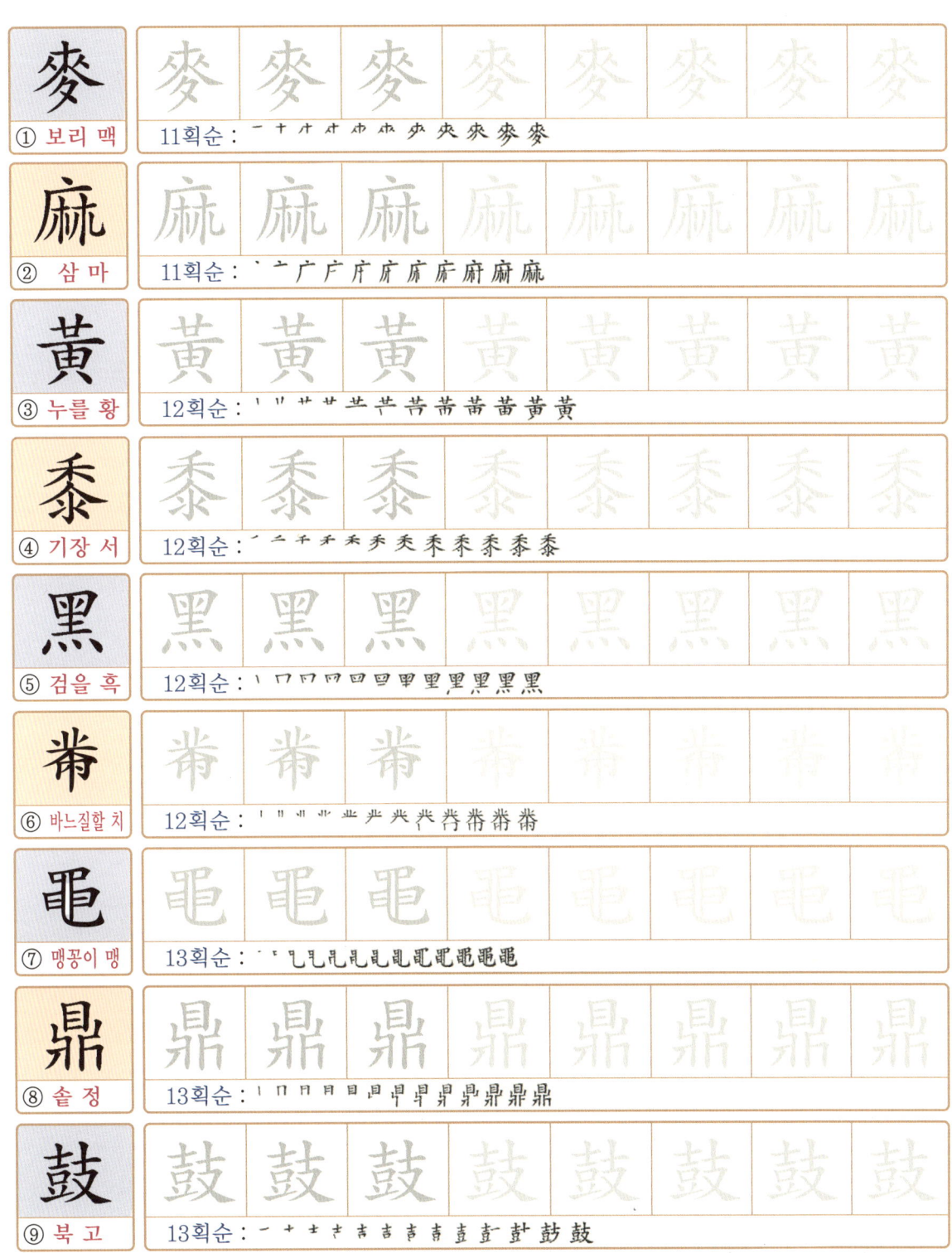

부수 漢字 구조화 연상

199~207 훈·음 보고 부수 한자 연상하여 쓰기 [23]

* 아래 훈·음을 보고 연상하여 부수한자를 바르게 써 보세요.

23일차 부수한자 쓰기

[중]

[좌]　　　　　　　　　　　　　　　　　　　[우]

④ [　　] 기장 서

① [　　] 보리 맥　　　　　　　　　　⑦ [　　] 맹꽁이 맹(민)

검을 흑의 장(場)
199~207까지 연상

⑤ [　　] 검을 흑

② [　　] 삼 마　　　　　　　　　　⑧ [　　] 솥 정

⑥ [　　] 바느질할 치

③ [　　] 누를 황　　　　　　　　　　⑨ [　　] 북 고

24일차 龍 용 룡의 장(場)

208~214까지 구조화 연상
아래 구조화된 그림을 보고 상·중·하 3의 원리로 연상 기억하세요.

① 鼠
② 鼻
③ 齊
④ 齒
⑤ 龍
⑥ 龜
⑦ 龠
⑧ 邑(阝)
⑨ (阝)阜

연상기억하기

- **좌** : 쥐가 서서히 앉아 있고 코가 비대한 젊은이가 가지런하게 제 정리 한다.
- **중** : 이 치아가 멋있다고 자랑하는 아이 용과 거북이를 구하려고
- **우** : 피리를 불며 읍을 올리다.

[부수 한자 9字 훈·음 기억하기]

208	鼠	쥐 서	211	齒	이 치	214	龠	피리 약
쥐		13획	이, 나이		15획	피리		17획
209	鼻	코 비	212	龍	용 룡		邑	阝
코		14획	용		16획	고을 읍	7획	3획
210	齊	가지런 할 제	213	龜	거북 구 (귀)(균)		阝	阜
다스리다		14획	거북		16획	언덕 부	3획	8획

208~214 부수 한자 보고 훈·음 쓰고 뜻 이해하기 [24]

* 아래 부수 한자를 보고 연상하여 훈·음을 바르게 써 보세요.

24일차 훈·음 쓰기

한자부수 획순따라 쓰기연습

쓰기연습 [24]

* 아래 부수 한자를 획순에 맞추어 천천히 예쁘게 써 보세요.

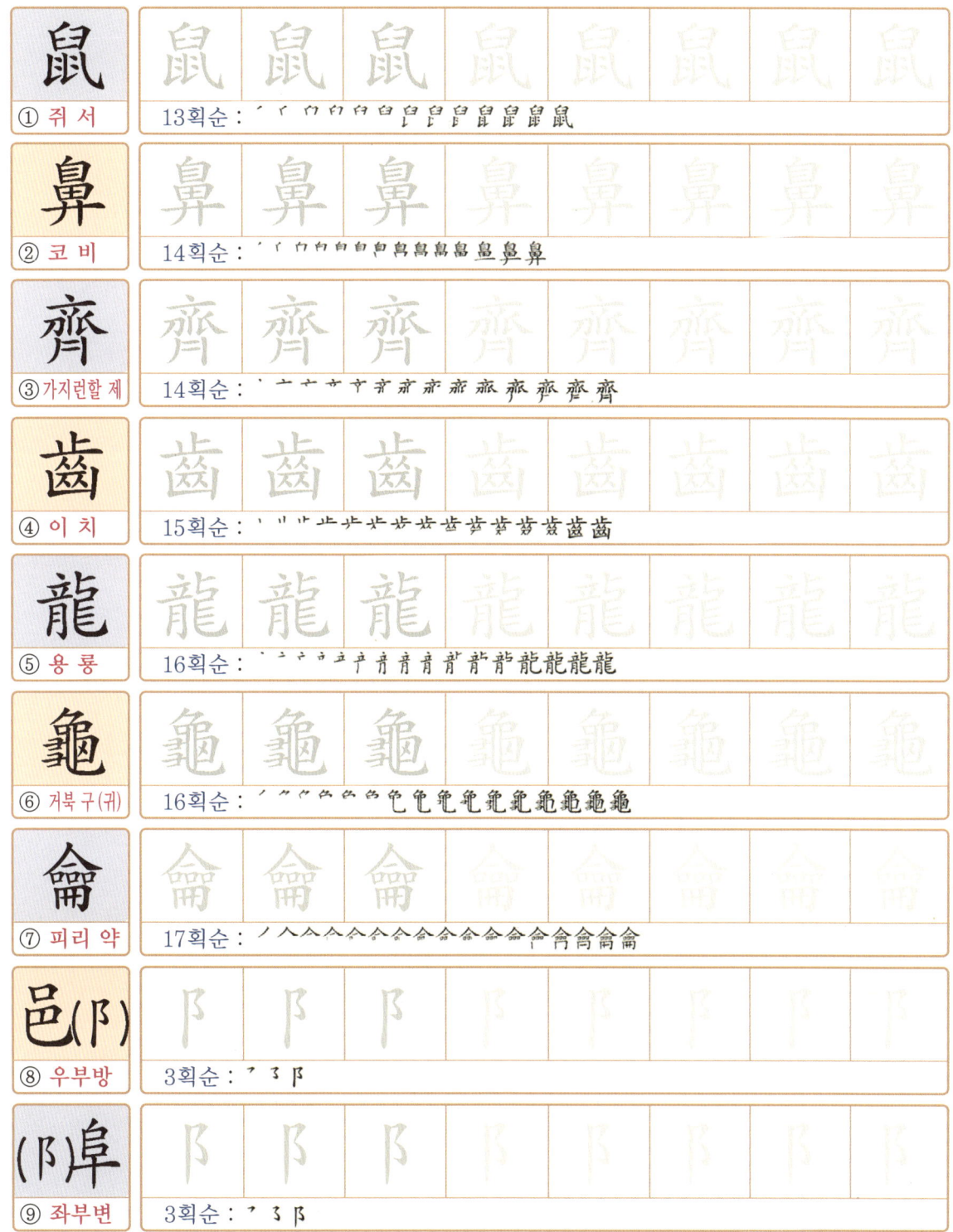

부수 漢字 구조화 연상

208~214 훈·음 보고 부수 한자 연상하여 쓰기 [24]

* 아래 훈·음을 보고 연상하여 부수한자를 바르게 써 보세요.

24일차 부수한자 쓰기

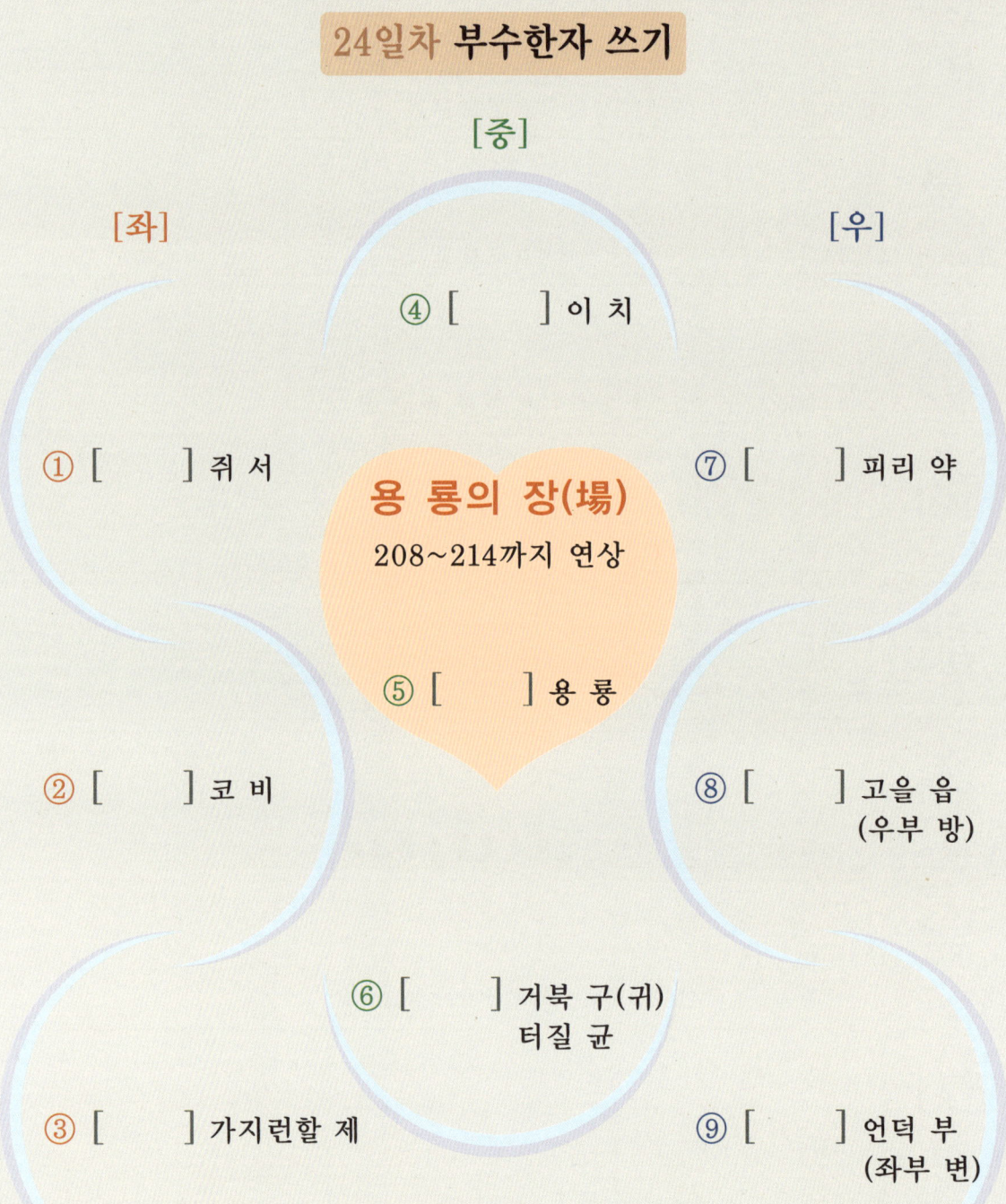

[중]

[좌]   [우]

④ [   ] 이 치

① [   ] 쥐 서   ⑦ [   ] 피리 약

용 룡의 장(場)
208~214까지 연상

⑤ [   ] 용 룡

② [   ] 코 비   ⑧ [   ] 고을 읍
                              (우부 방)

⑥ [   ] 거북 구(귀)
       터질 균

③ [   ] 가지런할 제   ⑨ [   ] 언덕 부
                              (좌부 변)

漢字 초보자를 위한

7급·8급 공부하고 문제풀기

8급 배정漢字 50字 쓰기연습
7급 배정漢字 100字 쓰기연습

7급·8급 배정漢字 150字 훈·음 바르게 쓰기
7급·8급 배정漢字 150字 漢字 바르게 쓰기

실전 기출 및 예상문제 8級 문제와 답안지
실전 기출 및 예상문제 7級 문제와 답안지

부수와 연결된 활용漢字 쓰고 뜻 이해하기

8급 배정 한자 50자 쓰기 예습 및 복습하기

*아래 한자의 흐린 선을 따라 쓰고 나서 모르면 다시 쓴 글자 위로 여러 번 써 보세요.

10	1	2	3	4	5	6	7	8	9
十	一	二	三	四	五	六	七	八	九
十	一	二	三	四	五	六	七	八	九
열 십	한 일	두 이	석 삼	넉 사	다섯 오	여섯 륙	일곱 칠	여덟 팔	아홉 구
20	11	12	13	14	15	16	17	18	19
日	月	火	水	木	金	土	大	中	小
日	月	火	水	木	金	土	大	中	小
날 일	달 월	불 화	물 수	나무 목	쇠 금	흙 토	큰 대	가운데 중	작을 소
30	21	22	23	24	25	26	27	28	29
東	西	南	北	女	人	父	母	兄	弟
東	西	南	北	女	人	父	母	兄	弟
동녘 동	서녘 서	남녘 남	북녘 북	계집 녀	사람 인	아비 부	어미 모	맏 형	아우 제
40	31	32	33	34	35	36	37	38	39
靑	山	寸	萬	年	韓	國	軍	王	民
靑	山	寸	萬	年	韓	國	軍	王	民
푸를 청	메 산	마디 촌	일만 만	해 년	한국 한	나라 국	군사 군	임금 왕	백성 민
50	41	42	43	44	45	46	47	48	49
白	先	生	外	學	校	門	長	敎	室
白	先	生	外	學	校	門	長	敎	室
흰 백	먼저 선	날 생	바깥 외	배울 학	학교 교	문 문	긴 장	가르칠 교	집 실

8급 배정 한자 50자 漢字 쓰면서 훈·음 쓰기

*아래 한자의 흐린 선을 따라 쓰면서 훈·음까지 써 보세요.

한자 쓰기	一	二	三	四	五
훈·음 쓰기					

한자 쓰기	六	七	八	九	十
훈·음 쓰기					

한자 쓰기	月	火	水	木	金
훈·음 쓰기					

한자 쓰기	土	日	大	中	小
훈·음 쓰기					

한자 쓰기	東	西	南	北	白
훈·음 쓰기					

한자 쓰기	父	母	兄	弟	外
훈·음 쓰기					

한자 쓰기	先	生	學	校	長
훈·음 쓰기					

한자 쓰기	萬	年	敎	室	門
훈·음 쓰기					

한자 쓰기	靑	山	韓	國	軍
훈·음 쓰기					

한자 쓰기	王	民	女	人	寸
훈·음 쓰기					

7급 배정 한자 100자 쓰기 예습 및 복습하기 [1]

*아래 한자의 흐린 선을 따라 쓰고 나서 모르면 다시 쓴 글자 위로 여러 번 써 보세요.

10	1	2	3	4	5	6	7	8	9
家	歌	間	江	車	工	空	口	記	氣
집 가	노래 가	사이 간	강 강	수레 거/차	장인 공	빌 공	입 구	기록할 기	기운 기

20	11	12	13	14	15	16	17	18	19
旗	男	內	農	答	道	冬	同	洞	動
기 기	사내 남	안 내	농사 농	대답 답	길 도	겨울 동	한가지 동	골 동	움직일 동

30	21	22	23	24	25	26	27	28	29
登	來	力	老	里	林	立	每	面	名
오를 등	올 래	힘 력	늙을 로	마을 리	수풀 림	설 립	매양 매	낯 면	이름 명

40	31	32	33	34	35	36	37	38	39
命	文	問	物	方	百	夫	不	事	算
목숨 명	글월 문	물을 문	물건 물	모 방	일백 백	지아비 부	아닐 부/불	일 사	셈 산

50	41	42	43	44	45	46	47	48	49
上	色	夕	姓	世	少	所	手	數	市
위 상	빛 색	저녁 석	성 성	인간 세	적을 소	바 소	손 수	셈 수	저자 시

7급 배정 한자 100자 쓰기 예습 및 복습하기[2]

*아래 한자의 흐린 선을 따라 쓰고 나서 모르면 다시 쓴 글자 위로 여러 번 써 보세요.

60	51	52	53	54	55	56	57	58	59
時	食	植	心	安	語	然	午	右	有
때 시	밥/먹을 식	심을 식	마음 심	편안 안	말씀 어	그럴 연	낮 오	오른 우	있을 유
70	61	62	63	64	65	66	67	68	69
育	邑	入	子	字	自	場	全	前	電
기를 육	고을 읍	들 입	아들 자	글자 자	스스로 자	마당 장	온전 전	앞 전	번개 전
80	71	72	73	74	75	76	77	78	79
正	祖	足	左	主	住	重	地	紙	直
바를 정	할아비 조	발 족	왼 좌	주인 주	살 주	무거울 중	땅 지	종이 지	곧을 직
90	81	82	83	84	85	86	87	88	89
川	千	天	草	村	秋	春	出	便	平
내 천	일천 천	하늘 천	풀 초	마을 촌	가을 추	봄 춘	날 출	편할 편/변	평평할 평
100	91	92	93	94	95	96	97	98	99
下	夏	漢	海	花	話	活	孝	後	休
아래 하	여름 하	한수 한	바다 해	꽃 화	말씀 화	살 활	효도 효	뒤 후	쉴 휴

7·8급 배정 한자 총 150자 훈·음 바르게 쓰면서 익히기 [1]

*아래 한자를 보고 빈칸에 훈과 음을 바르게 써 보세요.

한자	훈·음 쓰기	한자	훈·음 쓰기	한자	훈·음 쓰기	한자	훈·음 쓰기
家		年		名		上	
工		冬		門		先	
九		登		白		少	
記		里		不		車	
女		面		三		口	
道		文		夕		氣	
洞		方		所		內	
六		北		江		大	
每		算		敎		東	
木		西		金		老	
民		小		男		萬	
夫		間		答		母	
山		校		動		物	
生		軍		力		父	
世		南		立		事	
歌		農		命		色	
空		同		問		姓	
國		來		百		水	
旗		林		四		家 1 ~ 水 75字

7·8급 배정 한자 총 150자 훈·음 바르게 쓰면서 익히기[2]

*아래 한자를 보고 빈칸에 훈과 음을 바르게 써 보세요.

한자	훈·음 쓰기	한자	훈·음 쓰기	한자	훈·음 쓰기	한자	훈·음 쓰기
手		二		重		學	
植		子		川		火	
語		電		村		後	
外		祖		土		食	
邑		中		夏		安	
入		千		兄		王	
場		寸		孝		育	
弟		七		時		一	
住		下		十		長	
直		海		午		正	
草		活		有		主	
出		市		日		地	
平		心		自		青	
漢		五		前		春	
花		月		左		便	
數		人		紙		韓	
室		字		天		話	
然		全		秋		休	
右		足		八		手 76 ~ 休 150字	

7·8급 배정 한자 총 150자 바르게 쓰면서 익히기[1]

*아래 훈·음을 보고 빈칸 쓰기란에 한자를 바르게 써 보세요.

훈·음	쓰기	훈·음	쓰기	훈·음	쓰기	훈·음	쓰기
집 가		해 년		이름 명		위 상	
장인 공		겨울 동		문 문		먼저 선	
아홉 구		오를 등		흰 백		적을 소	
기록할 기		마을 리		아닐 불/부		수레 차/거	
계집 녀		낯 면		석 삼		입 구	
길 도		글월 문		저녁 석		기운 기	
골 동		모 방		바 소		안 내	
여섯 륙		북녘 북		강 강		큰 대	
매양 매		셈 산		가르칠 교		동녘 동	
나무 목		서녘 서		쇠 금/성 김		늙을 로	
백성 민		작을 소		사내 남		일만 만	
지아비 부		사이 간		대답할 답		어미 모	
메 산		학교 교		움직일 동		물건 물	
날 생		군사 군		힘 력		아비 부	
인간 세		남녘 남		설 립		일 사	
노래 가		농사 농		목숨 명		빛 색	
빌 공		한가지 동		물을 문		성 성	
나라 국		올 래		일백 백		물 수	
기 기		수풀 림		넉 사		집 가1~물 수50까지	

7·8급 배정 한자 총 150자 바르게 쓰면서 익히기[2]

*아래 훈·음을 보고 빈칸 쓰기란에 한자를 바르게 써 보세요.

훈·음	쓰기	훈·음	쓰기	훈·음	쓰기	훈·음	쓰기
손 수		두 이		무거울 중		배울 학	
심을 식		아들 자		내 천		불 화	
말씀 어		번개 전		마을 촌		뒤 후	
바깥 외		할아비 조		흙 토		밥 식	
고을 읍		가운데 중		여름 하		편안 안	
들 입		일천 천		형 형		임금 왕	
마당 장		마디 촌		효도 효		기를 육	
아우 제		일곱 칠		때 시		한 일	
살 주		아래 하		열 십		긴 장	
곧을 직		바다 해		낮 오		바를 정	
풀 초		살 활		있을 유		주인 주	
날 출		저자 시		날 일		땅 지	
평평할 평		마음 심		스스로 자		푸를 청	
한수 한		다섯 오		앞 전		봄 춘	
꽃 화		달 월		왼 좌		편할 편/ 똥오줌 변	
셈 산		사람 인		종이 지		한국 한	
집 실		글자 자		하늘 천		말씀 화	
그럴 연		온전 전		가을 추		쉴 휴	
오른 우		발 족		여덟 팔		손 수51~쉴 휴150까지	

실전 기출 및 예상문제 8級 問題紙

[문제 1-16] 다음 글을 읽고 밑줄 친 漢字(한자)의 讀音(독음 : 읽는 소리)을 쓰세요.

〈보기〉 音 → 음

우리는 先[1]生[2]님과 함께 學[3]校[4]의 뒷동산에 올라갔습니다.
六[5]月[6]의 山[7]이 靑[8]색으로 물들었습니다.
東[9]西[10]南[11]北[12] 사방에는 나무가 가득합니다.
敎[13]室[14]과는 달리, 공기도 신선합니다.
國[15]民[16]의 한 사람으로서 나무를 보호해야 하겠다는 생각이 들었습니다.

[1] 先   [2] 生   [3] 學   [4] 校
[5] 六   [6] 月   [7] 山   [8] 靑
[9] 東   [10] 西   [11] 南   [12] 北
[13] 敎   [14] 室   [15] 國   [16] 民

[문제 17-32] 밑줄 친 말에 해당하는 漢字(한자)를 〈보기〉에서 찾아 그 번호를 쓰세요.

〈보기〉
① 外   ② 兄   ③ 中   ④ 二
⑤ 長   ⑥ 火   ⑦ 弟   ⑧ 小
⑨ 土   ⑩ 門   ⑪ 水   ⑫ 白
⑬ 父   ⑭ 木   ⑮ 母   ⑯ 人

가. 어머니[17]와 아버지[18]도 나무[19] 그늘에서 쉬면서 함께 즐거워합니다.
나. 문[20] 바깥[21]에는 작은[22] 개울물[23]이 있습니다.
다. 형[24]과 아우[25]가 하얀[26] 옷을 입고 물가에서 놀고 있습니다.
라. 옷 가운데[27]에 흙[28]이 묻었지만

두[29] 사람[30]은 행복합니다.
마. 밤이 되자 어른들은 개울가에 모닥불[31]을 피우고 긴[32]막대기를 부지깽이로 만들어 불을 헤치며 밤과 고구마를 구워 우리들에게 주었습니다.

[문제33-40] ( )에 알맞은 漢字(한자)를 〈보기〉에서 찾아 그 번호를 쓰세요.

〈보기〉
① 九   ② 軍   ③ 一   ④ 萬
⑤ 韓   ⑥ 五   ⑦ 王   ⑧ 女

[33] 임금( ) [34] 아홉( ) [35] 군사( )
[36] 일만( ) [37] 하나( ) [38] 여자( )
[39] 한국( ) [40] 다섯( )

[문제 41-48] 다음 漢字(한자)의 訓(훈 : 뜻)과 音(음 : 소리)을 쓰세요.
[41] 金( )   [42] 大( )   [43] 三( )
[44] 十( )   [45] 日( )   [46] 寸( )
[47] 七( )   [48] 八( )

[문제49-50] 다음 漢字(한자)의 ㉠ 획은 몇 번째 쓰는지 〈보기〉에서 찾아 그 번호를 쓰세요. (화살표는 ㉠ 획의 위치와 획을 쓰는 방향을 나타냅니다).

〈보기〉
① 첫 번째 ② 두 번째   ③ 세 번째
④ 네 번째 ⑤ 다섯 번째 ⑥ 여섯 번째
⑦ 일곱 번째 ⑧ 여덟 번째

한자능력검정시험 8급 답안지

성명 [   ]

* 본 답안지는 컴퓨터로 처리되므로 글씨를 칸 안에 또박또박 쓰십시오.

번호	정답	번호	정답	번호	정답	번호	정답
1		14		27		40	
2		15		28		41	
3		16		29		42	
4		17		30		43	
5		18		31		44	
6		19		32		45	
7		20		33		46	
8		21		34		47	
9		22		35		48	
10		23		36		49	
11		24		37		50	
12		25		38			
13		26		39			

실전 기출 및 예상문제 7級 問題紙

[문제 1-32] 다음 漢字語[한자어]의 音[음 : 소리]을 쓰세요.

〈보기〉 漢字 → 한자

[1] 春川   [2] 不平   [3] 秋天   [4] 命中
[5] 登記   [6] 自然   [7] 東西   [8] 時間
[9] 萬事   [10] 江村   [11] 姓名   [12] 白色
[13] 海物 [14] 電車   [15] 安家   [16] 北方
[17] 正門 [18] 老母   [19] 青旗   [20] 人便
[21] 地下 [22] 山林   [23] 前年   [24] 來世
[25] 立冬 [26] 活動   [27] 花草   [28] 入場
[29] 休學 [30] 直面   [31] 空氣   [32] 出口

[문제 33-52] 다음 漢字[한자]의 訓[훈 : 뜻]과 音[음 : 소리]를 쓰세요.

〈보기〉 字 → 글자 자

[33] 夏   [34] 父   [35] 工   [36] 軍
[37] 外   [38] 夕   [39] 歌   [40] 弟
[41] 每   [42] 洞   [43] 答   [44] 重
[45] 里   [46] 植   [47] 同   [48] 室
[49] 育   [50] 數   [51] 算   [52] 長

[문제 53-54] 다음 밑줄 친 단어의 漢字語[한자어]를 〈보기〉에서 골라 그 번호를 쓰세요.

〈보기〉
① 住所   ② 三寸   ③ 大小   ④ 孝子

[53] 편지를 보낼 때는 주소를 정확하게 써야 합니다.
[54] 우리 아빠는 동네에서 효자로 소문났읍니다.

[55-64] 다음 訓과 音에 맞는 漢字[한자]를 보기에서 골라 그 번호를 쓰세요.

〈보기〉
① 百   ② 午   ③ 校   ④ 足
⑤ 金   ⑥ 左   ⑦ 敎   ⑧ 市
⑨ 話   ⑩ 邑

[55] 가르칠 교 [56] 학교 교 [57] 낮 오
[58] 발 족   [59] 말씀 화 [60] 일백 백
[61] 쇠 금   [62] 고을 읍 [63] 저자 시
[64] 왼 좌

[문제 65-66] 다음 漢字[한자]의 상대 또는 반대되는 漢字[한자]를 보기에서 골라 그 번호를 쓰세요.

〈보기〉
① 王   ② 男   ③ 夫   ④ 後

[65] 先↔( )   [66] ( )↔女

[문제 67-68] 다음 漢字語[한자어]의 뜻을 쓰세요.
[67] 生食   [68] 農土

[문제 69-70] 다음 漢字語[한자어]의 ㉠ 획은 몇 번째 쓰는지 〈보기〉에서 찾아 그 번호를 쓰세요. (화살표 ㉠ 획의 위치와 더불어 획을 쓰는 방향을 나타냅니다.)

〈보기〉
① 첫 번째   ② 두 번째   ③ 세 번째
④ 네 번째   ⑤ 다섯 번째 ⑥ 여섯 번째

[69] 手㉠   [70] 民㉠

한자능력검정시험 7급 답안지

성명 [　　　　　]

＊본 답안지는 컴퓨터로 처리되므로 글씨를 칸 안에 또박또박 쓰십시오.

번호	정 답	번호	정 답	번호	정 답	번호	정 답	번호	정 답
1		15		29		43		57	
2		16		30		44		58	
3		17		31		45		59	
4		18		32		46		60	
5		19		33		47		61	
6		20		34		48		62	
7		21		35		49		63	
8		22		36		50		64	
9		23		37		51		65	
10		24		38		52		66	
11		25		39		53		67	
12		26		40		54		68	
13		27		41		55		69	
14		28		42		56		70	

[한자능력검정시험 8급 정답]

1 선	2 생	3 학	4 교	5 유	6 월
7 산	8 청	9 동	10 서	11 남	12 북
13 교	14 실	15 국	16 민	17 ⑮ 母	18 ⑬ 父
19 ⑭ 木	20 ⑩ 門	21 ① 外	22 ⑧ 小	23 ⑪ 水	24 ② 兄
25 ⑦ 弟	26 ⑫ 白	27 ③ 中	28 ⑨ 土	29 ④ 二	30 ⑯ 人
31 ⑥ 火	32 ⑤ 長	33 ⑦ 王	34 ① 九	35 ② 軍	36 ④ 萬
37 ③ 一	38 ⑧ 女	39 ⑤ 韓	40 ⑥ 五	41 쇠 금, 성 김	42 큰 대
43 석 삼	44 열 십	45 날 일	46 마디 촌	47 일곱 칠	48 여덟 팔
49 ⑤	50 ⑥				

[한자능력검정시험 7급 정답]

1 춘천	2 불평	3 추천	4 명중	5 등기	6 자연
7 동서	8 시간	9 만사	10 강촌	11 성명	12 백색
13 해물	14 전차	15 안가	16 북방	17 정문	18 노모
19 청기	20 인편	21 지하	22 산림	23 전년	24 내세
25 입동	26 활동	27 화초	28 입장	29 휴학	30 직면
31 공기	32 출구	33 여름 하	34 아비 부	35 장인 공	36 군사 군
37 바깥 외	38 저녁 석	39 노래 가	40 아우 제	41 매양 매	42 골 동
43 대답 답	44 무거울 중	45 마을 리	46 심을 식	47 한가지 동	48 집 실
49 기를 육	50 셈 수	51 셈 산	52 긴 장	53 ① 住所	54 ④ 孝子
55 ⑦ 敎	56 ③ 校	57 ② 午	58 ④ 足	59 ⑨ 話	60 ① 百
61 ⑤ 金	62 ⑩ 邑	63 ⑧ 市	64 ⑥ 左	65 ④ 後	66 ② 男
67 날 것으로 먹음		68 농사짓는 땅		69 ④	70 ④

一~人 부수와 연결된 활용한자 쓰고 뜻 이해하기

*아래 부수와 연결된 한자를 획순에 맞추어 천천히 예쁘게 써 보세요.

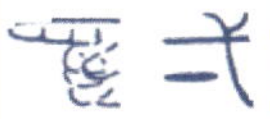 一 한 일	上 위 상 / 下 아래 하	[뜻] : 위와 아래, 높고 낮음
 ㅣ 뚫을 곤	中 가운데 중 / 心 마음 심	[뜻] : 한 가운데, 복판
 丶 점 주	主 주인 주 / 人 사람 인	[뜻] : 한 집안의 책임자, 물건의 임자
 丿 삐침 별	終 마칠 종 / 乃 이에 내	[뜻] : 마침내, 끝내(예 : 종내 항복하였다)
 乙 새 을	乞 빌 걸 / 人 사람 인	[뜻] : 거지를 뜻함
 亅 갈고리 궐	事 일 사 / 前 앞 전	[뜻] : 일이 벌어지기 전
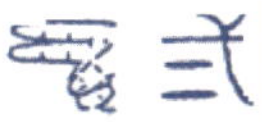 二 두 이	五 다섯 오 / 倫 인륜 륜	[뜻] : 사람이 지켜야 할 다섯 가지 도리
 亠 머리부분 두	交 사귈 교 / 友 벗 우	[뜻] : 벗을 사귐. 또는 그 벗
 人 사람 인	休 쉴 휴 / 日 날 일	[뜻] : 공식적으로 일을 하지 않고 쉬는 날

儿~刀 부수와 연결된 활용한자 쓰고 뜻 이해하기 ②

*아래 부수와 연결된 한자를 획순에 맞추어 천천히 예쁘게 써 보세요.

力~厂 부수와 연결된 활용한자 쓰고 뜻 이해하기 ③

*아래 부수와 연결된 한자를 획순에 맞추어 천천히 예쁘게 써 보세요.

力 힘 력	動 움직일 동 / 物 물건 물	[뜻] : 움직이는 생물. 짐승
勹 쌀 포	包 쌀 포 / 裝 꾸밀 장	[뜻] : 물건을 싸거나 꾸밈
匕 비수 비	北 북녘 북 / 門 문 문	[뜻] : 북쪽으로 낸 문
匚 상자 방	匠 장인 장 / 人 사람 인	[뜻] : 손으로 물건을 만드는 일을 업으로 하는 사람
匸 감출 혜	區 구분할 구 / 民 백성 민	[뜻] : 그 구에 사는 사람
十 열 십	南 남녘 남 / 村 마을 촌	[뜻] : 남쪽에 있는 마을
卜 점 복	占 점칠 점 / 卦 걸 괘	[뜻] : 점에서 나온 괘
卩 병부 절	印 도장 인 / 朱 붉을 주	[뜻] : 도장을 찍는 데 쓰는 붉은 빛의 재료
厂 언덕 한	原 근본 원 / 來 올 래	[뜻] : 사물이 전하여 내려온 그 처음

ㅿ~夕 부수와 연결된 활용한자 쓰고 뜻 이해하기 ④

*아래 부수와 연결된 한자를 획순에 맞추어 천천히 예쁘게 써 보세요.

128 漢字 초보자를 위한 7급·8급 공부하고 문제풀기

大~屮 부수와 연결된 활용한자 쓰고 뜻 이해하기 ⑤

*아래 부수와 연결된 한자를 획순에 맞추어 천천히 예쁘게 써 보세요.

부수	한자1	한자2	뜻
 大 큰 대	夫 지아비 부	婦 며느리 부	[뜻] : 남편과 아내
女 계집 녀	姓 성 성	氏 각시/성 씨	[뜻] : 혈족을 나타내는 성을 높여 부름
 子 아들 자	學 배울 학	校 학교 교	[뜻] : 학생을 가르치는 교육 기관
 宀 집 면	家 집 가	族 겨레 족	[뜻] : 한 가정을 이루는 사람들
寸 마디 촌	寺 절 사	院 집 원	[뜻] : 절이나 암자. 종교적인 건물
 小 작을 소	少 적을 소	年 해 년	[뜻] : 젊은 나이
 尢 절름발이 왕	就 나아갈 취	職 직분 직	[뜻] : 일정한 직업을 잡아 직장에 나감
尸 주검 시	居 살 거	住 살 주	[뜻] : 일정한 곳에 머물러 삶. 주거
屮 싹날 철	屯 진칠 둔	田 밭 전	[뜻] : 주둔한 군대를 위한 토지

山~廴 부수와 연결된 활용한자 쓰고 뜻 이해하기

*아래 부수와 연결된 한자를 획순에 맞추어 천천히 예쁘게 써 보세요.

	山 메 산	島 섬 도	嶼 작은섬 서	[뜻] : 크고 작은 섬들
	巛 내 천	州 고을 주	縣 고을 현	[뜻] : 주와 현. 지방
	工 장인 공	左 왼 좌	右 오른 우	[뜻] : 왼쪽과 오른쪽
	己 몸 기	巷 거리 항	議 의논할 의	[뜻] : 세상에 떠도는 평판이나 소문
	巾 수건 건	市 저자 시	場 마당 장	[뜻] : 상품을 파고사는 장소
	干 방패 간	平 평평할 평	和 화목할 화	[뜻] : 평온하고 화목함
	幺 작을 요	幼 어릴 유	兒 아이 아	[뜻] : 어린아이
	广 집 엄	店 가게 점	主 주인 주	[뜻] : 가게의 주인
	廴 끌 인	建 세울 건	物 물건 물	[뜻] : 가옥, 창고 등의 건축물

廾~户 부수와 연결된 활용한자 쓰고 뜻 이해하기 ⑦

*아래 부수와 연결된 한자를 획순에 맞추어 천천히 예쁘게 써 보세요.

 廾 받들 공	弄 희롱할 롱	奸 범할 간	[뜻] : 남을 속이거나 남의 일을 그르치게 함
 弋 주살 익	式 법 식	順 순할 순	[뜻] : 의식을 진행하는 순서
 弓 활 궁	弟 아우 제	子 아들 자	[뜻] : 스승으로부터 가르침을 받는 사람
 彐 돼지머리 계	彗 비 혜	星 별 성	[뜻] : 어떤 분야에서 갑자기 드러나는 존재
 彡 터럭 삼	形 모양 형	象 코끼리 상	[뜻] : 사물의 생긴 모양이나 상태
 彳 자축거릴 척	後 뒤 후	進 나아갈 진	[뜻] : 뒤쪽으로 나아감
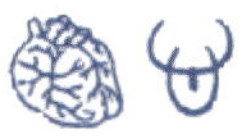 心 마음 심	思 생각 사	想 생각할 상	[뜻] : 사물에 대한 구체적인 사고나 생각
 戈 창 과	成 이룰 성	功 공 공	[뜻] : 목적하는 바를 이룸
 户 지게 호	所 바 소	願 원할 원	[뜻] : 바라고 원함. 원하는 일

手~日 부수와 연결된 활용한자 쓰고 뜻 이해하기 ⑧

*아래 부수와 연결된 한자를 획순에 맞추어 천천히 예쁘게 써 보세요.

부수	활용한자	뜻
手 (손 수)	技 (재주 기) 術 (재주 술)	사물을 잘 만들거나 짓거나 하는 재주
支 (지탱할 지)	支 (지탱할 지) 撐 (버틸 탱)	오래 버티거나 배겨냄
攴 (칠 복)	敎 (가르칠 교) 室 (집 실)	학습활동이 이루어지는 방
文 (글월 문)	紅 (붉을 홍) 斑 (얼룩 반)	붉은 빛의 얼룩 점
斗 (말 두)	料 (헤아릴 료) 理 (다스릴 리)	식품을 조리한 것이나 조리한 음식
斤 (도끼 근)	新 (새 신) 聞 (들을 문)	새로운 소식지
方 (모 방)	旅 (나그네 려) 行 (다닐 행)	일이나 목적으로 다른 곳으로 떠나는 일
无 (없을 무)	旣 (이미 기) 婚 (혼인할 혼)	이미 결혼함
日 (날 일)	時 (때 시) 間 (사이 간)	때, 어떤 시각의 사이

日~比 부수와 연결된 활용한자 쓰고 뜻 이해하기 ⑨

*아래 부수와 연결된 한자를 획순에 맞추어 천천히 예쁘게 써 보세요.

부수	활용한자	뜻
日 가로 왈	書 글 서 / 堂 집 당	[뜻] : 옛날 한문을 가르치던 곳. 글방
月 달 월	有 있을 유 / 識 알 식	[뜻] : 지식이 있음
木 나무 목	東 동녘 동 / 方 모 방	[뜻] : 동쪽 지방
欠 하품 흠	歌 노래 가 / 手 손 수	[뜻] : 노래하는 것을 직업으로 하는 사람
止 그칠 지	正 바를 정 / 直 곧을 직	[뜻] : 마음이 바르고 곧음
歹 살발린뼈 알	死 죽을 사 / 生 살 생	[뜻] : 죽음과 삶
殳 창 수	段 층계 단 / 階 섬돌 계	[뜻] : 일의 차례나 나아가는 과정
母 말 무	母 어미 모 / 校 학교 교	[뜻] : 자기가 다니거나 졸업한 학교
比 견줄 비	懲 징계할 징 / 毖 삼갈 비	[뜻] : 앞서 저지른 과실을 뉘우쳐 삼감

毛~爿 부수와 연결된 활용한자 쓰고 뜻 이해하기 ⑩

*아래 부수와 연결된 한자를 획순에 맞추어 천천히 예쁘게 써 보세요.

毛 털 모	秋 가을 추	毫 터럭 호	[뜻] : 아주 적거나 조금인 것을 비유
氏 각시 씨, 성씨	民 백성 민	家 집 가	[뜻] : 일반 백성의 집
气 기운 기	氣 기운 기	溫 따뜻할 온	[뜻] : 대기의 온도
水 물 수	江 강 강	村 마을 촌	[뜻] : 강가에 있는 마을
火 불 화	災 재앙 재	難 어려울 난	[뜻] : 뜻밖의 일어나는 불행한 일
爪 손톱 조	爭 다툴 쟁	取 가질 취	[뜻] : 싸워서 빼앗아 가짐
父 아비 부	老 늙을 로	爺 아비 야	[뜻] : 존귀한 사람에 대한 명칭. 늙은 남자

爻 점괘 효	爽 시원할 상	快 쾌할 쾌	[뜻] : 시원하고 산뜻함

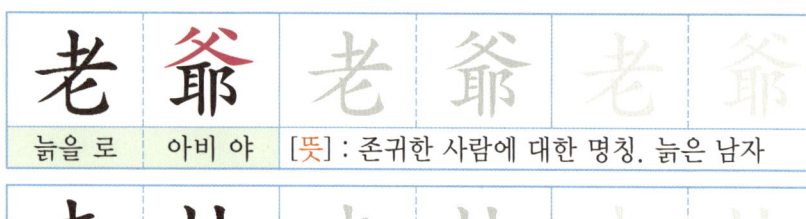

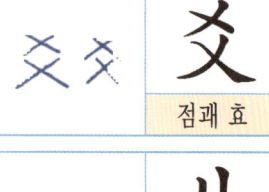

爿 나무조각 장	平 평평할 평	牀 평상 상	[뜻] : 나무로 만든 침상의 한 가지

부수와 연결된 활용한자 쓰고 뜻 이해하기 ⑪ (片~甘)

*아래 부수와 연결된 한자를 획순에 맞추어 천천히 예쁘게 써 보세요.

부수	활용한자	뜻
片 조각 편	版 판목 판 / 畵 그림 화	版畵 版畵 版畵 [뜻]: 판에 그림을 그린 뒤 색칠한 후 찍어 냄
牙 어금니 아	象 코끼리 상 / 牙 어금니 아	象牙 象牙 象牙 [뜻]: 코끼리의 위턱 입 밖으로 나온 엄니
牛 소 우	物 물건 물 / 件 물건 건	物件 物件 物件 [뜻]: 일정한 형체를 갖춘 모든 물질적 대상
犬 개 견	賞 상줄 상 / 狀 문서 장	賞狀 賞狀 賞狀 [뜻]: 상을 주는 뜻을 표하여 주는 증서
玄 검을 현	比 견줄 비 / 率 비율 율	比率 比率 比率 [뜻]: 다른 수나 양에 대한 어떤 수나 양의 비
玉 구슬 옥	班 나눌 반 / 長 긴 장	班長 班長 班長 [뜻]: 반을 대표하여 일을 맡아보는 사람
瓜 외 과	簞 소쿠리 단 / 瓢 박 표	簞瓢 簞瓢 簞瓢 [뜻]: 도시락과 표주박
瓦 기와 와	甕 독 옹 / 器 그릇 기	甕器 甕器 甕器 [뜻]: 옹기그릇(뚝배기, 질그릇, 오지그릇)
甘 달 감	幸 다행 행 / 甚 심할 심	幸甚 幸甚 幸甚 [뜻]: 매우 다행함, 아주 행복함

生~皿 부수와 연결된 활용한자 쓰고 뜻 이해하기 ⑫

*아래 부수와 연결된 한자를 획순에 맞추어 천천히 예쁘게 써 보세요.

부수	활용한자	뜻
生 날 생	産 낳을 산 / 業 업 업	생산을 하는 사업
用 쓸 용	甫 클 보 / 吉 길할 길	전라남도 완도군에 있는 섬
田 밭 전	男 사내 남 / 妹 누이 매	오빠와 누이
疋 필 필(바 소)	疑 의심할 의 / 心 마음 심	믿지 못하는 마음
疒 병들어기댈 녁	病 병 병 / 者 놈 자	병을 앓고 있는 사람
癶 필 발	登 오를 등 / 山 메 산	산에 오름
白 흰 백	百 일백 백 / 歲 해 세	백 살, 백 년
皮 가죽 피	皺 주름 추 / 面 얼굴 면	주름살이 잡힌 얼굴
皿 그릇 명	收 거둘 수 / 益 더할 익	이익을 거두어 들임

目~立 부수와 연결된 활용한자 쓰고 뜻 이해하기

*아래 부수와 연결된 한자를 획순에 맞추어 천천히 예쁘게 써 보세요.

目 눈 목	直 곧을 직	言 말씀 언	直 言 　直 言	[뜻]: 곧은 말, 바른말
矛 창 모	可 옳을 가	矜 불쌍히여길 긍	可 矜 　可 矜	[뜻]: 가련함. 불쌍함
矢 화살 시	短 짧을 단	點 점 점	短 點 　短 點	[뜻]: 잘못되고 모자라는 점
石 돌 석	研 갈 연	究 연구할 구	硏 究 　硏 究	[뜻]: 깊이 조사하여 진리를 알아 냄
示 보일 시	祖 할아비 조	上 윗 상	祖 上 　祖 上	[뜻]: 한 집안이나 한 민족의 옛 어른
禸 발자국 유	家 집 가	禽 새 금	家 禽 　家 禽	[뜻]: 집에서 기르는 날짐승. 닭, 오리.
禾 벼 화	秋 가을 추	夕 저녁 석	秋 夕 　秋 夕	[뜻]: 명절로 음력 8월 보름. 중추절, 한가위
穴 구멍 혈	空 빌 공	軍 군사 군	空 軍 　空 軍	[뜻]: 공중에서 공격과 방어 임무를 수행하는 군대
立 설 립	童 아이 동	子 아들 자	童 子 　童 子	[뜻]: 승려가 되려는 사내아이

竹~而 부수와 연결된 활용한자 쓰고 뜻 이해하기 ⑭

*아래 부수와 연결된 한자를 획순에 맞추어 천천히 예쁘게 써 보세요.

	竹 대 죽	答 대답 답 / 紙 종이 지	答 紙 答 紙	[뜻] : 답을 쓰는 종이. 답안지
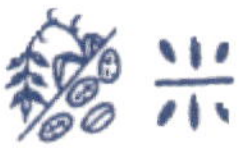	米 쌀 미	製 지을 제 / 粉 가루 분	製 粉 製 粉	[뜻] : 밀에서 밀가루를 만드는 일
	糸 실 사	約 맺을 약 / 束 묶을 속	約 束 約 束	[뜻] : 언약하여 정함
	缶 장군 부	缺 이지러질 결 / 勤 부지런할 근	缺 勤 缺 勤	[뜻] : 출근하지 않고 빠짐
	网 그물 망	罪 허물 죄 / 惡 악할 악	罪 惡 罪 惡	[뜻] : 죄가 될만한 나쁜 짓
	羊 양 양	美 아름다울 미 / 女 계집 녀	美 女 美 女	[뜻] : 용모가 아름다운 여자
	羽 깃 우	習 익힐 습 / 慣 버릇 관	習 慣 習 慣	[뜻] : 저절로 익고 굳어진 행동
	老 늙을 로	考 생각할 고 / 慮 생각할 려	考 慮 考 慮	[뜻] : 깊이 생각하여 헤아림
	而 말이을 이	忍 참을 인 / 耐 견딜 내	忍 耐 忍 耐	[뜻] : 괴로움이나 어려움을 참고 견딤

耒~舌 부수와 연결된 활용한자 쓰고 뜻 이해하기 ⑮

*아래 부수와 연결된 한자를 획순에 맞추어 천천히 예쁘게 써 보세요.

부수	활용한자	뜻
耒 쟁기 뢰	耕 밭갈 경 / 作 지을 작	[뜻] : 땅을 갈아서 농사를 지음
耳 귀 이	風 바람 풍 / 聞 들을 문	[뜻] : 실상 없이 떠도는 말
聿 붓 율	靜 고요할 정 / 肅 엄숙할 숙	[뜻] : 고요하고 엄숙함
肉 고기 육	敎 가르칠 교 / 育 기를 육	[뜻] : 가르치어 지능을 가지게 하는 일
臣 신하 신	坐 앉을 좌 / 臥 누울 와	[뜻] : 앉음과 누움
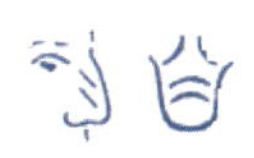 自 스스로 자	體 몸 체 / 臭 냄새 취	[뜻] : 몸의 냄새
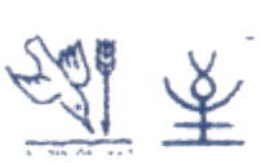 至 이를 지	一 한 일 / 致 이를 치	[뜻] : 어긋남이 없이 한결같게 서로 맞음
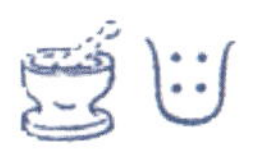 臼 절구 구	舂 찧을 용 / 情 정할 정	[뜻] : 도정. 곡식 찧기
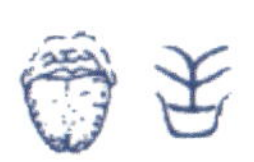 舌 혀 설	舍 집 사 / 監 볼 감	[뜻] : 기숙사에서 생활을 감독하는 사람

舛~行 부수와 연결된 활용한자 쓰고 뜻 이해하기 ⑯

*아래 부수와 연결된 한자를 획순에 맞추어 천천히 예쁘게 써 보세요.

부수	활용한자		뜻
舛 어그러질 천	舞 춤출 무	踊 뛸 용	[뜻] : 음악에 맞추어 율동적인 동작의 춤
舟 배 주	諸 모두 제	般 일반 반	[뜻] : 통틀어 모두
艮 괘이름 간	良 어질 양(량)	好 좋을 호	[뜻] : 성적이나 품질이 대단히 좋음
色 빛 색	光 빛 광	艷 고울 염	[뜻] : 매우 아리따움
艸 풀 초	萬 일만 만	物 물건 물	[뜻] : 세상에 있는 모든 것
虍 범 호	番 차례 번	號 이름 호	[뜻] : 차례를 나타내는 홋수
虫 벌레 충(훼)	犯 긁을 파	蟲 벌레 충	[뜻] : 거북, 뱀, 악어 따위의 동물
血 피 혈	大 큰 대	衆 무리 중	[뜻] : 수많은 사람의 무리
行 다닐 행	街 거리 가	頭 머리 두	[뜻] : 길거리, 거리 위

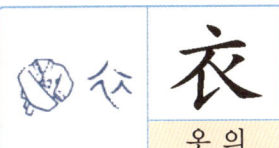

부수와 연결된 활용한자 쓰고 뜻 이해하기 ⑰

* 아래 부수와 연결된 한자를 획순에 맞추어 천천히 예쁘게 써 보세요.

부수	한자	활용한자		뜻
	衣 옷 의	表 겉 표	紙 종이 지	[뜻] : 책의 맨 앞뒤의 겉장
	襾 덮을 아	西 서녘 서	山 메 산	[뜻] : 서쪽에 있는 산
	見 볼 견	親 친할 친	舊 예 구	[뜻] : 가깝게 오래 사귄 사람
	角 뿔 각	解 풀 해	答 대답 답	[뜻] : 질문이나 의문을 풀이함
	言 말씀 언	童 아이 동	話 말씀 화	[뜻] : 동심을 바탕으로 지은 이야기
	谷 골 곡	谿 시냇물 계	谷 골 곡	[뜻] : 두 산 사이에 물이 흐르는 골짜기
	豆 콩 두	豊 풍년 풍	年 해 년	[뜻] : 곡식이 잘 되고 잘 여무는 일
	豕 돼지 시	豪 호걸 호	傑 뛰어날 걸	[뜻] : 넓은 마음과 높은 기상을 가진 사람
	豸 발없는 벌레 치	貌 모양 모	樣 모양 양	[뜻] : 꼴, 모습

貝~辵 부수와 연결된 활용한자 쓰고 뜻 이해하기 ⑱

*아래 부수와 연결된 한자를 획순에 맞추어 천천히 예쁘게 써 보세요.

	貝 조개 패	賣 팔 매	買 살 매	[뜻] : 물건을 팔고 사는 일			
	赤 붉을 적	赫 빛날 혁	業 업 업	[뜻] : 빛나는 업적			
	走 달릴 주	起 일어날 기	床 상 상	[뜻] : 잠에서 깨어 자리에서 일어남			
	足 발 족	道 길 도	路 길 로	[뜻] : 사람, 차가 다니는 넓은 길			
	身 몸 신	體 몸 체	軀 몸 구	[뜻] : 몸, 몸뚱이, 몸집			
	車 수레 차/거	軍 군사 군	人 사람 인	[뜻] : 군대에서 복무하는 사람			
	辛 매울 신	辭 말씀 사	說 말씀 설	[뜻] : 늘어놓는 말이나 이야기			
	辰 별 진(날 신)	農 농사 농	夫 지아비 부	[뜻] : 농사짓는 일을 직업으로 하는 사람			
	辵 쉬엄쉬엄갈 착	水 물 수	道 길 도	[뜻] : 뱃길, 물길, 수로			

邑~隶 부수와 연결된 활용한자 쓰고 뜻 이해하기 ⑲

*아래 부수와 연결된 한자를 획순에 맞추어 천천히 예쁘게 써 보세요.

부수	활용한자		뜻
邑 고을 읍	郡 고을 군	民 백성 민	[뜻] : 군 안에 사는 사람
酉 닭 유	配 나눌 배	分 나눌 분	[뜻] : 몫으로 나눔
釆 분별할 변	解 풀 해	釋 풀 석	[뜻] : 내용을 이해하고 설명함
里 마을 리	重 무거울 중	要 요긴할 요	[뜻] : 귀중하고 요긴함
金 쇠금, 성김	銀 은 은	行 다닐 행	[뜻] : 예금과 자금 대출 업무를 하는 금융기관
長 긴 장	長 긴 장	短 짧을 단	[뜻] : 길고 짧은, 장점과 단점
門 문 문	開 열 개	業 업 업	[뜻] : 영업이나 사업을 처음 시작함
阜 언덕 부	防 막을 방	法 법 법	[뜻] : 일이나 연구를 해나가는 길이나 수단
隶 밑 이	下 아래 하	隸 종 례	[뜻] : 하인

隹~音 부수와 연결된 활용한자 쓰고 뜻 이해하기 ⑳

*아래 부수와 연결된 한자를 획순에 맞추어 천천히 예쁘게 써 보세요.

| 隹 새 추 | 集 모을 집 | 中 가운데 중 | [뜻] : 어떤 일에 정신을 바짝 차리고 쏠리게 함 |

 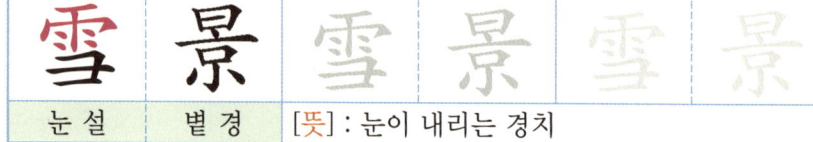

| 雨 비 우 | 雪 눈 설 | 景 볕 경 | [뜻] : 눈이 내리는 경치 |

 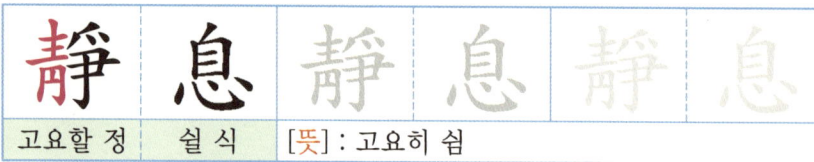

| 靑 푸를 청 | 靜 고요할 정 | 息 쉴 식 | [뜻] : 고요히 쉼 |

 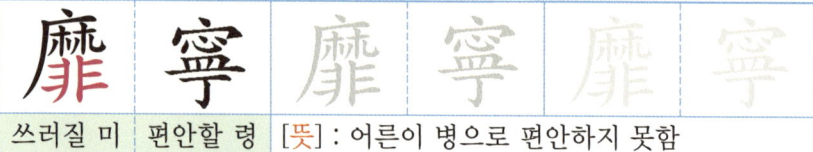

| 非 아닐 비 | 靡 쓰러질 미 | 寧 편안할 령 | [뜻] : 어른이 병으로 편안하지 못함 |

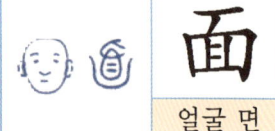 

| 面 얼굴 면 | 靦 부끄러할 전 | 然 그럴 연 | [뜻] : 부끄러워서 무안한 모양 |

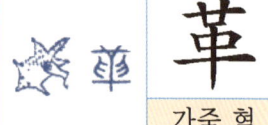 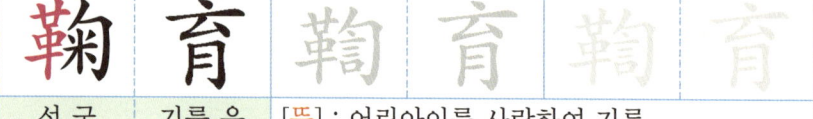

| 革 가죽 혁 | 鞠 성 국 | 育 기를 육 | [뜻] : 어린아이를 사랑하여 기름 |

 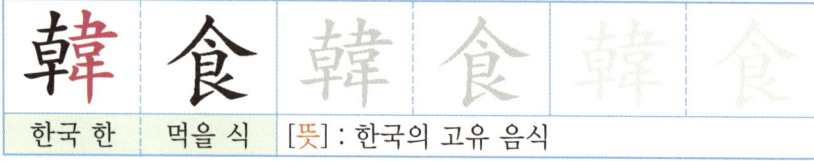

| 韋 다룸가죽 위 | 韓 한국 한 | 食 먹을 식 | [뜻] : 한국의 고유 음식 |

 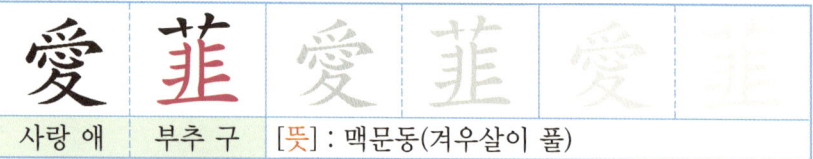

| 韭 부추 구 | 愛 사랑 애 | 韭 부추 구 | [뜻] : 맥문동(겨우살이 풀) |

 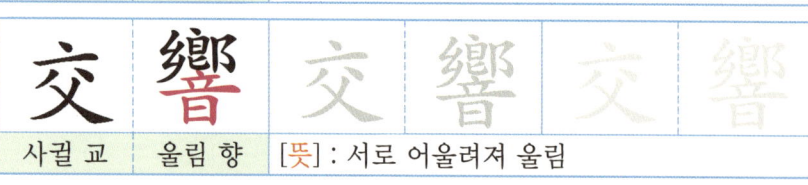

| 音 소리 음 | 交 사귈 교 | 響 울림 향 | [뜻] : 서로 어울려져 울림 |

頁~高 부수와 연결된 활용한자 쓰고 뜻 이해하기 ㉑

*아래 부수와 연결된 한자를 획순에 맞추어 천천히 예쁘게 써 보세요.

부수	활용한자		뜻
 頁 머리 혈	頭 머리 두	腦 골 뇌	[뜻] : 슬기, 지혜, 머리, 뇌
 風 바람 풍	飄 나부낄 표	然 그럴 연	[뜻] : 바람에 가볍게 나부끼는 모양
 飛 날 비	飜 번역할 번	譯 번역할 역	[뜻] : 어떤 말의 글을 다른 나라 말로 옮김
 食 밥식/먹을 식	飮 마실 음	料 헤아릴 료	[뜻] : 물, 술 등 마시는 것의 총칭
 首 머리 수	鐘 쇠북 종	馗 광대뼈 규	[뜻] : 중국에서 마귀를 쫓는 신
 香 향기 향	郁 성할 욱	馥 향기 복	[뜻] : 향기가 매우 짙음
 馬 말 마	試 시험 시	驗 시험 험	[뜻] : 재능이나 실력을 검사하고 평가하는 일
 骨 뼈 골	體 몸 체	育 기를 육	[뜻] : 운동으로 신체를 튼튼하게 단련시키는 일
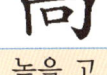 高 높을 고	高 높을 고	價 값 가	[뜻] : 비싼 값

髟~鹿 부수와 연결된 활용한자 쓰고 뜻 이해하기 ㉒

*아래 부수와 연결된 한자를 획순에 맞추어 천천히 예쁘게 써 보세요.

부수와 연결된 활용한자 쓰고 뜻 이해하기 ㉓

*아래 부수와 연결된 한자를 획순에 맞추어 천천히 예쁘게 써 보세요.

부수	한자	활용한자		뜻
麥 보리 맥	冷 찰 랭	麵 밀가루 면	冷麵 冷麵 冷麵	[뜻] : 무 김치 국물 등에 차게 말아먹는 국수
麻 삼 마	麾 기 휘	下 아래 하	麾下 麾下 麾下	[뜻] : 주장의 지휘아래. 딸린 사졸
黃 누를 황	黌 글방 횡	堂 집 당	黌堂 黌堂 黌堂	[뜻] : 공부하는 집
黍 기장 서	群 무리 군	黎 검을 려	群黎 群黎 群黎	[뜻] : 많은 백성
黑 검을 흑	與 줄 여	黨 무리 당	與黨 與黨 與黨	[뜻] : 현재 정권을 잡고 있는 정당
黹 바느질할 치	黼 수 보	黻 수 불	黼黻 黼黻 黼黻	[뜻] : 임금의 예복에 놓은 수
黽 맹꽁이 맹	龜 거북 귀	鼈 자라 별	龜鼈 龜鼈 龜鼈	[뜻] : 거북과 자라
鼎 솥 정	鼎 솥 정	談 말씀 담	鼎談 鼎談 鼎談	[뜻] : 세 사람이 솥발처럼 마주 앉아서 하는 이야기
鼓 북 고	路 길 로	鼗 땡땡이 도	路鼗 路鼗 路鼗	[뜻] : 타악기의 한 가지

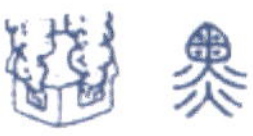

부수와 연결된 활용한자 쓰고 뜻 이해하기 ㉔

*아래 부수와 연결된 한자를 획순에 맞추어 천천히 예쁘게 써 보세요.

	鼠 쥐 서	鼯 날다람쥐 오	鼠 쥐 서	鼯	鼠	鼯	鼠	[뜻]: 날다람쥐
	鼻 코 비	鼾 코고는소리 한	睡 졸음 수	鼾	睡	鼾	睡	[뜻]: 코를 골며 잠을 잠.
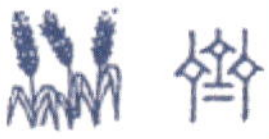	齊 가지런할 제	齎 가져올 재	糧 양식 량	齎	糧	齎	糧	[뜻]: 양식을 지니고 다님
	齒 이 치	適 맞을 적	齡 나이 령	適	齡	適	齡	[뜻]: 어떠한 표준이나 규정에 알맞은 나이
	龍 용 룡	龕 감실 감	室 집 실	龕	室	龕	室	[뜻]: 사당 안에 신주를 모셔 두는 장
	龜 거북 구(귀)	龜 터질 균	裂 찢을 열	龜	裂	龜	裂	[뜻]: 거북등의 무늬처럼 갈라져서 터지는 것
	龠 피리 약	龢 화할 화	籲 부를 유	龢	籲	龢	籲	[龠] 피리 약의 부수인 한자. 뜻 없음

| 邑 고을 읍 | 阝 우부 방 | 郡 고을 군 | 郞 사내 랑 | 邦 나라 방 | 都 도읍 도 | 鄕 시골 향 | 鄭 나라 정 |
| 阝 좌부 변 | 阜 언덕 부 | 隊 무리 대 | 防 막을 방 | 阪 언덕 판 | 阡 두렁 천 | 阮 집 원 | 陣 진칠 진 |

부록

1급 한자능력검정시험에 대비
총 3,500字
한자 급수별 분류표

◇ 가나다순으로 8급~1급까지 배열 ◇
◇ 급수별 배정한자를 숫자로 구분 ◇
◇ 한자의 훈음과 활용 낱말의 이해 ◇
◇ 급수별 배정한자보고 예습 및 복습하기 ◇
◇ 급수 한자를 단계별로 미리 공부하기 ◇

1~8급까지 읽기

呵(가)~看(간) 1~50字 한자 및 훈·음 알아보기[1]

* 다음 한자를 가나다순으로 배열하고 각 한자에 해당하는 급수를 분류하였습니다.

한자	급	훈·음	낱말	한자	급	훈·음	낱말
呵	1급	꾸짖을 가	呵責(가책)	珏	2급	쌍옥 각	이름字
哥	1급	성 가	金哥(김가)	却	3급	물리칠 각	却下(각하)
嘉	1급	아름다울 가	嘉慶(가경)	脚	준3	다리 각	脚光(각광)
嫁	1급	시집갈 가	出嫁(출가)	閣	준3	집 각	鐘閣(종각)
稼	1급	심을 가	稼事(가사)	刻	4급	새길 각	刻苦(각고)
苛	1급	가혹할 가	苛酷(가혹)	覺	4급	깨달을 각	覺悟(각오)
袈	1급	가사 가	袈裟(가사)	各	6급	각각 각	各種(각종)
駕	1급	멍에 가	動駕(동가)	角	6급	뿔 각	角度(각도)
伽	2급	절 가	僧伽(승가)	墾	1급	개간할 간	開墾(개간)
柯	2급	가지 가	庭柯(정가)	奸	1급	간사할 간	弄奸(농간)
賈	2급	성 가/장사 고	商賈(상고)	揀	1급	가릴 간	分揀(분간)
軻	2급	수레 가/사람이름 가	孟軻(맹가)	澗	1급	산골 물 간	淸澗(청간)
迦	2급	부처이름 가	釋迦(석가)	癎	1급	간질 간	癎疾(간질)
佳	준3	아름다울 가	佳作(가작)	竿	1급	낚싯대 간	竿頭(간두)
架	준3	시렁 가	書架(서가)	艱	1급	어려울 간	艱苦(간고)
暇	4급	틈 가/겨를 가	休暇(휴가)	諫	1급	간할 간	正諫(정간)
假	준4	거짓 가	假面(가면)	杆	2급	몽둥이 간	杆城(간성)
街	준4	거리 가	街頭(가두)	艮	2급	괘이름 간	艮峴(간현)
加	5급	더할 가	加減(가감)	姦	3급	간음할 간	姦臣(간신)
可	5급	옳을 가	可能(가능)	刊	준3	새길 간	發刊(발간)
價	5급	값 가	價格(가격)	幹	준3	줄기 간	根幹(근간)
家	7급	집 가	家族(가족)	懇	준3	간절할 간	懇請(간청)
歌	7급	노래 가	歌手(가수)	肝	준3	간 간	肝腸(간장)
恪	1급	삼갈 각	恪別(각별)	干	4급	방패 간	干滿(간만)
殼	1급	껍질 각	地殼(지각)	看	4급	볼 간	看護(간호)

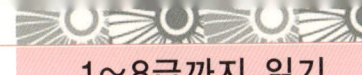

1~8급까지 읽기

簡(간)~塏(개) 51~100자 한자 및 훈·음 알아보기[2]

* 다음 한자를 가나다순으로 배열하고 각 한자에 해당하는 급수를 분류하였습니다.

한자	급	훈·음	낱말	한자	급	훈·음	낱말
簡	4급	대쪽/간략할 간	簡單(간단)	甲	4급	갑옷 갑	甲富(갑부)
間	7급	사이 간	夜間(야간)	慷	1급	슬플 강	慷慨(강개)
喝	1급	꾸짖을 갈	喝采(갈채)	糠	1급	겨 강	糟糠(조강)
竭	1급	다할 갈	竭力(갈력)	腔	1급	속빌 강	口腔(구강)
褐	1급	갈색 갈	褐色(갈색)	薑	1급	생강 강	生薑(생강)
鞨	2급	오랑캐이름 갈	靺鞨(말갈)	姜	2급	성씨 강	姜邯贊(강감찬)
葛	2급	칡 갈	葛根(갈근)	岡	2급	산등성이 강	岡陵(강릉)
渴	3급	목마를 갈	渴症(갈증)	崗	2급	언덕 강	花崗巖(화강암)
勘	1급	헤아릴 감	勘案(감안)	彊	2급	굳셀 강	自彊(자강)
堪	1급	견딜 감	堪耐(감내)	疆	2급	지경 강	萬壽無疆(만수무강)
柑	1급	귤 감	柑橘(감귤)	剛	준3	굳셀 강	剛直(강직)
疳	1급	감질 감	疳疾(감질)	綱	준3	벼리 강	綱領(강령)
瞰	1급	굽어볼 감	鳥瞰(조감)	鋼	준3	강철 강	鐵鋼(철강)
紺	1급	감색 감	紺色(감색)	降	4급	내릴 강	降雨(강우)
憾	2급	섭섭할 감	遺憾(유감)	康	준4	편안 강	健康(건강)
鑑	준3	거울 감	鑑賞(감상)	講	준4	욀 강	講堂(강당)
敢	4급	감히 감	勇敢(용감)	強	6급	강할 강	強弱(강약)
甘	4급	달 감	甘言(감언)	江	7급	강 강	漢江(한강)
減	준4	덜 감	減縮(감축)	凱	1급	개선할 개	凱歌(개가)
監	준4	볼 감	監督(감독)	愾	1급	성낼 개	敵愾(적개)
感	6급	느낄 감	感想(감상)	漑	1급	물댈 개	灌漑(관개)
匣	1급	갑 갑	紙匣(지갑)	箇	1급	낱 개	箇箇(개개)
閘	1급	수문 갑	閘門(갑문)	芥	1급	겨자 개	塵芥(진개)
岬	2급	곶 갑	岬角(갑각)	价	2급	클 개	이름字
鉀	2급	갑옷 갑	이름字	塏	2급	높은땅 개	이름字

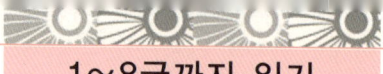

1~8급까지 읽기

慨(개)~ 繭(견) 101~150字 한자 및 훈·음 알아보기[3]

* 다음 한자를 가나다순으로 배열하고 각 한자에 해당하는 급수를 분류하였습니다.

한자	급	훈·음	낱말	한자	급	훈·음	낱말
慨	3급	슬퍼할 개	憤慨(분개)	鍵	2급	열쇠 건	關鍵(관건)
皆	3급	다 개	皆勤(개근)	乾	준3	하늘 건	乾坤(건곤)
介	준3	낄 개	介入(개입)	件	5급	물건 건	事件(사건)
概	준3	대개 개	槪念(개념)	健	5급	굳셀 건	健康(건강)
蓋	준3	덮을 개	蓋然(개연)	建	5급	세울 건	建設(건설)
個	준4	낱 개	個性(개성)	杰	2급	뛰어날 걸	이름字
改	5급	고칠 개	改革(개혁)	桀	2급	하왕 이름 걸	桀主(걸주)
開	6급	열 개	開放(개방)	乞	3급	빌 걸	乞食(걸식)
客	5급	손 객	客官(객관)	傑	4급	뛰어날 걸	傑作(걸작)
羹	1급	국 갱	羹湯(갱탕)	劍	준3	칼 검	劍客(검객)
坑	2급	구덩이 갱	炭坑(탄갱)	儉	4급	검소할 검	儉素(검소)
醵	1급	추렴할 거/갹	醵出(갹출)	檢	준4	검사할 검	檢察(검찰)
倨	1급	거만할 거	倨慢(거만)	劫	1급	위협할 겁	劫奪(겁탈)
渠	1급	개천 거	溝渠(구거)	怯	1급	겁낼 겁	卑怯(비겁)
距	준3	상거할 거	距離(거리)	偈	1급	불시 게	偈頌(게송)
居	4급	살 거	居住(거주)	憩	2급	쉴 게	休憩(휴게)
巨	4급	클 거	巨富(거부)	揭	2급	걸 게	揭揚(게양)
拒	4급	막을 거	拒逆(거역)	檄	1급	격문 격	檄文(격문)
據	4급	근거 거	根據(근거)	膈	1급	가슴 격	胸膈(흉격)
去	5급	갈 거	去來(거래)	覡	1급	박수 격	巫覡(무격)
擧	5급	들 거	擧手(거수)	隔	준3	사이 뜰 격	遠隔(원격)
車	7급	수레 거/수레 차	停車(정거)	擊	4급	칠 격	擊沈(격침)
巾	1급	수건 건	頭巾(두건)	激	4급	격할 격	激突(격돌)
腱	1급	힘줄 건	腱索(건삭)	格	5급	격식 격	合格(합격)
虔	1급	공경할 건	敬虔(경건)	繭	1급	고치 견	繭絲(견사)

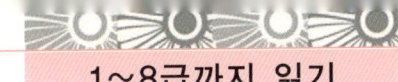

1~8급까지 읽기

譴(견)~京(경)　151~200字 한자 및 훈·음 알아보기[4]

* 다음 한자를 가나다순으로 배열하고 각 한자에 해당하는 급수를 분류하였습니다.

한자	급	훈·음	낱 말	한자	급	훈·음	낱 말
譴	1급	꾸짖을 견	譴責(견책)	鯨	1급	고래 경	捕鯨(포경)
鵑	1급	두견새 견	杜鵑(두견)	儆	2급	경계할 경	이름字
甄	2급	질그릇 견	甄萱(견훤)	炅	2급	빛날 경	이름字
牽	3급	이끌/끌 견	牽牛織女(견우직녀)	璟	2급	옥빛 경	이름字
絹	3급	비단 견	絹織(견직)	瓊	2급	구슬 경	瓊團(경단)
肩	3급	어깨 견	雙肩(쌍견)	卿	3급	벼슬 경	卿輩(경배)
遣	3급	보낼 견	派遣(파견)	庚	3급	별 경	庚方(경방)
堅	4급	굳을 견	堅固(견고)	竟	3급	마침내 경	畢竟(필경)
犬	4급	개 견	忠犬(충견)	徑	준3	지름길 경	半徑(반경)
見	5급	볼 견/뵐 현	見聞(견문)	硬	준3	굳을 경	硬直(경직)
訣	준3	이별할 결	訣別(결별)	耕	준3	밭갈 경	耕作(경작)
潔	준4	깨끗할 결	淸潔(청결)	頃	준3	이랑/잠깐 경	頃刻(경각)
缺	준4	이지러질 결	缺席(결석)	傾	4급	기울 경	傾聽(경청)
決	5급	결단할 결	決斷(결단)	更	4급	고칠 경/다시 갱	更新(갱신)
結	5급	맺을 결	結婚(결혼)	鏡	4급	거울 경	眼鏡(안경)
兼	준3	겸할 겸	兼任(겸임)	驚	4급	놀랄 경	驚異(경이)
謙	준3	겸손할 겸	謙讓(겸양)	境	준4	지경 경	境界(경계)
勁	1급	굳셀 경	健勁(건경)	慶	준4	경사 경	慶事(경사)
憬	1급	깨달을/동경할 경	憧憬(동경)	經	준4	지날 경/글 경	經過(경과)
梗	1급	줄기/막힐 경	生梗(생경)	警	준4	깨우칠 경	警察(경찰)
痙	1급	경련 경	痙攣(경련)	景	5급	볕 경	景觀(경관)
磬	1급	경쇠 경	風磬(풍경)	競	5급	다툴 경	競技(경기)
脛	1급	정강이경	脛骨(경골)	輕	5급	가벼울 경	輕率(경솔)
莖	1급	줄기 경	根莖(근경)	敬	5급	공경 경	敬老(경로)
頸	1급	목 경	頸聯(경련)	京	6급	서울 경	上京(상경)

1~8급까지 읽기

悸(계)~昆(곤) 201~250字 한자 및 훈·음 알아보기[5]

* 다음 한자를 가나다순으로 배열하고 각 한자에 해당하는 급수를 분류하였습니다.

한자	급	훈·음	낱말	한자	급	훈·음	낱말
悸	1급	두근거릴 계	心悸(심계)	辜	1급	허물 고	無辜(무고)
癸	3급	북방 계	癸未(계미)	錮	1급	막을 고	禁錮(금고)
繫	3급	맬 계	繫留(계류)	皐	2급	언덕 고	이름字
啓	준3	열 계	啓蒙(계몽)	雇	2급	품팔 고/ 새이름 호	雇傭(고용)
契	준3	맺을 계	契約(계약)	枯	3급	마를 고	枯木(고목)
桂	준3	계수나무 계	桂冠(계관)	顧	3급	돌아볼 고	回顧(회고)
械	준3	기계 계	機械(기계)	姑	준3	시어미 고	姑母(고모)
溪	준3	시내 계	溪谷(계곡)	稿	준3	원고/볏짚 고	稿料(고료)
季	4급	계절 계	季刊(계간)	鼓	준3	북 고	鼓手(고수)
戒	4급	경계할 계	警戒(경계)	孤	4급	외로울 고	孤獨(고독)
系	4급	이어맬 계	家系(가계)	庫	4급	곳집 고	倉庫(창고)
繼	4급	이을 계	繼續(계속)	故	준4	연고 고	緣故(연고)
階	4급	섬돌 계	階級(계급)	固	5급	굳을 고	固着(고착)
鷄	4급	닭 계	養鷄(양계)	考	5급	생각할 고	考試(고시)
係	준4	맬 계	關係(관계)	告	5급	고할 고	告發(고발)
界	6급	지경 계	境界(경계)	古	6급	예 고	古今(고금)
計	6급	셀 계	家計(가계)	苦	6급	쓸 고	刻苦(각고)
叩	1급	두드릴 고	叩門(고문)	高	6급	높을 고	高價(고가)
呱	1급	울 고	呱呱(고고)	梏	1급	수갑 곡	桎梏(질곡)
拷	1급	칠 고	拷問(고문)	鵠	1급	고니 곡	鴻鵠(홍곡)
敲	1급	두드릴 고	推敲(퇴고)	哭	준3	울 곡	哭聲(곡성)
痼	1급	고질 고	痼疾(고질)	谷	준3	골 곡	溪谷(계곡)
股	1급	넓적다리 고	股間(고간)	穀	4급	곡식 곡	穀食(곡식)
膏	1급	기름 고	膏藥(고약)	曲	5급	굽을 곡	歌曲(가곡)
袴	1급	바지 고	袴衣(고의)	昆	1급	맏 곤	昆布(곤포)

1~8급까지 읽기

棍(곤)~括(괄) 251~300字 한자 및 훈·음 알아보기[6]

* 다음 한자를 가나다순으로 배열하고 각 한자에 해당하는 급수를 분류하였습니다.

한자	급	훈·음	낱말	한자	급	훈·음	낱말
棍	1급	몽둥이 곤	棍棒(곤봉)	課	5급	공부할 과	考課(고과)
袞	1급	곤룡포 곤	玄袞(현곤)	過	5급	지날 과	過去(과거)
坤	3급	따 곤	乾坤(건곤)	果	6급	실과 과	結果(결과)
困	4급	곤할 곤	困境(곤경)	科	6급	과목 과	科目(과목)
汨	1급	골몰할 골	汨沒(골몰)	廓	1급	둘레 곽	外廓(외곽)
骨	4급	뼈 골	軟骨(연골)	槨	1급	외관 곽	木槨(목곽)
拱	1급	팔짱낄 공	拱手(공수)	藿	1급	콩잎 곽	甘藿(감곽)
鞏	1급	굳을 공	鞏固(공고)	郭	3급	둘레 곽	外郭(외곽)
供	준3	이바지할 공	供給(공급)	棺	1급	널 관	棺材(관재)
恐	준3	두려울 공	恐怖(공포)	灌	1급	물댈 관	灌漑(관개)
恭	준3	공손할 공	恭敬(공경)	顴	1급	광대뼈 관/ 광대뼈 권	顴骨(권골)
貢	준3	바칠 공	貢獻(공헌)	串	2급	꿸 관/땅이름 곶	親串(친관)
孔	4급	구멍 공	孔子(공자)	琯	2급	옥피리 관	玉琯(옥관)
攻	4급	칠 공	攻擊(공격)	款	2급	항목 관	約款(약관)
公	6급	공평할 공	公法(공법)	冠	준3	갓 관	冠禮(관례)
共	6급	한가지 공	共感(공감)	寬	준3	너그러울 관	寬待(관대)
功	6급	공 공	功勞(공로)	慣	준3	익숙할 관	慣習(관습)
工	7급	장인 공	工具(공구)	貫	준3	꿸 관	貫徹(관철)
空	7급	빌 공	空軍(공군)	館	준3	집 관	本館(본관)
顆	1급	낱알 과	顆粒(과립)	管	4급	대롱 관	所管(소관)
戈	2급	창 과	干戈(간과)	官	준4	벼슬 관	官許(관허)
瓜	2급	외 과	瓜菜(과채)	觀	5급	볼 관	觀光(관광)
菓	2급	과자 과	菓子(과자)	關	5급	관계할 관	關係(관계)
寡	준3	적을 과	寡婦(과부)	刮	1급	긁을 괄	刮目(괄목)
誇	준3	자랑할 과	誇大(과대)	括	1급	묶을 괄	總括(총괄)

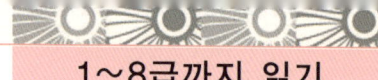

1~8급까지 읽기

匡(광)~樞(구) 301~350字 한자 및 훈·음 알아보기[7]

* 다음 한자를 가나다순으로 배열하고 각 한자에 해당하는 급수를 분류하였습니다.

한자	급	훈·음	낱 말	한자	급	훈·음	낱 말
匡	1급	바를 광	匡正(광정)	嬌	1급	아리따울 교	愛嬌(애교)
壙	1급	뫼 구덩이 광	壙中(광중)	攪	1급	흔들 교	攪亂(교란)
曠	1급	빌 광	曠野(광야)	狡	1급	교활할 교	狡猾(교활)
胱	1급	오줌통 광	膀胱(방광)	皎	1급	달빛 교	皎潔(교결)
狂	준3	미칠 광	狂犬(광견)	蛟	1급	교룡 교	蛟龍(교룡)
鑛	4급	쇳돌 광	鑛業(광업)	轎	1급	가마 교	轎夫(교부)
廣	5급	넓을 광	廣告(광고)	驕	1급	교만할 교	驕慢(교만)
光	6급	빛 광	光復(광복)	僑	2급	더부살이 교	僑胞(교포)
卦	1급	점괘 괘	吉卦(길괘)	絞	2급	목맬 교	絞殺(교살)
罫	1급	줄 괘	罫紙(괘지)	膠	2급	아교 교	膠着(교착)
掛	3급	걸 괘	掛圖(괘도)	矯	3급	바로잡을 교	矯正(교정)
乖	1급	어그러질 괴	乖離(괴리)	郊	3급	들 교	郊外(교외)
拐	1급	후릴 괴	誘拐(유괴)	巧	준3	공교할 교	技巧(기교)
魁	1급	우두머리 괴	魁首(괴수)	較	준3	견줄 교	比較(비교)
槐	2급	느티나무 괴	槐木(괴목)	橋	5급	다리 교	陸橋(육교)
傀	2급	허수아비 괴	傀奇(괴기)	交	6급	사귈 교	交友(교우)
塊	3급	흙덩이 괴	金塊(금괴)	敎	8급	가르칠 교	敎育(교육)
愧	3급	부끄러울 괴	自愧(자괴)	校	8급	학교 교	學校(학교)
壞	준3	무너질 괴	崩壞(붕괴)	仇	1급	원수 구	仇人(구인)
怪	준3	괴이할 괴	怪狀(괴상)	嘔	1급	토할 구	嘔吐(구토)
宏	1급	클 굉	宏壯(굉장)	垢	1급	때 구	無垢(무구)
肱	1급	팔뚝 굉	股肱(고굉)	寇	1급	도둑 구	倭寇(왜구)
轟	1급	울릴 굉	轟音(굉음)	嶇	1급	험할 구	崎嶇(기구)
咬	1급	물 교	咬創(교창)	枸	1급	구기자 구	枸木(구목)
喬	1급	높을 교	喬木(교목)	樞	1급	널 구	運樞(운구)

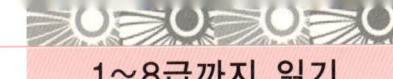

1~8급까지 읽기

殴(구)~屈(굴) 351~400字 한자 및 훈·음 알아보기[8]

* 다음 한자를 가나다순으로 배열하고 각 한자에 해당하는 급수를 분류하였습니다.

한자	급	훈·음	낱 말	한자	급	훈·음	낱 말
殴	1급	때릴 구	殴打(구타)	久	준3	오랠 구	永久(영구)
溝	1급	도랑 구	海溝(해구)	拘	준3	잡을 구	拘束(구속)
灸	1급	뜸 구	鍼灸(침구)	構	4급	얽을 구	構想(구상)
矩	1급	모날 구	下矩(하구)	句	준4	글귀 구	文句(문구)
臼	1급	절구 구	石臼(석구)	求	준4	구할 구	求命(구명)
舅	1급	시아비 구	舅家(구가)	究	준4	연구할 구	研究(연구)
衢	1급	네거리 구	通衢(통구)	救	5급	구원할 구	救國(구국)
謳	1급	노래 구	謳歌(구가)	具	5급	갖출 구	家具(가구)
軀	1급	몸 구	巨軀(거구)	舊	5급	예 구	舊式(구식)
鉤	1급	갈고리 구	鉤狀(구상)	區	6급	구분할 구	區廳(구청)
駒	1급	망아지 구	白駒(백구)	球	6급	공 구	野球(야구)
鳩	1급	비둘기 구	鳩尾(구미)	口	7급	입 구	窓口(창구)
廐	1급	마구 구	馬廐(마구)	九	8급	아홉 구	九重(구중)
玖	2급	옥돌 구	이름字	鞠	2급	성 국	이름字
邱	2급	언덕 구	大邱(대구)	菊	준3	국화 국	菊花(국화)
歐	2급	구라파 구	歐美(구미)	局	5급	판 국	局長(국장)
購	2급	살 구	購讀(구독)	國	8급	나라 국	韓國(한국)
鷗	2급	갈매기 구	白鷗(백구)	窘	1급	군색할 군	困窘(곤군)
俱	3급	함께 구	俱現(구현)	君	4급	임금 군	聖君(성군)
懼	3급	두려워할 구	危懼(위구)	群	4급	무리 군	群落(군락)
狗	3급	개 구	黃狗(황구)	郡	6급	고을 군	郡守(군수)
苟	3급	진실로 구	苟且(구차)	軍	8급	군사 군	軍士(군사)
驅	3급	몰 구	驅迫(구박)	掘	2급	팔 굴	發掘(발굴)
龜	3급	거북 구/거북 귀/터질 균	龜卜(귀복)	窟	2급	굴 굴	洞窟(동굴)
丘	준3	언덕 구	丘山(구산)	屈	4급	굽힐 굴	屈伏(굴복)

1~8급까지 읽기

穹(궁)~饉(근) 401~450字 한자 및 훈·음 알아보기[9]

* 다음 한자를 가나다순으로 배열하고 각 한자에 해당하는 급수를 분류하였습니다.

한자	급	훈·음	낱 말	한자	급	훈·음	낱 말
穹	1급	하늘 궁	蒼穹(창궁)	貴	5급	귀할 귀	貴賓(귀빈)
躬	1급	몸 궁	躬行(궁행)	硅	1급	규소 규	硅素(규소)
弓	준3	활 궁	弓道(궁도)	窺	1급	엿볼 규	窺視(규시)
窮	4급	다할/궁할 궁	困窮(곤궁)	葵	1급	해바라기 규	葵花(규화)
宮	준4	집 궁	古宮(고궁)	逵	1급	길거리 규	逵路(규로)
倦	1급	게으를 권	倦怠(권태)	圭	2급	서옥 규	圭角(규각)
捲	1급	말 권	捲勇(권용)	奎	2급	별 규	奎章(규장)
眷	1급	돌볼 권	眷率(권솔)	揆	2급	헤아릴 규	一揆(일규)
圈	2급	우리 권	圈內(권내)	珪	2급	홀 규	이름字
拳	준3	주먹 권	拳鬪(권투)	閨	2급	안방 규	閨房(규방)
券	4급	문서 권	債券(채권)	叫	3급	부르짖을 규	絶叫(절규)
勸	4급	권할 권	勸告(권고)	糾	3급	얽힐 규	糾彈(규탄)
卷	4급	책 권	卷數(권수)	規	5급	법 규	規格(규격)
權	준4	권세 권	國權(국권)	菌	준3	버섯 균	球菌(구균)
蹶	1급	일어설/넘어질 궐	蹶起(궐기)	均	4급	고를 균	均等(균등)
闕	2급	대궐 궐	宮闕(궁궐)	橘	1급	귤나무 귤	柑橘(감귤)
厥	3급	그 궐	厥公(궐공)	剋	1급	이길 극	相剋(상극)
机	1급	책상 궤	机床(궤상)	戟	1급	창 극	刺戟(자극)
櫃	1급	궤짝 궤	書櫃(서궤)	棘	1급	가시 극	荊棘(형극)
潰	1급	무너질 궤	潰瘍(궤양)	隙	1급	틈 극	間隙(간극)
詭	1급	속일 궤	詭辯(궤변)	克	준3	이길 극	克己(극기)
几	1급	안석 궤	竹几(죽궤)	劇	4급	심할 극	演劇(연극)
軌	3급	바퀴자국 궤	車軌(차궤)	極	준4	다할 극	窮極(궁극)
鬼	준3	귀신 귀	鬼神(귀신)	覲	1급	뵐 근	覲親(근친)
歸	4급	돌아갈 귀	歸國(귀국)	饉	1급	주릴 근	凶饉(흉근)

1~8급까지 읽기

槿(근)~驥(기) 451~500字 한자 및 훈·음 알아보기 [10]

* 다음 한자를 가나다순으로 배열하고 각 한자에 해당하는 급수를 분류하였습니다.

한자	급	훈·음	낱 말	한자	급	훈·음	낱 말
槿	2급	무궁화 근	槿花(근화)	矜	1급	자랑할 긍	可矜(가긍)
瑾	2급	아름다운 옥 근	細瑾(세근)	兢	2급	떨릴 긍	兢兢(긍긍)
僅	3급	겨우 근	僅僅(근근)	肯	3급	즐길 긍	肯可(긍가)
斤	3급	근 근/날 근	千斤(천근)	伎	1급	재간 기	五伎(오기)
謹	3급	삼갈 근	謹賀(근하)	嗜	1급	즐길 기	嗜好(기호)
勤	4급	부지런할 근	勤勉(근면)	妓	1급	기생 기	妓生(기생)
筋	4급	힘줄 근	筋肉(근육)	崎	1급	험할 기	崎嶇(기구)
根	6급	뿌리 근	根本(근본)	朞	1급	돌 기	朞年(기년)
近	6급	가까울 근	最近(최근)	杞	1급	구기자 기	拘杞(구기)
擒	1급	사로잡을 금	擒生(금생)	畸	1급	뙈기밭 기	畸形(기형)
衾	1급	이불 금	衾枕(금침)	綺	1급	비단 기	綺羅(기라)
襟	1급	옷깃 금	胸襟(흉금)	羈	1급	굴레 기	羈束(기속)
琴	준3	거문고 금	草琴(초금)	肌	1급	살 기	肌骨(기골)
禽	준3	새 금	家禽(가금)	譏	1급	비웃을 기	譏察(기찰)
錦	준3	비단 금	晝錦(주금)	冀	2급	바랄 기	冀圖(기도)
禁	준4	금할 금	禁煙(금연)	岐	2급	갈림길 기	分岐(분기)
今	6급	이제 금	今年(금년)	沂	2급	물 이름 기	沂州(기주)
金	8급	쇠 금/성 김	現金(현금)	淇	2급	물 이름 기	淇河(기하)
扱	1급	거둘 급	取扱(취급)	琦	2급	옥 이름 기	이름字
汲	1급	물길을 급	汲水(급수)	琪	2급	아름다운 옥 기	琪花(기화)
及	준3	미칠 급	言及(언급)	璣	2급	별이름 기	天璣(천기)
給	5급	줄 급	給料(급료)	箕	2급	키 기	箕星(기성)
急	6급	급할 급	急求(급구)	耆	2급	늙을 기	耆老(기로)
級	6급	등급 급	級數(급수)	騏	2급	준마 기	騏驥(기기)
亘	1급	뻗칠 긍/베풀 선	亘古(긍고)	驥	2급	천리마 기	駿驥(준기)

1~8급까지 읽기

麒(기)~乃(내) 501~550字 한자 및 훈·음 알아보기[11]

* 다음 한자를 가나다순으로 배열하고 각 한자에 해당하는 급수를 분류하였습니다.

한자	급	훈·음	낱말	한자	급	훈·음	낱말
麒	2급	기린 기	麒麟(기린)	旗	7급	기 기	國旗(국기)
棋	2급	바둑 기	將棋(장기)	氣	7급	기운 기	景氣(경기)
幾	3급	몇 기	幾何(기하)	記	7급	기록할 기	記事(기사)
忌	3급	꺼릴 기	禁忌(금기)	緊	준3	긴할 긴	緊縮(긴축)
旣	3급	이미 기	旣往(기왕)	拮	1급	일할 길	拮抗(길항)
棄	3급	버릴 기	棄兒(기아)	吉	5급	길할 길	吉日(길일)
欺	3급	속일 기	詐欺(사기)	喫	1급	먹을 끽	滿喫(만끽)
豈	3급	어찌 기	豈不(기불)	儺	1급	푸닥거리 나	儺禮(나례)
飢	3급	주릴 기	虛飢(허기)	懦	1급	나약할 나	懦弱(나약)
企	준3	괴할 기	企劃(기획)	拏	1급	잡을 나	紛拏(분나)
其	준3	그 기	其人(기인)	拿	1급	잡을 나	拿來(나래)
畿	준3	경기 기	京畿(경기)	那	3급	어찌 나	刹那(찰나)
祈	준3	빌 기	祈願(기원)	諾	준3	허락할 낙	受諾(수락)
騎	준3	말 탈 기	騎馬(기마)	煖	1급	더울 난	煖房(난방)
奇	4급	기특할 기	新奇(신기)	暖	준4	따뜻할 난	暖流(난류)
寄	4급	부칠 기	寄宿(기숙)	難	준4	어려울 난	難航(난항)
機	4급	틀 기	機械(기계)	捏	1급	꾸밀 날	捏造(날조)
紀	4급	벼리 기	紀錄(기록)	捺	1급	누를 날	捺印(날인)
器	준4	그릇 기	茶器(다기)	男	7급	사내 남	次男(차남)
起	준4	일어날 기	起床(기상)	南	8급	남녘 남	江南(강남)
技	5급	재주 기	技術(기술)	衲	1급	기울 납	衲衣(납의)
期	5급	기약할 기	期間(기간)	納	4급	들일 납	納稅(납세)
汽	5급	물끓는 김 기	汽車(기차)	囊	1급	주머니 낭	智囊(지낭)
基	5급	터 기	基金(기금)	娘	준3	계집 낭	娘子(낭자)
己	5급	몸 기	克己(극기)	乃	3급	이에 내	乃至(내지)

1~8급까지 읽기

奈(내)~憺(담) 551~600字 한자 및 훈·음 알아보기[12]

* 다음 한자를 가나다순으로 배열하고 각 한자에 해당하는 급수를 분류하였습니다.

한자	급	훈·음	낱 말	한자	급	훈·음	낱 말
奈	3급	어찌 내/어찌 나	奈何(내하)	泥	준3	진흙 니	泥土(이토)
耐	준3	견딜 내	忍耐(인내)	匿	1급	숨길 닉	隱匿(은닉)
内	7급	안 내	宅內(댁내)	溺	2급	빠질 닉	溺死(익사)
女	8급	계집 녀	淑女(숙녀)	茶	준3	차 다/차 차	綠茶(녹차)
撚	1급	비빌 년	撚紙(연지)	多	6급	많을 다	過多(과다)
年	8급	해 년	年末(연말)	簞	1급	소쿠리 단	瓢簞(표단)
涅	1급	열반 널	涅槃(열반)	緞	1급	비단 단	緋緞(비단)
念	5급	생각 념	槪念(개념)	蛋	1급	새알 단	蛋白(단백)
寧	준3	평안 녕	安寧(안녕)	湍	2급	여울 단	懸湍(현단)
弩	1급	쇠뇌 노	精弩(정노)	鍛	2급	쇠 불릴 단	鍛鍊(단련)
駑	1급	둔한 말 노	駑性(노성)	丹	준3	붉을 단	牧丹(목단)
奴	준3	종 노	奴婢(노비)	但	준3	다만 단	但只(단지)
努	준4	힘쓸 노	努力(노력)	旦	준3	아침 단	元旦(원단)
怒	준4	성낼 노	喜怒(희로)	段	4급	층계 단	階段(계단)
膿	1급	고름 농	化膿(화농)	單	준4	홑 단	單語(단어)
濃	2급	짙을 농	濃淡(농담)	斷	준4	끊을 단	斷切(단절)
農	7급	농사 농	農業(농업)	檀	준4	박달나무 단	檀君(단군)
惱	3급	번뇌할 뇌	煩惱(번뇌)	端	준4	끝 단	端午(단오)
腦	준3	골 뇌	頭腦(두뇌)	壇	5급	단 단	敎壇(교단)
撓	1급	휠 뇨	不撓(불요)	團	5급	둥글 단	團結(단결)
尿	2급	오줌 뇨	糖尿(당뇨)	短	6급	짧을 단	短點(단점)
訥	1급	말더듬거릴 눌	訥辯(눌변)	撻	1급	때릴 달	楚撻(초달)
紐	1급	맺을 뉴	朱紐(주뉴)	疸	1급	황달 달	黃疸(황달)
能	5급	능할 능	能力(능력)	達	준4	통달할 달	調達(조달)
尼	2급	여승 니	仲尼(중니)	憺	1급	참담할 담	慘憺(참담)

1~8급까지 읽기

曇(담)~燾(도) 601~650字 한자 및 훈·음 알아보기[13]

* 다음 한자를 가나다순으로 배열하고 각 한자에 해당하는 급수를 분류하였습니다.

한자	급	훈·음	낱말	한자	급	훈·음	낱말
曇	1급	흐릴 담	曇天(담천)	戴	2급	일 대	推戴(추대)
澹	1급	맑을 담	暗澹(암담)	臺	준3	대 대	寢臺(침대)
痰	1급	가래 담	赤痰(적담)	貸	준3	빌릴 대	貸出(대출)
譚	1급	클/말씀 담	民譚(민담)	帶	준4	띠 대	携帶(휴대)
潭	2급	못 담	潭水(담수)	隊	준4	무리 대	軍隊(군대)
膽	2급	쓸개 담	肝膽(간담)	代	6급	대신할 대	代表(대표)
淡	준3	맑을 담	平淡(평담)	對	6급	대할 대	對決(대결)
擔	준4	맬 담	擔任(담임)	待	6급	기다릴 대	期待(기대)
談	5급	말씀 담	談話(담화)	大	8급	큰 대	大韓(대한)
遝	1급	뒤섞일 답	遝至(답지)	悳	2급	큰 덕	大悳(대덕)
畓	3급	논 답	田畓(전답)	德	5급	큰 덕	道德(도덕)
踏	준3	밟을 답	踏査(답사)	堵	1급	담 도	安堵(안도)
答	7급	대답 답	問答(문답)	屠	1급	죽일 도	屠戮(도륙)
撞	1급	칠 당	撞球(당구)	掉	1급	흔들 도	尾掉(미도)
棠	1급	아가위 당	海棠(해당)	搗	1급	찧을 도	搗精(도정)
螳	1급	사마귀 당	螳螂(당랑)	淘	1급	쌀일 도	淘汰(도태)
塘	2급	못 당	池塘(지당)	滔	1급	물 넘칠 도	滔滔(도도)
唐	준3	당나라 당	荒唐(황당)	濤	1급	물결 도	波濤(파도)
糖	준3	엿 당	果糖(과당)	睹	1급	볼 도	目睹(목도)
黨	준4	무리 당	政黨(정당)	禱	1급	빌 도	祈禱(기도)
當	5급	마땅 당	擔當(담당)	萄	1급	포도 도	葡萄(포도)
堂	6급	집 당	食堂(식당)	賭	1급	내기 도	賭租(도조)
擡	1급	들 대	擡頭(대두)	蹈	1급	밟을 도	舞蹈(무도)
袋	1급	자루 대	包袋(포대)	鍍	1급	도금할 도	鍍金(도금)
垈	2급	집터 대	垈地(대지)	燾	2급	비칠 도	燾育(도육)

1~8급까지 읽기

悼(도)~洞(동) 651~700字 한자 및 훈·음 알아보기[14]

* 다음 한자를 가나다순으로 배열하고 각 한자에 해당하는 급수를 분류하였습니다.

한자	급	훈·음	낱말	한자	급	훈·음	낱말
悼	2급	슬퍼할 도	追悼(추도)	督	준4	감독할 독	監督(감독)
塗	3급	칠할 도	糊塗(호도)	獨	5급	홀로 독	獨立(독립)
挑	3급	돋을 도	挑戰(도전)	讀	6급	읽을 독/구절 두	讀書(독서)
稻	3급	벼 도	種稻(종도)	沌	1급	엉길 돈	混沌(혼돈)
跳	3급	뛸 도	跳躍(도약)	惇	2급	도타울 돈	惇信(돈신)
倒	준3	넘어질 도	卒倒(졸도)	燉	2급	불빛 돈	이름字
刀	준3	칼 도	面刀(면도)	頓	2급	조아릴 돈	査頓(사돈)
桃	준3	복숭아 도	桃花(도화)	敦	3급	도타울 돈	敦篤(돈독)
渡	준3	건널 도	讓渡(양도)	豚	3급	돼지 돈	養豚(양돈)
途	준3	길 도	前途(전도)	乭	2급	이름 돌	이름字
陶	준3	질그릇 도	陶工(도공)	突	준3	갑자기 돌	衝突(충돌)
徒	4급	무리 도	信徒(신도)	憧	1급	동경할 동	憧憬(동경)
盜	4급	도둑 도	盜伐(도벌)	疼	1급	아플 동	疼痛(동통)
逃	4급	도망할 도	逃亡(도망)	瞳	1급	눈동자 동	瞳孔(동공)
導	준4	인도할 도	指導(지도)	胴	1급	큰창자 동	胴體(동체)
島	5급	섬 도	半島(반도)	董	2급	바를 동	骨董(골동)
都	5급	도읍 도	都市(도시)	桐	2급	오동나무 동	梧桐(오동)
到	5급	이를 도	到着(도착)	棟	2급	마룻대 동	棟梁(동량)
圖	6급	그림 도	地圖(지도)	凍	준3	얼 동	凍結(동결)
度	6급	법도 도/헤아릴 탁	法度(법도)	銅	준4	구리 동	銅錢(동전)
道	7급	길 도	道路(도로)	童	6급	아이 동	兒童(아동)
瀆	1급	더럽힐 독	瀆職(독직)	冬	7급	겨울 동	冬至(동지)
禿	1급	대머리 독	禿頭(독두)	動	7급	움직일 동	運動(운동)
篤	3급	도타울 독	敦篤(돈독)	同	7급	한가지 동	同門(동문)
毒	준4	독 독	毒藥(독약)	洞	7급	골 동/밝을 통	洞達(통달)

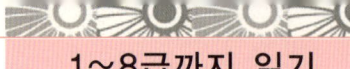

1~8급까지 읽기

東(동)~狼(랑) 701~750字 한자 및 훈·음 알아보기[15]

* 다음 한자를 가나다순으로 배열하고 각 한자에 해당하는 급수를 분류하였습니다.

한자	급	훈·음	낱말	한자	급	훈·음	낱말
東	8급	동녘 동	東學(동학)	羅	준4	벌릴 라	新羅(신라)
兜	1급	투구 두	馬兜鈴(마두령)	烙	1급	지질 락	烙印(낙인)
痘	1급	역질 두	種痘(종두)	酪	1급	쇠젖 락	駝酪(타락)
杜	2급	막을 두	杜鵑(두견)	駱	1급	낙타 락	駱駝(낙타)
斗	준4	말 두	泰斗(태두)	洛	2급	물이름 락	上洛(상락)
豆	준4	콩 두	豆乳(두유)	絡	준3	이을 락	經絡(경락)
頭	6급	머리 두	頭腦(두뇌)	落	5급	떨어질 락	轉落(전락)
臀	1급	볼기 둔	臀部(둔부)	樂	6급	즐길 락/노래 악/좋아할 요	音樂(음악)
遁	1급	숨을 둔	遁甲(둔갑)	瀾	1급	물결 란	波瀾(파란)
屯	3급	진칠 둔	駐屯(주둔)	鸞	1급	난새 란	靑鸞(청란)
鈍	3급	둔할 둔	愚鈍(우둔)	爛	2급	빛날 란	燦爛(찬란)
得	준4	얻을 득	獲得(획득)	欄	준3	난간 란	欄干(난간)
橙	1급	귤 등	橙色(등색)	蘭	준3	난초 란	蘭草(난초)
鄧	2급	나라이름 등	이름字	亂	4급	어지러울 란	倭亂(왜란)
藤	2급	등나무 등	葛藤(갈등)	卵	4급	알 란	鷄卵(계란)
謄	2급	베낄 등	謄本(등본)	剌	1급	발랄할 랄	潑剌(발랄)
騰	3급	오를 등	暴騰(폭등)	辣	1급	매울 랄	辛辣(신랄)
燈	준4	등 등	電燈(전등)	籃	1급	대바구니 람	搖籃(요람)
等	6급	무리 등	平等(평등)	藍	2급	쪽 람	出藍(출람)
登	7급	오를 등	登錄(등록)	濫	3급	넘칠 람	濫用(남용)
懶	1급	게으를 라	懶怠(나태)	覽	4급	볼 람	觀覽(관람)
癩	1급	문둥이 라	癩病(나병)	臘	1급	섣달 랍	一臘(일랍)
螺	1급	소라 라	螺絲(나사)	蠟	1급	밀 랍	型蠟(형랍)
邏	1급	순라 라	巡邏(순라)	拉	2급	끌 랍	拉致(납치)
裸	2급	벗을 라	裸體(나체)	狼	1급	이리 랑	狼疾(낭질)

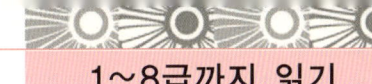

1~8급까지 읽기

廊(랑)~劣(렬) 751~800字 한자 및 훈·음 알아보기 [16]

*다음 한자를 가나다순으로 배열하고 각 한자에 해당하는 급수를 분류하였습니다.

한자	급	훈·음	낱 말	한자	급	훈·음	낱 말
廊	준3	사랑채 랑	畵廊(화랑)	黎	1급	검을 려	黎明(여명)
浪	준3	물결 랑	風浪(풍랑)	呂	2급	성 려/법칙 려	南呂(남려)
郎	준3	사내 랑	新郎(신랑)	廬	2급	농막집 려	草廬(초려)
朗	5급	밝을 랑	明朗(명랑)	礪	2급	숫돌 려	磨礪(마려)
萊	2급	명아주 래	東萊(동래)	驪	2급	검은말 려	驪州(여주)
來	7급	올 래	往來(왕래)	勵	준3	힘쓸 려	激勵(격려)
冷	5급	찰 랭	冷水(냉수)	慮	4급	생각할 려	念慮(염려)
掠	3급	노략질 략	侵掠(침략)	麗	준4	고울 려	高麗(고려)
略	4급	간략할 략	略圖(약도)	旅	5급	나그네 려	旅行(여행)
倆	1급	재주 량	技倆(기량)	瀝	1급	스밀 력	披瀝(피력)
粱	1급	기장 량	高粱(고량)	礫	1급	조약돌 력	石礫(석력)
亮	2급	밝을 량	淸亮(청량)	曆	준3	책력 력	冊曆(책력)
樑	2급	들보 량	棟樑(동량)	歷	5급	지날 력	經歷(경력)
輛	2급	수레 량	車輛(차량)	力	7급	힘 력	動力(동력)
諒	3급	살펴알 량	諒解(양해)	輦	1급	가마 련	正輦(정련)
梁	준3	들보 량	橋梁(교량)	漣	2급	잔물결 련	淸漣(청련)
涼	준3	서늘할 량	納涼(납량)	煉	2급	달굴 련	煉瓦(연와)
糧	4급	양식 량	食糧(식량)	憐	3급	불쌍히여길 련	可憐(가련)
兩	준4	두 량	兩班(양반)	戀	준3	그리워할 련	戀人(연인)
量	5급	헤아릴 량	減量(감량)	聯	준3	연이을 련	關聯(관련)
良	5급	어질 량	良好(양호)	蓮	준3	연꽃 련	蓮根(연근)
侶	1급	짝 려	伴侶(반려)	鍊	준3	쇠불릴 련	鍛鍊(단련)
戾	1급	어그러질 려	貪戾(탐려)	連	준4	이을 련	連續(연속)
濾	1급	거를 려	濾過(여과)	練	5급	익힐 련	練習(연습)
閭	1급	마을 려	閭閻(여염)	劣	3급	못할 렬	劣等(열등)

1~8급까지 읽기

裂(렬)~磊(뢰) 801~850자 한자 및 훈·음 알아보기[17]

* 다음 한자를 가나다순으로 배열하고 각 한자에 해당하는 급수를 분류하였습니다.

한자	급	훈·음	낱 말	한자	급	훈·음	낱 말
裂	준3	찢어질 렬	分裂(분열)	虜	1급	사로잡을 로	虜將(노장)
烈	4급	매울 렬	烈士(열사)	盧	2급	성 로	이름字
列	준4	벌릴 렬	系列(계열)	蘆	2급	갈대 로	蘆花(노화)
斂	1급	거둘 렴	後斂(후렴)	魯	2급	노나라 로	鄒魯(추로)
殮	1급	염할 렴	改殮(개렴)	鷺	2급	백로 로	白鷺(백로)
簾	1급	발 렴	珠簾(주렴)	爐	준3	화로 로	火爐(화로)
濂	2급	물이름 렴	이름字	露	준3	이슬 로	露宿(노숙)
廉	3급	청렴할 렴	淸廉(청렴)	勞	5급	일할 로	勤勞(근로)
獵	3급	사냥 렵	狩獵(수렵)	路	6급	길 로	進路(진로)
囹	1급	옥 령	囹圄(어령)	老	7급	늙을 로	老人(노인)
逞	1급	쾌할 령	不逞(불령)	碌	1급	푸른돌 록	勞碌(노록)
鈴	1급	방울 령	鈴鐸(영탁)	麓	1급	산기슭 록	空麓(공록)
齡	1급	나이 령	高齡(고령)	鹿	3급	사슴 록	鹿茸(녹용)
玲	2급	옥소리 령	玲瓏(영롱)	祿	준3	녹 록	祿俸(녹봉)
零	3급	떨어질 령	零落(영락)	錄	준4	기록할 록	記錄(기록)
嶺	준3	고개 령	嶺南(영남)	綠	6급	푸를 록	綠陰(녹음)
靈	준3	신령 령	靈魂(영혼)	論	준4	논할 론	討論(토론)
令	5급	하여금 령	假令(가령)	壟	1급	밭두둑 롱	丘壟(구롱)
領	5급	거느릴 령	領土(영토)	瓏	1급	옥소리 롱	玲瓏(영롱)
醴	2급	단술 례	甘醴(감례)	聾	1급	귀먹을 롱	聾兒(농아)
隷	3급	종 례	奴隷(노예)	籠	2급	대바구니 롱	鳥籠(조롱)
例	6급	법식 례	例外(예외)	弄	준3	희롱할 롱	戲弄(희롱)
禮	6급	예도 례	禮式(예식)	儡	1급	꼭두각시 뢰	傀儡(괴뢰)
撈	1급	건질 로	漁撈(어로)	牢	1급	우리 뢰	堅牢(견뢰)
擄	1급	노략질할 로	擄掠(노략)	磊	1급	돌무더기 뢰	磊磊(뇌뢰)

1~8급까지 읽기

賂(뢰)~綾(릉) 851~900字 한자 및 훈·음 알아보기[18]

* 다음 한자를 가나다순으로 배열하고 각 한자에 해당하는 급수를 분류하였습니다.

한자	급	훈·음	낱 말	한자	급	훈·음	낱 말
賂	1급	뇌물 뢰	賂物(뇌물)	硫	2급	유황 류	硫黃(유황)
賴	준3	의뢰할 뢰	依賴(의뢰)	謬	2급	그르칠 류	誤謬(오류)
雷	준3	우레 뢰	落雷(낙뢰)	柳	4급	버들 류	春柳(춘류)
寮	1급	동관 료	寮元(요원)	留	준4	머무를 류	留學(유학)
燎	1급	횃불 료	燭燎(촉료)	流	5급	흐를 류	流行(유행)
瞭	1급	밝을 료	明瞭(명료)	類	5급	무리 류	分類(분류)
聊	1급	애오라지 료	無聊(무료)	戮	1급	죽일 륙	屠戮(도륙)
寥	1급	쓸쓸할 료(요)	寂寥(적요)	陸	5급	뭍 륙	大陸(대륙)
遼	2급	멀 료	廣遼(광료)	六	8급	여섯 륙	六甲(육갑)
療	2급	병고칠 료	治療(치료)	淪	1급	빠질 륜	沈淪(침륜)
了	3급	마칠 료	終了(종료)	綸	1급	벼리 륜	經綸(경륜)
僚	3급	동료 료	同僚(동료)	崙	2급	산이름 륜	崑崙(곤륜)
料	5급	헤아릴 료	料金(요금)	倫	준3	인륜 륜	倫理(윤리)
龍	4급	용 룡	龍門(용문)	輪	4급	바퀴 륜	輪作(윤작)
壘	1급	보루 루	壘審(누심)	慄	1급	떨릴 률	戰慄(전율)
陋	1급	더러울 루	孤陋(고루)	栗	준3	밤 률	生栗(생률)
屢	3급	여러 루	屢次(누차)	率	준3	비율 률	比率(비율)
淚	3급	눈물 루	涕淚(체루)	律	준4	법칙 률	法律(법률)
樓	준3	다락 루	樓閣(누각)	隆	준3	높을 륭	隆盛(융성)
漏	준3	샐 루	漏水(누수)	勒	1급	굴레 륵	豪勒(호륵)
累	준3	자주 루	係累(계루)	肋	1급	갈빗대 륵	肋骨(늑골)
溜	1급	처마물 류	精溜(정류)	凜	1급	찰 름	凜凜(늠름)
琉	1급	유리 류	琉璃(유리)	凌	1급	업신여길 릉	凌蔑(능멸)
瘤	1급	혹 류	脂瘤(지류)	稜	1급	모날 릉	冒稜(모릉)
劉	2급	죽일 류/묘금도 류	이름자	綾	1급	비단 릉	文綾(문릉)

1급 3,500자 급수별 분류표

1~8급까지 읽기

菱(능)~鰻(만) 901~950字 한자 및 훈·음 알아보기[19]

* 다음 한자를 가나다순으로 배열하고 각 한자에 해당하는 급수를 분류하였습니다.

한자	급	훈·음	낱 말	한자	급	훈·음	낱 말
菱	1급	마름 릉	菱文(능문)	淋	1급	임질 림	淋疾(임질)
楞	2급	네모질 릉	이름字	臨	준3	임할 림	臨床(임상)
陵	준3	언덕 릉	江陵(강릉)	林	7급	수풀 림	士林(사림)
俚	1급	속될 리	卑俚(비리)	笠	1급	삿갓 립	笠子(입자)
俐	1급	영리할 리	怜俐(영리)	粒	1급	낟알 립	粒子(입자)
痢	1급	이질 리	積痢(적리)	立	7급	설 립	組立(조립)
籬	1급	울타리 리	短籬(단리)	摩	2급	문지를 마	祇摩王(지마왕)
罹	1급	걸릴 리	罹災民(이재민)	痲	2급	저릴 마	痲醉(마취)
裡	1급	속 리	暗暗裡(암암리)	魔	2급	마귀 마	惡魔(악마)
釐	1급	다스릴 리	毫釐(호리)	磨	준3	갈 마	鍊磨(연마)
梨	3급	배 리	梨花(이화)	麻	준3	삼 마	麻衣(마의)
吏	준3	관리 리	官吏(관리)	馬	5급	말 마	馬車(마차)
履	준3	밟을 리	履歷(이력)	寞	1급	고요할 막	寞寞(막막)
裏	준3	속 리	腦裏(뇌리)	膜	2급	꺼풀 막/막 막	粘膜(점막)
離	4급	떠날 리	離別(이별)	幕	준3	장막 막	長幕(장막)
利	6급	이할 리	利益(이익)	漠	준3	넓을 막	沙漠(사막)
李	6급	오얏 리/성 리	桃李(도리)	莫	준3	없을 막	莫上(막상)
理	6급	다스릴 리	管理(관리)	卍	1급	만 만	卍字(만자)
里	7급	마을 리	千里(천리)	彎	1급	굽을 만	彎曲(만곡)
吝	1급	아낄 린	吝嗇(인색)	挽	1급	당길 만	挽留(만류)
燐	1급	도깨비불 린	燐火(인화)	瞞	1급	속일 만	欺瞞(기만)
躪	1급	짓밟을 린	蹂躪(유린)	蔓	1급	덩굴 만	刪蔓(산만)
鱗	1급	비늘 린	羽鱗(우린)	輓	1급	끌 만/애도할 만	輓歌(만가)
麟	2급	기린 린	麒麟(기린)	饅	1급	만두 만	饅頭(만두)
隣	3급	이웃 린	隣近(인근)	鰻	1급	뱀장어 만	風鰻(풍만)

1~8급까지 읽기

娩(만)~緬(면) 951~1000字 한자 및 훈·음 알아보기[20]

* 다음 한자를 가나다순으로 배열하고 각 한자에 해당하는 급수를 분류하였습니다.

한자	급	훈·음	낱말	한자	급	훈·음	낱말
娩	2급	낳을 만	分娩(분만)	煤	1급	그을음 매	煤煙(매연)
灣	2급	물굽이 만	港灣(항만)	罵	1급	꾸짖을 매	罵倒(매도)
蠻	2급	오랑캐 만	蠻行(만행)	邁	1급	갈 매	邁進(매진)
慢	3급	거만할 만	倨慢(거만)	呆	1급	어리석을 매	癡呆(치매)
漫	3급	흩어질 만	漫然(만연)	枚	2급	낱 매	枚擧(매거)
晚	준3	늦을 만	晚餐(만찬)	魅	2급	매혹할 매	魅力(매력)
滿	준4	찰 만	滿足(만족)	埋	3급	묻을 매	埋葬(매장)
萬	8급	일만 만	萬歲(만세)	媒	준3	중매 매	媒介(매개)
抹	1급	지울 말	抹消(말소)	梅	준3	매화 매	梅花(매화)
沫	1급	물거품 말	浮沫(부말)	妹	4급	누이 매	男妹(남매)
襪	1급	버선 말	洋襪(양말)	買	5급	살 매	買入(매입)
鞨	2급	말갈 말	鞨鞨(말갈)	賣	5급	팔 매	競賣(경매)
末	5급	끝 말	週末(주말)	每	7급	매양 매	每年(매년)
芒	1급	까끄라기 망	芒角(망각)	貊	2급	맥국 맥	濊貊(예맥)
惘	1급	멍할 망	慌惘(황망)	麥	준3	보리 맥	麥酒(맥주)
網	2급	그물 망	網羅(망라)	脈	준4	줄기 맥	人脈(인맥)
忘	3급	잊을 망	忘却(망각)	萌	1급	움 맹	萌芽(맹아)
忙	3급	바쁠 망	多忙(다망)	孟	준3	맏 맹	孟子(맹자)
罔	3급	없을 망	罔極(망극)	猛	준3	사나울 맹	勇猛(용맹)
茫	3급	아득할 망	茫茫(망망)	盲	준3	눈멀 맹	文盲(문맹)
妄	준3	망령될 망	妄靈(망령)	盟	준3	맹세 맹	血盟(혈맹)
亡	5급	망할 망	逃亡(도망)	覓	2급	찾을 멱	覓得(멱득)
望	5급	바랄 망	希望(희망)	棉	1급	목화 면	棉花(면화)
寐	1급	잘 매	寤寐(오매)	眄	1급	곁눈질할 면	眄視(면시)
昧	1급	어두울 매	曖昧(암매)	緬	1급	멀 면	緬禮(면례)

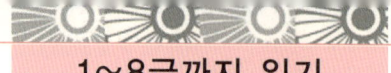

1~8급까지 읽기

麪(면)~歿(몰) 1001~1050字 한자 및 훈·음 알아보기[21]

* 다음 한자를 가나다순으로 배열하고 각 한자에 해당하는 급수를 분류하였습니다.

한자	급	훈·음	낱말	한자	급	훈·음	낱말
麪	1급	국수 면	麪子(면자)	耗	1급	소모할 모	消耗(소모)
冕	2급	면류관 면	冕旒(면류)	模	1급	모호할 모	糢糊(모호)
沔	2급	물이름 면	이름字	牟	2급	성모/보리 모	牟麥(모맥)
俛	2급	힘쓸 면	俛首(면수)	茅	2급	띠 모	茅蒐(모수)
免	준3	면할 면	減免(감면)	謨	2급	꾀 모	이름字
眠	준3	잘 면	睡眠(수면)	帽	2급	모자 모	冠帽(관모)
綿	준3	솜 면	綿密(면밀)	矛	2급	창 모	矛盾(모순)
勉	4급	힘쓸 면	勤勉(근면)	侮	3급	업신여길 모	侮辱(모욕)
面	7급	낯 면	初面(초면)	冒	3급	무릅쓸 모	冒瀆(모독)
蔑	2급	업신여길 멸	蔑視(멸시)	募	3급	뽑을 모	公募(공모)
滅	준3	꺼질 멸	滅種(멸종)	暮	3급	저물 모	歲暮(세모)
瞑	1급	저물 명	瞑目(명목)	某	3급	아무 모	某某(모모)
溟	1급	바다 명	北溟(북명)	慕	준3	그릴 모	戀慕(연모)
皿	1급	그릇 명	器皿(기명)	謀	준3	꾀 모	逆謀(역모)
螟	1급	멸구 명	螟蟲(명충)	貌	준3	모양 모	面貌(면모)
酩	1급	술취할 명	酩酊(명정)	模	4급	본뜰 모	模倣(모방)
冥	3급	어두울 명	冥想(명상)	毛	준4	털 모	羊毛(양모)
銘	준3	새길 명	銘心(명심)	母	8급	어미 모	母子(모자)
鳴	4급	울 명	悲鳴(비명)	穆	2급	화목할 목	清穆(청목)
明	6급	밝을 명	黎明(여명)	沐	2급	머리감을 목	沐浴(목욕)
名	7급	이름 명	有名(유명)	睦	준3	화목할 목	和睦(화목)
命	7급	목숨 명	命令(명령)	牧	준4	칠 목	牧童(목동)
袂	1급	소매 몌	袂口(몌구)	目	6급	눈 목	科目(과목)
摸	1급	더듬을 모	摸索(모색)	木	8급	나무 목	枯木(고목)
牡	1급	수컷 모	四牡(사모)	歿	1급	죽을 몰	戰歿(전몰)

1~8급까지 읽기

沒(몰)~味(미) 1051~1100字 한자 및 훈·음 알아보기[22]

* 다음 한자를 가나다순으로 배열하고 각 한자에 해당하는 급수를 분류하였습니다.

한자	급	훈·음	낱말	한자	급	훈·음	낱말
沒	준3	빠질 몰	埋沒(매몰)	舞	4급	춤출 무	歌舞(가무)
夢	준3	꿈 몽	惡夢(악몽)	務	준4	힘쓸 무	義務(의무)
蒙	준3	어두울 몽	啓蒙(계몽)	武	준4	호반 무	武科(무과)
描	1급	그릴 묘	描寫(묘사)	無	5급	없을 무	全無(전무)
杳	1급	아득할 묘	杳杳(묘묘)	墨	준3	먹 묵	墨香(묵향)
渺	1급	아득할 묘/물 질펀할 묘	渺然(묘연)	默	준3	잠잠할 묵	默念(묵념)
猫	1급	고양이 묘	家猫(가묘)	蚊	1급	모기 문	蚊雷(문뢰)
昴	2급	별이름 묘	昴星(묘성)	汶	2급	물이름 문	汶山(문산)
卯	3급	토끼 묘	卯日(묘일)	紊	2급	어지러울 문	紊亂(문란)
廟	3급	사당 묘	東廟(동묘)	紋	준3	무늬 문	指紋(지문)
苗	3급	모 묘	苗木(묘목)	聞	6급	들을 문	見聞(견문)
墓	4급	무덤 묘	墓所(묘소)	問	7급	물을 문	問答(문답)
妙	4급	묘할 묘	妙技(묘기)	文	7급	글월 문	例文(예문)
巫	1급	무당 무	巫堂(무당)	門	8급	문 문	大門(대문)
憮	1급	어루만질 무	憮然(무연)	勿	준3	말 물	勿論(물론)
拇	1급	엄지손가락 무	拇指(무지)	物	7급	물건 물	物件(물건)
撫	1급	어루만질 무	賑撫(진무)	媚	1급	아첨할미/예쁠 미	阿媚(아미)
毋	1급	말 무	毋論(무론)	薇	1급	장미 미	薔薇(장미)
畝	1급	이랑 무/이랑 묘	一畝(일무)	靡	1급	쓰러질 미	靡寧(미령)
蕪	1급	거칠 무	荒蕪(황무)	彌	2급	미륵/오랠 미	彌勒(미륵)
誣	1급	속일 무	誣告(무고)	眉	3급	눈썹 미	眉間(미간)
戊	3급	천간 무	戊戌(무술)	迷	3급	미혹할 미	迷惑(미혹)
霧	3급	안개 무	濃霧(농무)	尾	준3	꼬리 미	後尾(후미)
茂	준3	무성할 무	茂林(무림)	微	준3	작을 미	微細(미세)
貿	준3	무역할 무	貿易(무역)	味	준4	맛 미	味覺(미각)

1~8급까지 읽기

未(미)~飯(반) 1101~1150字 한자 및 훈·음 알아보기[23]

* 다음 한자를 가나다순으로 배열하고 각 한자에 해당하는 급수를 분류하였습니다.

한자	급	훈·음	낱말	한자	급	훈·음	낱말
未	준4	아닐 미	未來(미래)	舶	2급	배 박	船舶(선박)
米	6급	쌀 미	玄米(현미)	泊	3급	머무를/배댈 박	宿泊(숙박)
美	6급	아름다울 미	美容(미용)	薄	준3	엷을 박	薄命(박명)
悶	1급	답답할 민	苦悶(고민)	迫	준3	핍박할 박	逼迫(핍박)
旻	2급	하늘 민	旻天(민천)	拍	4급	칠 박	拍子(박자)
旼	2급	화할 민	이름字	博	준4	넓을 박	博學(박학)
玟	2급	아름다운돌 민	이름字	朴	6급	성 박	素朴(소박)
珉	2급	옥돌 민	貞珉(정민)	拌	1급	버릴 반	攪拌(교반)
閔	2급	성 민	이름字	攀	1급	더위잡을 반	登攀(등반)
憫	3급	민망할 민	憫憫(민망)	斑	1급	아롱질 반	雀斑(작반)
敏	3급	민첩할 민	敏捷(민첩)	槃	1급	쟁반 반	涅槃(열반)
民	8급	백성 민	國民(국민)	畔	1급	밭두둑 반	湖畔(호반)
謐	1급	고요할 밀	靜謐(정밀)	礬	1급	백반 반	白礬(백반)
蜜	3급	꿀 밀	蜜語(밀어)	絆	1급	얽어맬 반	絆瘡膏(반창고)
密	준4	빽빽할 밀	密林(밀림)	蟠	1급	서릴 반	蟠桃(반도)
剝	1급	벗길 박	剝脫(박탈)	頒	1급	나눌 반	頒布(반포)
搏	1급	두드릴 박	搏殺(박살)	潘	2급	성 반	이름字
撲	1급	칠 박	撲殺(박살)	磻	2급	반계 반/반계 번	이름字
樸	1급	순박할 박	樸直(박직)	搬	2급	옮길 반	搬移(반이)
珀	1급	호박 박	琥珀(호박)	伴	3급	짝 반	同伴(동반)
箔	1급	발 박	金箔(금박)	叛	3급	배반할 반	背叛(배반)
粕	1급	지게미 박	糟粕(조박)	返	3급	돌이킬 반	返品(반품)
縛	1급	얽을 박	反縛(반박)	盤	준3	소반 반	小盤(소반)
膊	1급	팔뚝 박	下膊(하박)	般	준3	가지/일반 반	一般(일반)
駁	1급	논박할 박	評駁(평박)	飯	준3	밥 반	白飯(백반)

1~8급까지 읽기

半(반)~背(배) 1151~1200字 한자 및 훈·음 알아보기[24]

* 다음 한자를 가나다순으로 배열하고 각 한자에 해당하는 급수를 분류하였습니다.

한자	급	훈·음	낱 말	한자	급	훈·음	낱 말
半	6급	반 반	過半(과반)	龐	2급	높은 집 방	이름字
反	6급	돌이킬 반	反省(반성)	紡	2급	길쌈 방	紡織(방직)
班	6급	나눌 반	班長(반장)	倣	3급	본뜰 방	模倣(모방)
勃	1급	노할 발	勃發(발발)	傍	3급	곁 방	傍系(방계)
撥	1급	다스릴 발	撥亂(발란)	邦	3급	나라 방	聯邦(연방)
潑	1급	물뿌릴 발	活潑(활발)	芳	준3	꽃다울 방	芳年(방년)
跋	1급	밟을 발	跋文(발문)	妨	4급	방해할 방	妨害(방해)
醱	1급	술괼 발	醱酵(발효)	房	준4	방 방	暖房(난방)
魃	1급	가물 발	旱魃(한발)	訪	준4	찾을 방	訪問(방문)
渤	2급	바다이름 발	渤海(발해)	防	준4	막을 방	國防(국방)
鉢	2급	바리때 발	周鉢(주발)	放	6급	놓을 방	放學(방학)
拔	준3	뽑을 발	拔擢(발탁)	方	7급	모 방	方向(방향)
髮	4급	터럭 발	假髮(가발)	徘	1급	어정거릴 배	徘徊(배회)
發	6급	필 발	開發(개발)	湃	1급	물결칠 배	澎湃(팽배)
坊	1급	동네 방	坊本(방본)	胚	1급	아기밸 배	胚芽(배아)
尨	1급	삽살개 방	尨大(방대)	陪	1급	보실 배	陪席(배석)
幇	1급	도울 방	助幇(조방)	裵	2급	성 배	이름字
彷	1급	헤맬 방	彷徨(방황)	俳	2급	배우 배	俳優(배우)
昉	1급	밝을 방	神昉(신방)	賠	2급	물어줄 배	賠償(배상)
枋	1급	다목 방	中枋(중방)	杯	3급	잔 배	乾杯(건배)
榜	1급	방 붙일 방	紙榜(지방)	培	준3	북돋을 배	培養(배양)
肪	1급	기름 방	脂肪(지방)	排	준3	밀칠 배	排斥(배척)
膀	1급	오줌통 방	膀胱(방광)	輩	준3	무리 배	先輩(선배)
謗	1급	헐뜯을 방	誹謗(비방)	拜	준4	절 배	敬拜(경배)
旁	2급	곁 방	旁求(방구)	背	준4	등 배	背景(배경)

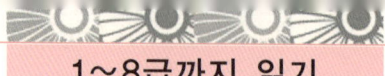

1~8급까지 읽기

配(배)~柄(병) 1201~1250字 한자 및 훈·음 알아보기 [25]

* 다음 한자를 가나다순으로 배열하고 각 한자에 해당하는 급수를 분류하였습니다.

한자	급	훈·음	낱 말	한자	급	훈·음	낱 말
配	준4	나눌 배/ 짝 배	配本(배본)	犯	4급	범할 범	輕犯(경범)
倍	5급	곱 배	倍數(배수)	範	4급	법 범	規範(규범)
帛	1급	비단 백	帛書(백서)	法	5급	법 법	方法(방법)
魄	1급	넋 백	魂魄(혼백)	劈	1급	쪼갤 벽	劈開(벽개)
柏	2급	측백 백	側柏(측백)	擘	1급	엄지손가락 벽	擘指(벽지)
伯	준3	맏 백	伯父(백부)	璧	1급	구슬 벽	紙璧(지벽)
百	7급	일백 백	百姓(백성)	癖	1급	버릇 벽	癖性(벽성)
白	8급	흰 백	純白(순백)	闢	1급	열 벽	開闢(개벽)
蕃	1급	불을 번	蕃盛(번성)	僻	2급	궁벽할 벽	窮僻(궁벽)
藩	1급	울타리 번	蘆藩(노번)	碧	준3	푸를 벽	碧海(벽해)
煩	3급	번거로울 번	煩惱(번뇌)	壁	준4	벽 벽	壁畵(벽화)
飜	3급	번역할 번	飜譯(번역)	卞	2급	성 변	이름字
繁	준3	번성할 번	繁盛(번성)	弁	2급	고깔 변	弁韓(변한)
番	6급	차례 번	當番(당번)	辨	3급	분별할 변	辨理(변리)
筏	2급	뗏목 벌	筏橋(벌교)	辯	4급	말씀 변	達辯(달변)
閥	2급	문벌 벌	門閥(문벌)	邊	준4	가 변	江邊(강변)
伐	준4	칠 벌	討伐(토벌)	變	5급	변할 변	可變(가변)
罰	준4	벌할 벌	刑罰(형벌)	瞥	1급	눈깜짝할 별	一瞥(일별)
帆	1급	돛 범	歸帆(귀범)	鼈	1급	자라 별	木鼈(목별)
梵	1급	불경 범	梵閣(범각)	別	6급	다를/나눌 별	有別(유별)
氾	1급	넘칠 범	氾濫(범람)	瓶	1급	병 병	銀瓶(은병)
泛	1급	뜰 범	泛讀(범독)	餅	1급	떡 병	煎餅(전병)
范	2급	성 범	鎔范(용범)	昞	2급	밝을 병	이름字
汎	2급	넓을 범	大汎(대범)	昺	2급	밝을 병	이름字
凡	준3	무릇 범	凡例(범례)	柄	2급	자루 병	權柄(권병)

1~8급까지 읽기

炳(병)~剖(부) 1251~1300字 한자 및 훈·음 알아보기[26]

* 다음 한자를 가나다순으로 배열하고 각 한자에 해당하는 급수를 분류하였습니다.

한자	급	훈·음	낱말	한자	급	훈·음	낱말
炳	2급	불꽃 병	炳然(병연)	馥	2급	향기 복	郁馥(욱복)
秉	2급	잡을 병	秉權(병권)	卜	3급	점 복	卜債(복채)
倂	2급	아우를 병	合倂(합병)	腹	준3	배 복	空腹(공복)
屛	3급	병풍 병	屛風(병풍)	覆	준3	다시복/덮을 부	飜覆(번복)
竝	3급	나란히 병	竝行(병행)	伏	4급	엎드릴 복	初伏(초복)
丙	준3	남녘 병	丙子(병자)	複	4급	겹칠 복	複製(복제)
兵	5급	병사 병	將兵(장병)	復	준4	회복할 복/다시 부	回復(회복)
病	6급	병 병	疾病(질병)	福	5급	복 복	萬福(만복)
堡	1급	작은성 보	堡壘(보루)	服	6급	옷 복	韓服(한복)
洑	1급	보 보/스며흐를 복	民洑(민보)	本	6급	근본 본	根本(근본)
菩	1급	보살 보	菩薩(보살)	捧	1급	받들 봉	親捧(친봉)
潽	2급	물이름 보	이름字	棒	1급	막대 봉	棍棒(곤봉)
甫	2급	클 보	杜甫(두보)	烽	1급	봉화 봉	烽火(봉화)
輔	2급	도울 보	輔佐(보좌)	鋒	1급	칼날 봉	鋒刃(봉인)
補	준3	기울 보	補修(보수)	蓬	2급	쑥 봉	蓬艾(봉애)
譜	준3	족보 보	族譜(족보)	俸	2급	녹 봉	祿俸(녹봉)
普	4급	넓을 보	普通(보통)	縫	2급	꿰맬 봉	縫合(봉합)
保	준4	지킬 보	保守(보수)	蜂	3급	벌 봉	養蜂(양봉)
報	준4	갚을/알릴 보	報告(보고)	封	준3	봉할 봉	密封(밀봉)
寶	준4	보배 보	寶物(보물)	峯	준3	봉우리 봉	高峯(고봉)
步	준4	걸을 보	步行(보행)	逢	준3	만날 봉	相逢(상봉)
僕	1급	종 복	忠僕(충복)	鳳	준3	봉새 봉	鳳凰(봉황)
匐	1급	길 복	怖匐(포복)	奉	5급	받들 봉	奉仕(봉사)
輻	1급	바퀴살 복/바퀴살 폭	輻射(복사)	俯	1급	구부릴 부	公俯(공부)
鰒	1급	전복 복	全鰒(전복)	剖	1급	쪼갤 부	解剖(해부)

1~8급까지 읽기

咐(부)~佛(불) 1301~1350자 한자 및 훈·음 알아보기[27]

* 다음 한자를 가나다순으로 배열하고 각 한자에 해당하는 급수를 분류하였습니다.

한자	급	훈·음	낱말	한자	급	훈·음	낱말
咐	1급	분부할 부/불 부	咐囑(부촉)	副	준4	버금 부	副業(부업)
埠	1급	부두 부	埠頭(부두)	婦	준4	며느리 부	婦人(부인)
孵	1급	알깔 부	孵化(부화)	富	준4	부자 부	富貴(부귀)
斧	1급	도끼 부	斧斤(부근)	府	준4	마을 부	京府(경부)
腑	1급	육부 부	胃腑(위부)	部	6급	떼 부	部品(부품)
芙	1급	연꽃 부	芙蓉(부용)	夫	7급	지아비 부	夫婦(부부)
訃	1급	부고 부	訃告(부고)	父	8급	아비 부	父母(부모)
賻	1급	부의 부	賻儀(부의)	北	8급	북녘 북/달아날 배	敗北(패배)
駙	1급	부마 부	駙馬(부마)	吩	1급	분부할 분	吩咐(분부)
傅	2급	스승 부	太傅(태부)	噴	1급	뿜을 분	噴火(분화)
釜	2급	가마 부	釜山(부산)	忿	1급	성낼 분	激忿(격분)
阜	2급	언덕 부	高阜(고부)	扮	1급	꾸밀 분	扮裝(분장)
敷	2급	펼 부	敷設(부설)	焚	1급	불사를 분	焚身(분신)
膚	2급	살갗 부	皮膚(피부)	盆	1급	동이 분	花盆(화분)
赴	3급	다다를/갈 부	赴任(부임)	糞	1급	똥 분	糞尿(분뇨)
付	준3	부칠 부	交付(교부)	雰	1급	눈날릴 분	雰圍氣(분위기)
扶	준3	도울 부	扶養(부양)	芬	2급	향기 분	芬芳(분방)
浮	준3	뜰 부	浮彫(부조)	墳	3급	무덤 분	墳墓(분묘)
符	준3	부호 부	符號(부호)	奔	준3	달릴 분	狂奔(광분)
簿	준3	문서 부	帳簿(장부)	奮	준3	떨칠 분	興奮(흥분)
腐	준3	썩을 부	防腐(방부)	紛	준3	어지러울 분	糾紛(규분)
賦	준3	부세 부	賦稅(부세)	憤	4급	분할 분	激憤(격분)
附	준3	붙을 부	附錄(부록)	粉	4급	가루 분	粉食(분식)
否	4급	아닐 부	拒否(거부)	分	6급	나눌 분	分配(분배)
負	4급	질 부	負債(부채)	佛	1급	비슷할 불	儒佛(유불)

1~8급까지 읽기

弗(불)~嬪(빈) 1351~1400字 한자 및 훈·음 알아보기[28]

* 다음 한자를 가나다순으로 배열하고 각 한자에 해당하는 급수를 분류하였습니다.

한자	급	훈·음	낱 말	한자	급	훈·음	낱 말
弗	2급	아닐/말 불	百弗(백불)	誹	1급	헐뜯을 비	誹謗(비방)
拂	준3	떨칠 불	支拂(지불)	譬	1급	비유할 비	譬喩(비유)
佛	준4	부처 불	佛教(불교)	鄙	1급	더러울 비	鄙劣(비열)
不	7급	아닐 불	不幸(불행)	妣	1급	죽은어미 비	祖妣(조비)
棚	1급	사다리 붕	大陸棚(대륙붕)	丕	2급	클 비	丕績(비적)
硼	1급	붕사 붕	硼砂(붕사)	毖	2급	삼갈 비	懲毖(징비)
繃	1급	묶을 붕	繃帶(붕대)	毘	2급	도울 비	毘盧(비로)
鵬	2급	새 붕	鵬飛(붕비)	泌	2급	분비할 비/스며흐를 필	分泌(분비)
崩	3급	무너질 붕	崩壞(붕괴)	匪	2급	비적 비	匪賊(비적)
朋	3급	벗 붕	朋黨(붕당)	卑	준3	낮을 비	卑屈(비굴)
匕	1급	비수 비	匕首(비수)	妃	준3	왕비 비	王妃(왕비)
庇	1급	덮을 비	庇護(비호)	婢	준3	계집종 비	奴婢(노비)
憊	1급	고단할 비	疲憊(피비)	肥	준3	살찔 비	肥沃(비옥)
扉	1급	사립문 비	門扉(문비)	批	4급	비평할 비	批評(비평)
沸	1급	끓을 비/용솟음할 불	沸點(비점)	碑	4급	비석 비	碑石(비석)
琵	1급	비파 비	琵琶(비파)	祕	4급	숨길 비	祕密(비밀)
痺	1급	저릴 비	痲痺(마비)	備	준4	갖출 비	警備(경비)
砒	1급	비상 비	砒霜(비상)	悲	준4	슬플 비	悲報(비보)
秕	1급	쭉정이 비	秕政(비정)	非	준4	아닐 비	是非(시비)
緋	1급	비단 비	緋緞(비단)	飛	준4	날 비	飛上(비상)
翡	1급	물총새 비	翡翠(비취)	比	5급	견줄 비	比較(비교)
脾	1급	지라 비	脾胃(비위)	費	5급	쓸 비	經費(경비)
臂	1급	팔 비	肩臂(견비)	鼻	5급	코 비	鼻炎(비염)
蜚	1급	바퀴/날 비	流言蜚語(유언비어)	嚬	1급	찡그릴 빈	嚬呻(빈신)
裨	1급	도울 비	裨將(비장)	嬪	1급	궁녀벼슬이름 빈	嬪宮(빈궁)

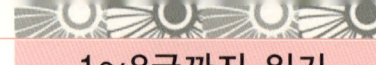

1~8급까지 읽기

殯(빈)~査(사) 1401~1450字 한자 및 훈·음 알아보기[29]

* 다음 한자를 가나다순으로 배열하고 각 한자에 해당하는 급수를 분류하였습니다.

한자	급	훈·음	낱말	한자	급	훈·음	낱말
殯	1급	빈소 빈	殯所(빈소)	飼	2급	기를 사	飼料(사료)
濱	1급	물가 빈	水濱(수빈)	似	3급	닮을 사	類似(유사)
瀕	1급	물가/가까울 빈	瀕死(빈사)	巳	3급	뱀 사	巳時(사시)
彬	2급	빛날 빈	이름字	捨	3급	버릴 사	取捨(취사)
賓	3급	손 빈	國賓(국빈)	斯	3급	이 사	斯文(사문)
頻	3급	자주 빈	頻度(빈도)	詐	3급	속일 사	詐欺(사기)
貧	준4	가난할 빈	貧富(빈부)	賜	3급	줄 사	下賜(하사)
憑	1급	비길 빙	證憑(증빙)	司	준3	맡을 사	司法(사법)
馮	2급	탈 빙/성 풍	馮夷(풍이)	斜	준3	비낄 사	斜線(사선)
聘	3급	부를 빙	聘母(빙모)	沙	준3	모래 사	沙漠(사막)
氷	5급	얼음 빙	氷板(빙판)	祀	준3	제사 사	祭祀(제사)
些	1급	적을 사	些末(사말)	蛇	준3	긴뱀 사	毒蛇(독사)
嗣	1급	이을 사	宗嗣(종사)	詞	준3	말/글 사	名詞(명사)
奢	1급	사치할 사	奢侈(사치)	邪	준3	간사할 사	奸邪(간사)
娑	1급	춤출 사	婆娑(파사)	射	4급	쏠 사	射擊(사격)
徙	1급	옮길 사	移徙(이사)	私	4급	사사 사	私服(사복)
瀉	1급	쏟을 사	吐瀉(토사)	絲	4급	실 사	絹絲(견사)
獅	1급	사자 사	獅子(사자)	辭	4급	말씀 사	答辭(답사)
祠	1급	사당 사	祠堂(사당)	寺	준4	절 사	寺院(사원)
紗	1급	비단 사	春紗(춘사)	師	준4	스승 사	敎師(교사)
蓑	1급	도롱이 사	一蓑雨(일사우)	舍	준4	집 사	舍宅(사택)
麝	1급	사향노루 사	麝香(사향)	謝	준4	사례할 사	謝禮(사례)
泗	2급	물이름 사	이름字	寫	5급	베낄 사	複寫(복사)
唆	2급	부추길 사	敎唆(교사)	思	5급	생각 사	思考(사고)
赦	2급	용서할 사	特赦(특사)	査	5급	조사할 사	調査(조사)

1~8급까지 읽기

仕(사)~想(상) 1451~1500字 한자 및 훈·음 알아보기 [30]

* 다음 한자를 가나다순으로 배열하고 각 한자에 해당하는 급수를 분류하였습니다.

한자	급	훈·음	낱 말	한자	급	훈·음	낱 말
仕	5급	섬길 사	奉仕(봉사)	森	준3	수풀 삼	森林(삼림)
史	5급	사기 사	歷史(역사)	三	8급	석 삼	三角(삼각)
士	5급	선비 사	軍士(군사)	澁	1급	떫을 삽	難澁(난삽)
使	6급	하여금/부릴 사	勞使(노사)	插	2급	꽂을 삽	插紙(삽지)
死	6급	죽을 사	死亡(사망)	孀	1급	홀어미 상	靑孀(청상)
社	6급	모일 사	社會(사회)	爽	1급	시원할 상	爽秋(상추)
事	7급	일 사	事業(사업)	翔	1급	날 상	飛翔(비상)
四	8급	넉 사	四寸(사촌)	觴	1급	잔 상	觴詠(상영)
朔	3급	초하루 삭	滿朔(만삭)	庠	2급	학교 상	庠序(상서)
削	준3	깎을 삭	削減(삭감)	箱	2급	상자 상	箱子(상자)
刪	1급	깎을 산	改刪(개산)	嘗	3급	맛볼 상	嘗味(상미)
珊	1급	산호 산	珊瑚(산호)	祥	3급	상서 상	祥瑞(상서)
疝	1급	산증 산	疝症(산증)	像	준3	모양 상	幻像(환상)
傘	2급	우산 산	雨傘(우산)	償	준3	갚을 상	辨償(변상)
酸	2급	실 산	酸性(산성)	喪	준3	잃을 상	國喪(국상)
散	4급	흩을 산	散漫(산만)	尙	준3	오히려 상	高尙(고상)
産	5급	낳을 산	生産(생산)	桑	준3	뽕나무 상	桑田(상전)
算	7급	셈 산	算數(산수)	裳	준3	치마 상	衣裳(의상)
山	8급	메 산	登山(등산)	詳	준3	자세할 상	詳細(상세)
撒	1급	뿌릴 살	撒布(살포)	霜	준3	서리 상	霜害(상해)
煞	1급	죽일 살	急煞(급살)	傷	4급	다칠 상	傷處(상처)
薩	1급	보살 살	菩薩(보살)	象	4급	코끼리 상	形象(형상)
殺	준4	죽일 살/감할 쇄	默殺(묵살)	常	준4	떳떳할 상	常識(상식)
滲	1급	스밀 삼	滲透(삼투)	床	준4	상 상	冊床(책상)
蔘	2급	삼 삼	紅蔘(홍삼)	想	준4	생각 상	想像(상상)

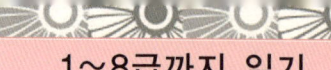

1~8급까지 읽기

狀(상)~扇(선) 1501~1550字 한자 및 훈·음 알아보기[31]

* 다음 한자를 가나다순으로 배열하고 각 한자에 해당하는 급수를 분류하였습니다.

한자	급	훈·음	낱 말	한자	급	훈·음	낱 말
狀	준4	형상 상/문서 장	賞狀(상장)	庶	3급	여러 서	嫡庶(적서)
賞	5급	상줄 상	賞牌(상패)	敍	3급	펼 서	敍事(서사)
商	5급	장사 상	商店(상점)	暑	3급	더울 서	避暑(피서)
相	5급	서로 상	相談(상담)	誓	3급	맹세할 서	盟誓(맹서)
上	7급	윗 상	上場(상장)	逝	3급	갈 서	逝去(서거)
璽	1급	옥새 새	玉璽(옥새)	徐	준3	천천할 서	徐行(서행)
嗇	1급	아낄 색	節嗇(절색)	恕	준3	용서할 서	容恕(용서)
塞	준3	막힐 색/변방 새	窮塞(궁색)	緖	준3	실마리 서	端緖(단서)
索	준3	찾을 색/새끼줄 삭	思索(사색)	署	준3	마을 서	官署(관서)
色	7급	빛 색	氣色(기색)	序	5급	차례 서	順序(순서)
牲	1급	희생 생	犧牲(희생)	書	6급	글 서	書堂(서당)
甥	1급	생질 생	甥姪(생질)	西	8급	서녘 서	嶺西(영서)
生	8급	날 생	生産(생산)	潟	1급	개펄 석	干潟(간석)
壻	1급	사위 서	同壻(동서)	奭	2급	클/쌍백 석	이름자
嶼	1급	섬 서	島嶼(도서)	晳	2급	밝을 석	明晳(명석)
抒	1급	풀 서	抒情(서정)	錫	2급	주석 석	朱錫(주석)
曙	1급	새벽 서	曙光(서광)	碩	2급	클 석	碩士(석사)
棲	1급	깃들일 서	棲遲(서지)	昔	3급	예 석	今昔(금석)
犀	1급	무소 서	犀角(서각)	析	3급	쪼갤 석	分析(분석)
胥	1급	서로 서	胥吏(서리)	惜	준3	아낄 석	哀惜(애석)
薯	1급	감자 서	薯蕷(서시)	釋	준3	풀 석	解釋(해석)
黍	1급	기장 서	禾黍(화서)	席	6급	자리 석	客席(객석)
鼠	1급	쥐 서	厠鼠(측서)	石	6급	돌 석	寶石(보석)
舒	2급	펼 서	安舒(안서)	夕	7급	저녁 석	夕陽(석양)
瑞	2급	상서 서	祥瑞(상서)	扇	1급	부채 선	秋扇(추선)

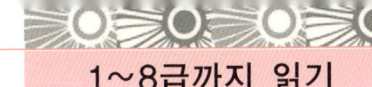

1~8급까지 읽기

煽(선)~姓(성) 1551~1600字 한자 및 훈·음 알아보기 [32]

* 다음 한자를 가나다순으로 배열하고 각 한자에 해당하는 급수를 분류하였습니다.

한자	급	훈·음	낱말	한자	급	훈·음	낱말
煽	1급	부채질할 선	煽動(선동)	舌	4급	혀 설	舌禍(설화)
羨	1급	부러워할 선/무덤길 연	羨望(선망)	設	준4	베풀 설	常設(상설)
腺	1급	샘 선	脂腺(지선)	說	5급	말씀 설/달랠 세	說明(설명)
膳	1급	선물/반찬 선	膳物(선물)	雪	6급	눈 설	暴雪(폭설)
銑	1급	무쇠 선	銑鐵(선철)	殲	1급	다죽일 섬	殲滅(섬멸)
瑄	2급	도리옥 선	이름字	閃	1급	번쩍일 섬	閃光(섬광)
璇	2급	옥 선	이름字	暹	2급	나라이름 섬	이름字
璿	2급	구슬 선	이름字	蟾	2급	두꺼비 섬	蟾光(섬광)
繕	2급	기울 선	修繕(수선)	陝	2급	땅이름 섬	이름字
旋	준3	돌 선	旋風(선풍)	纖	2급	가늘 섬	纖細(섬세)
禪	준3	선 선	參禪(참선)	燮	2급	불꽃 섭	燮理(섭리)
宣	4급	베풀 선	宣言(선언)	攝	3급	다스릴/잡을 섭	包攝(포섭)
善	5급	착할 선	善惡(선악)	涉	3급	건널 섭	交涉(교섭)
選	5급	가릴 선	選擧(선거)	醒	1급	깰 성	覺醒(각성)
船	5급	배 선	乘船(승선)	晟	2급	밝을 성	이름字
仙	5급	신선 선	神仙(신선)	城	준4	재 성	干城(간성)
鮮	5급	고울 선	生鮮(생선)	星	준4	별 성	水星(수성)
線	6급	줄 선	脫線(탈선)	盛	준4	성할 성	盛況(성황)
先	8급	먼저 선	先生(선생)	聖	준4	성인 성	聖經(성경)
屑	1급	가루 설	玉屑(옥설)	聲	준4	소리 성	聲樂(성악)
泄	1급	샐 설	漏泄(누설)	誠	준4	정성 성	精誠(정성)
洩	1급	샐 설/퍼질 예	露洩(노설)	性	5급	성품 성	性品(성품)
渫	1급	파낼 설	浚渫(준설)	成	6급	이룰 성	成果(성과)
卨	2급	사람이름 설	이름字	省	6급	살필 성/덜 생	省略(생략)
薛	2급	성 설	이름字	姓	7급	성 성	姓名(성명)

1~8급까지 읽기

貰(세)~誦(송) 1601~1650字 한자 및 훈·음 알아보기[33]

* 다음 한자를 가나다순으로 배열하고 각 한자에 해당하는 급수를 분류하였습니다.

한자	급	훈·음	낱말	한자	급	훈·음	낱말
貰	2급	세놓을 세	專貰(전세)	騷	3급	떠들 소	騷亂(소란)
勢	준4	형세 세	形勢(형세)	燒	준3	사를 소	燒却(소각)
稅	준4	세금 세	稅金(세금)	疏	준3	소통할 소	疏通(소통)
細	준4	가늘 세	細胞(세포)	蘇	준3	되살아날 소	蘇生(소생)
歲	5급	해 세	歲月(세월)	訴	준3	호소할 소	訴訟(소송)
洗	5급	씻을 세	洗車(세차)	掃	준4	쓸 소	淸掃(청소)
世	7급	인간 세	世界(세계)	笑	준4	웃을 소	爆笑(폭소)
塑	1급	흙 빚을 소	塑像(소상)	素	준4	본디/흴 소	元素(원소)
宵	1급	밤 소	宵行(소행)	消	6급	사라질 소	消防(소방)
搔	1급	긁을 소	搔頭(소두)	少	7급	적을 소	少女(소녀)
梳	1급	얼레빗 소	梳洗(소세)	所	7급	바 소	場所(장소)
甦	1급	깨어날 소	甦生(소생)	小	8급	작을 소	最小(최소)
疎	1급	성길 소	疎脫(소탈)	贖	1급	속죄할 속	贖罪(속죄)
瘙	1급	피부병 소	風瘙(풍소)	粟	3급	조 속	粟麥(속맥)
簫	1급	퉁소 소	簫鼓(소고)	屬	4급	붙일 속	屬性(속성)
蕭	1급	쓸쓸할 소	蕭森(소삼)	俗	준4	풍속 속	風俗(풍속)
逍	1급	노닐 소	逍遙(소요)	續	준4	이을 속	繼續(계속)
遡	1급	거스를 소	遡及(소급)	束	5급	묶을 속	拘束(구속)
巢	2급	새집 소	巢窟(소굴)	速	6급	빠를 속	速讀(속독)
沼	2급	못 소	이름字	遜	1급	겸손할 손	謙遜(겸손)
邵	2급	땅이름/성 소	이름字	損	4급	덜 손	損益(손익)
紹	2급	이을 소	紹介(소개)	孫	6급	손자 손	孫子(손자)
召	3급	부를 소	召集(소집)	悚	1급	두려울 송	悚懼(송구)
昭	3급	밝을 소	昭詳(소상)	宋	2급	성 송	南宋(남송)
蔬	3급	나물 소	菜蔬(채소)	誦	3급	욀 송	暗誦(암송)

1~8급까지 읽기

訟(송)~樹(수) 1651~1700字 한자 및 훈·음 알아보기[34]

*다음 한자를 가나다순으로 배열하고 각 한자에 해당하는 급수를 분류하였습니다.

한자	급	훈·음	낱 말	한자	급	훈·음	낱 말
訟	준3	송사할 송	訟事(송사)	隋	2급	수나라 수	이름字
松	4급	소나무 송	松花(송화)	囚	3급	가둘 수	罪囚(죄수)
頌	4급	기릴/칭송할 송	稱頌(칭송)	搜	3급	찾을 수	搜索(수색)
送	준4	보낼 송	輸送(수송)	睡	3급	졸음 수	睡眠(수면)
灑	1급	뿌릴 쇄	脫灑(탈쇄)	誰	3급	누구 수	誰某(수모)
碎	1급	부슬 쇄	粉碎(분쇄)	遂	3급	드디어 수	完遂(완수)
刷	준3	인쇄할 쇄	印刷(인쇄)	雖	3급	비록 수	雖然(수연)
鎖	준3	쇠사슬 쇄	鎖國(쇄국)	須	3급	모름지기 수	必須(필수)
衰	준3	쇠할 쇠	衰弱(쇠약)	垂	준3	드리울 수	垂直(수직)
嫂	1급	형수 수	兄嫂(형수)	壽	준3	목숨 수	壽命(수명)
戍	1급	수자리 수	戍卒(수졸)	帥	준3	장수 수	總帥(총수)
狩	1급	사냥할 수	狩獵(수렵)	愁	준3	근심 수	愁心(수심)
瘦	1급	여윌 수	瘦瘠(수척)	殊	준3	다를 수	特殊(특수)
穗	1급	이삭 수	禾穗(화수)	獸	준3	짐승 수	禽獸(금수)
竪	1급	세울 수	竪立(수립)	輸	준3	보낼 수	輸出(수출)
粹	1급	순수할 수	純粹(순수)	隨	준3	따를 수	隨筆(수필)
繡	1급	수놓을 수	刺繡(자수)	需	준3	쓰일/쓸 수	需要(수요)
羞	1급	부끄러울 수	羞恥(수치)	秀	4급	빼어날 수	優秀(우수)
蒐	1급	모을 수	蒐集(수집)	修	준4	닦을 수	修身(수신)
袖	1급	소매 수	衣袖(의수)	受	준4	받을 수	接受(접수)
酬	1급	갚을 수	報酬(보수)	守	준4	지킬 수	守護(수호)
髓	1급	뼛골 수	眞髓(진수)	授	준4	줄 수	授業(수업)
讎	1급	원수 수	讎校(수교)	收	준4	거둘 수	回收(회수)
洙	2급	물가 수	이름字	首	5급	머리 수	部首(부수)
銖	2급	저울눈 수	이름字	樹	6급	나무 수	樹木(수목)

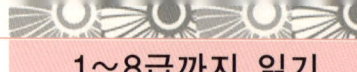

1~8급까지 읽기

手(수)~弑(시) 1701~1750字 한자 및 훈·음 알아보기[35]

* 다음 한자를 가나다순으로 배열하고 각 한자에 해당하는 급수를 분류하였습니다.

한자	급	훈·음	낱말	한자	급	훈·음	낱말
手	7급	손 수	訓手(훈수)	旬	준3	열흘 순	七旬(칠순)
數	7급	셈 수	算數(산수)	瞬	준3	눈깜짝일 순	瞬間(순간)
水	8급	물 수	湖水(호수)	純	준4	순수할 순	純粹(순수)
塾	1급	글방 숙	塾堂(숙당)	順	5급	순할 순	溫順(온순)
夙	1급	이를 숙	夙成(숙성)	戌	3급	개 술	甲戌(갑술)
菽	1급	콩 숙	菽麥(숙맥)	述	준3	펼 술	口述(구술)
孰	3급	누구 숙	孰知(숙지)	術	6급	재주 술	學術(학술)
淑	준3	맑을 숙	貞淑(정숙)	崇	4급	높을 숭	崇古(숭고)
熟	준3	익을 숙	熟成(숙성)	膝	1급	무릎 슬	膝下(슬하)
叔	4급	아재비 숙	叔父(숙부)	瑟	2급	큰거문고 슬	琴瑟(금슬)
肅	4급	엄숙할 숙	肅然(숙연)	濕	준3	젖을 습	濕氣(습기)
宿	5급	잘 숙/별자리 수	宿願(숙원)	拾	준3	주울 습/열 십	收拾(수습)
筍	1급	죽순 순	竹筍(죽순)	襲	준3	엄습할 습	攻襲(공습)
醇	1급	전국술 순	醇酒(순주)	習	6급	익힐 습	習得(습득)
馴	1급	길들일 순	馴養(순양)	丞	1급	정승 승	政丞(정승)
洵	2급	참으로 순	이름字	繩	2급	노끈 승	縛繩(박승)
淳	2급	순박할 순	淳朴(순박)	升	2급	되 승	升鑑(승감)
珣	2급	옥이름 순	이름字	乘	준3	탈 승	乘車(승차)
舜	2급	순임금 순	堯舜(요순)	僧	준3	중 승	僧舞(승무)
荀	2급	풀이름 순	荀子(순자)	昇	준3	오를 승	昇天(승천)
盾	2급	방패 순	矛盾(모순)	承	준4	이을 승	承繼(승계)
循	3급	돌 순	循環(순환)	勝	6급	이길 승	勝利(승리)
殉	3급	따라죽을 순	殉國(순국)	匙	1급	숟가락 시	茶匙(다시)
脣	3급	입술 순	兔脣(토순)	媤	1급	시집 시	媤宅(시댁)
巡	준3	돌/순행할 순	巡訪(순방)	弑	1급	윗사람죽일 시	弑害(시해)

1~8급까지 읽기

猜(시)~悉(실) 1751~1800字 한자 및 훈·음 알아보기[36]

* 다음 한자를 가나다순으로 배열하고 각 한자에 해당하는 급수를 분류하였습니다.

한자	급	훈·음	낱말	한자	급	훈·음	낱말
猜	1급	시기할 시	猜忌(시기)	識	5급	알 식	知識(지식)
諡	1급	시호 시	諡號(시호)	式	6급	법 식	式典(식전)
豺	1급	승냥이 시	豺狼(시랑)	植	7급	심을 식	植木(식목)
柿	1급	감 시	柿餠(시병)	食	7급	밥/먹을 식	寒食(한식)
柴	2급	섶 시	柴木(시목)	呻	1급	읊조릴 신	呻吟(신음)
屍	2급	주검 시	屍身(시신)	娠	1급	아이밸 신	姙娠(임신)
矢	3급	화살 시	嚆矢(효시)	宸	1급	대궐 신	宸襟(신금)
侍	준3	모실 시	內侍(내시)	燼	1급	불탄끝 신	火燼(화신)
施	준4	베풀 시	施設(시설)	薪	1급	섶 신	束薪(속신)
是	준4	이/옳을 시	或是(혹시)	蜃	1급	큰조개 신	蜃氣樓(신기루)
視	준4	볼 시	視野(시야)	訊	1급	물을 신	訊問(신문)
試	준4	시험 시	試驗(시험)	迅	1급	빠를 신	迅速(신속)
詩	준4	시 시	詩人(시인)	紳	2급	띠 신	香紳(향신)
示	5급	보일 시	標示(표시)	腎	2급	콩팥 신	腎臟(신장)
始	6급	비로소 시	始初(시초)	伸	3급	펼 신	伸縮(신축)
市	7급	저자 시	市場(시장)	晨	3급	새벽 신	早晨(조신)
時	7급	때 시	時刻(시각)	辛	3급	매울 신	香辛料(향신료)
拭	1급	씻을 식	拂拭(불식)	愼	준3	삼갈 신	勤愼(근신)
熄	1급	불꺼질 식	終熄(종식)	申	준4	납 신	申告(신고)
蝕	1급	좀먹을 식	侵蝕(침식)	臣	5급	신하 신	臣下(신하)
湜	2급	물맑을 식	이름자	信	6급	믿을 신	信念(신념)
軾	2급	수레가로나무 식	이름자	新	6급	새 신	最新(최신)
殖	2급	불릴 식	繁殖(번식)	神	6급	귀신 신	鬼神(귀신)
飾	준3	꾸밀 식	假飾(가식)	身	6급	몸 신	身體(신체)
息	준4	쉴 식	休息(휴식)	悉	1급	다 실	知悉(지실)

1~8급까지 읽기

實(실)~鴨(압) 1801~1850字 한자 및 훈·음 알아보기[37]

* 다음 한자를 가나다순으로 배열하고 각 한자에 해당하는 급수를 분류하였습니다.

한자	급	훈·음	낱 말	한자	급	훈·음	낱 말
實	5급	열매 실	眞實(진실)	堊	1급	흰 흙 악	白堊(백악)
失	6급	잃을 실	失敗(실패)	愕	1급	놀랄 악	驚愕(경악)
室	8급	집 실	敎室(교실)	顎	1급	턱 악	上顎(상악)
瀋	2급	즙낼/물이름 심	이름字	握	2급	쥘 악	掌握(장악)
尋	3급	찾을 심	推尋(추심)	岳	3급	큰 산 악	山岳(산악)
審	준3	살필 심	球審(구심)	惡	5급	악할 악/미워할 오	憎惡(증오)
甚	준3	심할 심	極甚(극심)	按	1급	누를 안	按手(안수)
深	준4	깊을 심	深慮(심려)	晏	1급	늦을 안	晏駕(안가)
心	7급	마음 심	眞心(진심)	鞍	1급	안장 안	鞍裝(안장)
什	1급	열사람 십/세간 집	什物(집물)	雁	3급	기러기 안	奠雁(전안)
十	8급	열 십	十戒(십계)	顔	준3	낯 안	顔面(안면)
雙	준3	두/쌍 쌍	雙方(쌍방)	岸	준3	언덕 안	海岸(해안)
氏	4급	각시/성씨 씨	氏族(씨족)	眼	준4	눈 안	眼球(안구)
俄	1급	아까 아	俄館(아관)	案	5급	책상 안	提案(제안)
啞	1급	벙어리 아	啞然(아연)	安	7급	편안 안	便安(편안)
衙	1급	마을 아	官衙(관아)	斡	1급	돌 알	斡旋(알선)
訝	1급	의심할 아	疑訝(의아)	軋	1급	삐걱거릴 알	軋轢(알력)
餓	3급	주릴 아	飢餓(기아)	閼	2급	막을 알	이름字
亞	준3	버금 아	亞聖(아성)	謁	3급	뵐 알	謁見(알현)
我	준3	나 아	無我(무아)	庵	1급	암자 암	庵子(암자)
牙	준3	어금니 아	象牙(상아)	闇	1급	숨을 암	闇票(암표)
芽	준3	싹 아	胎芽(태아)	癌	2급	암 암	肝癌(간암)
阿	준3	언덕 아	阿片(아편)	巖	준3	바위 암	巖石(암석)
雅	준3	맑을 아	優雅(우아)	暗	준4	어두울 암	暗號(암호)
兒	5급	아이 아	兒童(아동)	鴨	2급	오리 압	이름字

1~8급까지 읽기

押(압)~楊(양) 1851~1900字 한자 및 훈·음 알아보기[38]

* 다음 한자를 가나다순으로 배열하고 각 한자에 해당하는 급수를 분류하였습니다.

한자	급	훈·음	낱 말	한자	급	훈·음	낱 말
押	3급	누를 압	押留(압류)	櫻	1급	앵두 앵	山櫻(산앵)
壓	준4	누를 압	壓力(압력)	鶯	1급	꾀꼬리 앵	雛鶯(추앵)
怏	1급	원망할 앙	怏宿(앙숙)	冶	1급	풀무 야	鍛冶(단야)
秧	1급	모 앙	注秧(주앙)	揶	1급	야유할 야	揶揄(야유)
鴦	1급	원앙 앙	鴛鴦(원앙)	爺	1급	아비 야	爺爺(야야)
昂	1급	높을 앙	激昂(격앙)	倻	2급	가야 야	伽倻(가야)
殃	3급	재앙 앙	災殃(재앙)	惹	2급	이끌 야	惹起(야기)
仰	준3	우러를 앙	推仰(추앙)	也	3급	이끼/어조사 야	及其也(급기야)
央	준3	가운데 앙	中央(중앙)	耶	3급	어조사 야	有耶無耶(유야무야)
崖	1급	언덕 애	絶崖(절애)	夜	6급	밤 야	深夜(심야)
曖	1급	희미할 애	曖昧(애매)	野	6급	들 야	野望(야망)
隘	1급	좁을 애	狹隘(협애)	葯	1급	꽃밥 약	葯胞(약포)
靄	1급	아지랑이 애	靄靄(애애)	躍	3급	뛸 약	跳躍(도약)
埃	2급	티끌 애	塵埃(진애)	若	준3	같을 약/반야 야	般若(반야)
艾	2급	쑥 애	이름字	約	5급	맺을 약	約束(약속)
礙	2급	거리낄 애	礙眼(애안)	弱	6급	약할 약	弱化(약화)
涯	3급	물가 애	天涯(천애)	藥	6급	약 약	藥局(약국)
哀	준3	슬플 애	哀歡(애환)	恙	1급	병/근심할 양	微恙(미양)
愛	6급	사랑 애	愛情(애정)	攘	1급	물리칠 양	攘夷(양이)
扼	1급	잡을 액	扼喉(액후)	瘍	1급	헐 양	腫瘍(종양)
縊	1급	목맬 액	縊死(액사)	釀	1급	술빚을 양	醞釀(온양)
腋	1급	겨드랑이 액	腋生(액생)	癢	1급	가려울 양	技癢(기양)
厄	3급	액 액	厄運(액운)	襄	2급	도울 양	이름字
額	4급	이마 액	定額(정액)	孃	2급	아가씨 양	爺孃(야양)
液	준4	진 액	溶液(용액)	楊	3급	버들 양	水楊(수양)

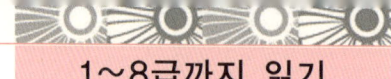

1~8급까지 읽기

壤(양)~鳶(연) 1901~1950字 한자 및 훈·음 알아보기[39]

* 다음 한자를 가나다순으로 배열하고 각 한자에 해당하는 급수를 분류하였습니다.

한자	급	훈·음	낱 말	한자	급	훈·음	낱 말
壤	준3	흙덩이 양	土壤(토양)	儼	1급	엄연할 엄	儼存(엄존)
揚	준3	날릴 양	讚揚(찬양)	奄	1급	문득 엄	奄忽(엄홀)
讓	준3	사양할 양	辭讓(사양)	掩	1급	가릴 엄	掩塞(엄색)
樣	4급	모양 양	模樣(모양)	嚴	4급	엄할 엄	嚴格(엄격)
羊	준4	양 양	綿羊(면양)	業	6급	업 업	職業(직업)
養	5급	기를 양	養育(양육)	予	3급	나 여	予曰(여왈)
洋	6급	큰바다 양	西洋(서양)	余	3급	나 여	余等(여등)
陽	6급	볕 양	太陽(태양)	汝	3급	너 여	汝等(여등)
圄	1급	옥 어	囹圄(어령)	輿	3급	수레 여	輿論(여론)
瘀	1급	어혈질 어	瘀血(어혈)	與	4급	더불/줄 여	給與(급여)
禦	1급	막을 어	防禦(방어)	如	준4	같을 여	缺如(결여)
於	3급	어조사어/탄식할 오	青出於藍(청출어람)	餘	준4	남을 여	餘裕(여유)
御	준3	거느릴 어	制御(제어)	繹	1급	풀 역	紬繹(주역)
漁	5급	고기잡을 어	漁夫(어부)	亦	준3	또 역	亦是(역시)
魚	5급	물고기 어	魚類(어류)	役	준3	부릴 역	役割(역할)
語	7급	말씀 어	言語(언어)	疫	준3	전염병 역	檢疫(검역)
臆	1급	가슴 억	臆測(억측)	譯	준3	번역할 역	飜譯(번역)
憶	준3	생각할 억	追憶(추억)	驛	준3	역 역	驛前(역전)
抑	준3	누를 억	抑壓(억압)	域	4급	지경 역	光域(광역)
億	5급	억 억	億萬(억만)	易	4급	바꿀 역/쉬울 이	貿易(무역)
堰	1급	둑 언	堰堤(언제)	逆	준4	거스릴 역	拒逆(거역)
諺	1급	언문/속담 언	諺文(언문)	捐	1급	버릴 연	出捐(출연)
彦	2급	선비 언	彦士(언사)	椽	1급	서까래 연	方椽(방연)
焉	3급	어찌 언	終焉(종언)	筵	1급	대자리 연	講筵(강연)
言	6급	말씀 언	言論(언론)	鳶	1급	솔개 연	鳶色(연색)

1~8급까지 읽기

妍(연)~銳(예) 1951~2000字 한자 및 훈·음 알아보기[40]

* 다음 한자를 가나다순으로 배열하고 각 한자에 해당하는 급수를 분류하였습니다.

한자	급	훈·음	낱 말	한자	급	훈·음	낱 말
妍	2급	고울 연	妍粧(연장)	鹽	준3	소금 염	鹽田(염전)
淵	2급	못 연	海淵(해연)	燁	2급	빛날 엽	이름字
衍	2급	넓을 연	衍文(연문)	葉	5급	잎 엽	落葉(낙엽)
硯	2급	벼루 연	硯滴(연적)	嬰	1급	어린아이 영	嬰兒(영아)
宴	준3	잔치 연	宴會(연회)	暎	2급	비칠 영	이름字
沿	준3	물따라갈 연	沿岸(연안)	瑛	2급	옥빛 영	이름字
燕	준3	제비 연	燕雀(연작)	盈	2급	찰 영	盈月(영월)
軟	준3	연할 연	軟弱(연약)	泳	3급	헤엄칠 영	水泳(수영)
延	4급	늘일 연	延着(연착)	詠	3급	읊을 영	詠歌(영가)
燃	4급	탈 연	燃燒(연소)	影	준3	그림자 영	投影(투영)
緣	4급	인연 연	因緣(인연)	映	4급	비칠 영	映畵(영화)
鉛	4급	납 연	亞鉛(아연)	營	4급	경영할 영	經營(경영)
演	준4	펼 연	公演(공연)	迎	4급	맞을 영	歡迎(환영)
煙	준4	연기 연	禁煙(금연)	榮	준4	영화 영	虛榮(허영)
硏	준4	갈 연	硏修(연수)	永	6급	길 영	永遠(영원)
然	7급	그럴 연	自然(자연)	英	6급	꽃부리 영	英才(영재)
閱	3급	볼 열	檢閱(검열)	曳	1급	끌 예	曳網(예망)
悅	준3	기쁠 열	喜悅(희열)	穢	1급	더러울 예	穢物(예물)
熱	5급	더울 열	解熱(해열)	裔	1급	후손 예	後裔(후예)
焰	1급	불꽃 염	光焰(광염)	詣	1급	이를 예	精詣(정예)
艷	1급	고울 염	嬌艷(교염)	濊	2급	종족이름 예	濊貊(예맥)
閻	2급	마을 염	閻閻(여염)	睿	2급	슬기 예	睿宗(예종)
厭	2급	싫어할 염	厭症(염증)	芮	2급	성 예	芮芮(예예)
染	준3	물들 염	染色(염색)	預	2급	맡길/미리 예	預金(예금)
炎	준3	불꽃 염	暴炎(폭염)	銳	3급	날카로울 예	銳利(예리)

1~8급까지 읽기

譽(예)~枉(왕) 2001~2050字 한자 및 훈·음 알아보기[41]

* 다음 한자를 가나다순으로 배열하고 각 한자에 해당하는 급수를 분류하였습니다.

한자	급	훈·음	낱 말	한자	급	훈·음	낱 말
譽	준3	기릴/명예 예	名譽(명예)	蘊	1급	쌓을 온	蘊奧(온오)
豫	4급	미리 예	豫約(예약)	穩	2급	편안할 온	平穩(평온)
藝	준4	재주 예	藝術(예술)	溫	6급	따뜻할 온	溫湯(온탕)
伍	1급	다섯사람 오	陣伍(진오)	壅	1급	막을 옹	壅塞(옹색)
奧	1급	깊을 오	深奧(심오)	甕	2급	독 옹	鐵甕(철옹)
寤	1급	잠깰 오	寤寐(오매)	邕	2급	막힐 옹	이름字
懊	1급	한할 오	懊惱(오뇌)	雍	2급	화할 옹	雍和(옹화)
吳	2급	성 오	이름字	擁	3급	낄 옹	擁護(옹호)
塢	2급	물가 오	이름字	翁	3급	늙은이 옹	塞翁(새옹)
梧	2급	오동나무 오	梧桐(오동)	渦	1급	소용돌이 와	旋渦(선와)
傲	3급	거만할 오	傲慢(오만)	蝸	1급	달팽이 와	蝸牛(와우)
吾	3급	나 오	吾等(오등)	訛	1급	그릇될 와	浮訛(부와)
嗚	3급	슬플 오	嗚咽(오열)	臥	3급	누울 와	臥龍(와룡)
娛	3급	즐길 오	娛樂(오락)	瓦	준3	기와 와	瓦當(와당)
汚	3급	더러울 오	汚水(오수)	婉	1급	순할/아름다울 완	婉曲(완곡)
悟	준3	깨달을 오	覺悟(각오)	宛	1급	완연할 완	宛然(완연)
烏	준3	까마귀 오	烏金(오금)	玩	1급	즐길 완	愛玩(애완)
誤	준4	그르칠 오	誤答(오답)	腕	1급	팔뚝 완	腕骨(완골)
午	7급	낮 오	午前(오전)	阮	1급	성 완	阮咸(완함)
五	8급	다섯 오	五感(오감)	頑	1급	완고할 완	頑固(완고)
沃	2급	기름질 옥	沃土(옥토)	莞	2급	빙그레할 완/왕골 관	莞島(완도)
鈺	2급	보배 옥	이름字	緩	준3	느릴 완	緩慢(완만)
獄	준3	옥 옥	監獄(감옥)	完	5급	완전할 완	完全(완전)
玉	준4	구슬 옥	玉座(옥좌)	曰	3급	가로 왈	所曰(소왈)
屋	5급	집 옥	家屋(가옥)	枉	1급	굽을 왕	枉法(왕법)

1~8급까지 읽기

旺(왕)~寓(우) 2051~2100字 한자 및 훈·음 알아보기[42]

* 다음 한자를 가나다순으로 배열하고 각 한자에 해당하는 급수를 분류하였습니다.

한자	급	훈·음	낱말	한자	급	훈·음	낱말
旺	2급	왕성할 왕	旺盛(왕성)	腰	3급	허리 요	腰痛(요통)
汪	2급	넓을 왕	汪洋(왕양)	遙	3급	멀 요	遙遠(요원)
往	준4	갈 왕	往復(왕복)	謠	준4	노래 요	童謠(동요)
王	8급	임금 왕	王朝(왕조)	曜	5급	빛날 요	曜日(요일)
矮	1급	난쟁이 왜	矮小(왜소)	要	5급	요긴할 요	要緊(요긴)
倭	2급	왜나라 왜	倭賊(왜적)	慾	준3	욕심 욕	慾心(욕심)
歪	2급	기울 왜/기울 외	歪曲(왜곡)	欲	준3	하고자할 욕	欲求(욕구)
巍	1급	높고 클 외	巍然(외연)	辱	준3	욕될 욕	屈辱(굴욕)
猥	1급	외람할 외	猥濫(외람)	浴	5급	목욕할 욕	沐浴(목욕)
畏	3급	두려워할 외	畏敬(외경)	涌	1급	물 솟을 용	涌沫(용말)
外	8급	바깥 외	外部(외부)	聳	1급	솟을 용	聳拔(용발)
僥	1급	요행 요	僥倖(요행)	茸	1급	풀날 용/버섯 이	鹿茸(녹용)
凹	1급	오목할 요	凹凸(요철)	蓉	1급	연꽃 용	芙蓉(부용)
夭	1급	일찍죽을 요	夭折(요절)	踊	1급	뛸 용	舞踊(무용)
拗	1급	우길 요	執拗(집요)	溶	2급	녹을 용	溶解(용해)
擾	1급	시끄러울 요	擾亂(요란)	瑢	2급	패옥소리 용	이름字
窈	1급	고요할 요	窈冥(요명)	鎔	2급	쇠녹일 용	鎔解(용해)
窯	1급	기와가마 요	窯業(요업)	鏞	2급	쇠북 용	이름字
邀	1급	맞을 요	奉邀(봉요)	傭	2급	품팔 용	雇傭(고용)
饒	1급	넉넉할 요	豊饒(풍요)	熔	2급	녹을 용	煤熔劑(매용제)
堯	2급	요임금 요	堯舜(요순)	庸	3급	떳떳할 용	中庸(중용)
姚	2급	예쁠 요	이름字	容	준4	얼굴 용	容顔(용안)
耀	2급	빛날 요	輝耀(휘요)	勇	6급	날랠 용	勇敢(용감)
妖	2급	요사할 요	妖邪(요사)	用	6급	쓸 용	效用(효용)
搖	3급	흔들 요	搖亂(요란)	寓	1급	부칠 우	寄寓(기우)

1~8급까지 읽기

虞(우)~員(원) 2101~2150字 한자 및 훈·음 알아보기[43]

* 다음 한자를 가나다순으로 배열하고 각 한자에 해당하는 급수를 분류하였습니다.

한자	급	훈·음	낱말	한자	급	훈·음	낱말
虞	1급	염려할/나라이름 우	初虞(초우)	郁	2급	성할 욱	郁馥(욱복)
迂	1급	에돌 우	迂回(우회)	頊	2급	삼갈 욱	이름字
隅	1급	모퉁이 우	擧隅(거우)	殞	1급	죽을 운	殞命(운명)
嵎	1급	산굽이 우	嵎夷(우이)	耘	1급	김맬 운	耕耘(경운)
佑	2급	도울 우	保佑(보우)	隕	1급	떨어질 운	隕石(운석)
祐	2급	복 우	이름字	芸	2급	향풀 운	芸閣(운각)
禹	2급	성 우	이름字	云	3급	이를 운	云爲(운위)
于	3급	어조사 우	于先(우선)	韻	준3	운 운	餘韻(여운)
又	3급	또 우	又賴(우뢰)	雲	5급	구름 운	雲霧(운무)
尤	3급	더욱 우	尤極(우극)	運	6급	옮길 운	運命(운명)
偶	준3	짝 우	配偶(배우)	蔚	2급	고을이름 울	蔚山(울산)
宇	준3	집 우	宇宙(우주)	鬱	2급	답답할 울	鬱蒼(울창)
愚	준3	어리석을 우	愚民(우민)	熊	2급	곰 웅	熊膽(웅담)
憂	준3	근심 우	憂患(우환)	雄	5급	수컷 웅	英雄(영웅)
羽	준3	깃 우	羽翼(우익)	猿	1급	원숭이 원	犬猿(견원)
優	4급	넉넉할 우	優勝(우승)	鴛	1급	원앙 원	鴛鴦(원앙)
遇	4급	만날 우	遭遇(조우)	冤	1급	원통할 원	冤痛(원통)
郵	4급	우편 우	郵便(우편)	媛	2급	계집 원	才媛(재원)
牛	5급	소 우	牛乳(우유)	瑗	2급	구슬 원	이름字
友	5급	벗 우	賢友(현우)	袁	2급	성 원	이름字
雨	5급	비 우	雨傘(우산)	苑	2급	나라동산 원	秘苑(비원)
右	7급	오른 우	右側(우측)	怨	4급	원망할 원	怨望(원망)
旭	2급	아침해 욱	이름字	援	4급	도울 원	援助(원조)
昱	2급	햇빛밝을 욱	이름字	源	4급	근원 원	根源(근원)
煜	2급	빛날 욱	煜煜(욱욱)	員	준4	인원 원	人員(인원)

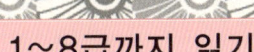

1~8급까지 읽기

圓(원)~**悠**(유) 2151~2200字 한자 및 훈·음 알아보기[44]

* 다음 한자를 가나다순으로 배열하고 각 한자에 해당하는 급수를 분류하였습니다.

한자	급	훈·음	낱 말	한자	급	훈·음	낱 말
圓	준4	둥글 원	圓形(원형)	衛	준4	지킬 위	防衛(방위)
原	5급	언덕 원	高原(고원)	位	5급	자리 위	位置(위치)
院	5급	집 원	學院(학원)	偉	5급	클 위	偉大(위대)
願	5급	원할 원	所願(소원)	喩	1급	깨우칠 유	隱喩(은유)
元	5급	으뜸 원	壯元(장원)	宥	1급	너그러울 유	空宥(공유)
園	6급	동산 원	公園(공원)	愉	1급	즐거울 유	愉快(유쾌)
遠	6급	멀 원	遠隔(원격)	揄	1급	야유할 유	揶揄(야유)
越	준3	넘을 월	越權(월권)	柚	1급	유자 유	柚子(유자)
月	8급	달 월	月給(월급)	游	1급	헤엄칠 유	浮游(부유)
萎	1급	시들 위	萎縮(위축)	癒	1급	병나을 유	快癒(쾌유)
渭	2급	물이름 위	이름字	諛	1급	아첨할 유	諛辭(유사)
韋	2급	가죽 위	韋布(위포)	諭	1급	타이를 유	傳諭(전유)
魏	2급	성 위	東魏(동위)	蹂	1급	밟을 유	蹂躪(유린)
尉	2급	벼슬 위	大尉(대위)	鍮	1급	놋쇠 유	鍮器(유기)
緯	3급	씨 위	緯度(위도)	兪	2급	대답할/인월도 유	이름字
違	3급	어긋날 위	違法(위법)	庾	2급	곳집/노적가리 유	庾積(유적)
僞	준3	거짓 위	僞證(위증)	楡	2급	느릅나무 유	이름字
胃	준3	밥통 위	胃腸(위장)	踰	2급	넘을 유	踰年(유년)
謂	준3	이를 위	所謂(소위)	唯	3급	오직 유	唯一(유일)
危	4급	위태할 위	危殆(위태)	惟	3급	생각할 유	惟獨(유독)
圍	4급	에워쌀 위	範圍(범위)	愈	3급	나을 유	愈甚(유심)
委	4급	맡길 위	委任(위임)	酉	3급	닭 유	辛酉(신유)
威	4급	위엄 위	威嚴(위엄)	幼	준3	어릴 유	幼兒(유아)
慰	4급	위로할 위	慰勞(위로)	幽	준3	그윽할 유	九幽(구유)
爲	준4	하/할 위	當爲(당위)	悠	준3	멀 유	悠久(유구)

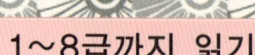

1~8급까지 읽기

柔(유)~依(의) 2201~2250字 한자 및 훈·음 알아보기[45]

* 다음 한자를 가나다순으로 배열하고 각 한자에 해당하는 급수를 분류하였습니다.

한자	급	훈·음	낱 말	한자	급	훈·음	낱 말
柔	준3	부드러울 유	懷柔(회유)	誾	2급	향기 은	이름字
猶	준3	오히려 유	猶豫(유예)	隱	4급	숨을 은	隱匿(은닉)
維	준3	벼리 유	維新(유신)	恩	준4	은혜 은	恩惠(은혜)
裕	준3	넉넉할 유	富裕(부유)	銀	6급	은 은	銀行(은행)
誘	준3	꾈 유	誘惑(유혹)	乙	준3	새 을	乙未(을미)
乳	4급	젖 유	授乳(수유)	蔭	1급	그늘 음	蔭德(음덕)
儒	4급	선비 유	儒敎(유교)	吟	3급	읊을 음	呻吟(신음)
遊	4급	놀 유	遊戱(유희)	淫	준3	음란할 음	淫亂(음란)
遺	4급	남길 유	遺産(유산)	陰	준4	그늘 음	陰地(음지)
油	6급	기름 유	松油(송유)	音	6급	소리 음	音樂(음악)
由	6급	말미암을 유	理由(이유)	飮	6급	마실 음	飮料(음료)
有	7급	있을 유	有效(유효)	揖	1급	읍할 읍	拱揖(공읍)
肉	준4	고기 육	肉類(육류)	泣	3급	울 읍	泣訴(읍소)
育	7급	기를 육	育成(육성)	邑	7급	고을 읍	食邑(식읍)
允	2급	맏 윤	이름字	膺	1급	가슴 응	膺懲(응징)
尹	2급	성 윤	이름字	鷹	2급	매 응	鷹犬(응견)
胤	2급	자손 윤	胤子(윤자)	凝	3급	엉길 응	凝固(응고)
鈗	2급	창 윤	이름字	應	준4	응할 응	反應(반응)
閏	3급	윤달 윤	閏統(윤통)	擬	1급	비길 의	模擬(모의)
潤	준3	불을 윤	利潤(이윤)	椅	1급	의자 의	椅子(의자)
戎	1급	병장기/오랑캐 융	小戎(소융)	毅	1급	굳셀 의	毅然(의연)
絨	1급	가는 베 융	絨緞(융단)	誼	1급	정 의	情誼(정의)
融	2급	녹을 융	金融(금융)	宜	3급	마땅 의	宜稻(의도)
垠	2급	지경 은	이름字	矣	3급	어조사 의	汝矣島(여의도)
殷	2급	은나라 은	殷盛(은성)	依	4급	의지할 의	依支(의지)

1~8급까지 읽기

儀(의)~**日**(일)　2251~2300字 한자 및 훈·음 알아보기[46]

* 다음 한자를 가나다순으로 배열하고 각 한자에 해당하는 급수를 분류하였습니다.

한자	급	훈·음	낱말	한자	급	훈·음	낱말
儀	4급	거동 의	祝儀(축의)	翊	2급	도울 익	翊成(익성)
疑	4급	의심할 의	疑心(의심)	翼	준3	날개 익	鶴翼(학익)
義	준4	옳을 의	義務(의무)	益	준4	더할 익	利益(이익)
議	준4	의논할 의	議論(의논)	咽	1급	목구멍 인/목멜 열/삼킬 열	咽喉(인후)
意	6급	뜻 의	意志(의지)	湮	1급	묻힐 인	湮滅(인멸)
衣	6급	옷 의	衣服(의복)	蚓	1급	지렁이 인	蚯蚓(구인)
醫	6급	의원 의	醫員(의원)	靭	1급	질길 인	強靭(강인)
姨	1급	이모 이	姨母(이모)	刃	2급	칼날 인	鋒刃(봉인)
弛	1급	늦출 이	弛緩(이완)	姻	3급	혼인 인	婚姻(혼인)
爾	1급	너 이	爾汝(이여)	寅	3급	범/동방 인	甲寅(갑인)
痍	1급	상처 이	傷痍(상이)	忍	준3	참을 인	忍耐(인내)
餌	1급	미끼 이	食餌(식이)	仁	4급	어질 인	仁慈(인자)
伊	2급	저 이	이름字	印	준4	도장 인	印章(인장)
怡	2급	기쁠 이	이름字	引	준4	끌 인	割引(할인)
珥	2급	귀고리 이	玉珥(옥이)	認	준4	알 인	確認(확인)
貳	2급	두/갖은두 이	佐貳(좌이)	因	5급	인할 인	原因(원인)
夷	3급	오랑캐 이	東夷(동이)	人	8급	사람 인	人間(인간)
而	3급	말이을 이	而立(이립)	佚	1급	편안 일/질탕 질	佚民(일민)
已	준3	이미 이	已往(이왕)	溢	1급	넘칠 일	海溢(해일)
異	4급	다를 이	異變(이변)	佾	2급	줄 춤 일	이름字
移	준4	옮길 이	移徙(이사)	鎰	2급	무게이름 일	萬鎰(만일)
耳	5급	귀 이	耳目(이목)	壹	2급	한/갖은한 일	壹萬(일만)
以	5급	써 이	以後(이후)	逸	준3	편안할 일	逸話(일화)
二	8급	두 이	二元(이원)	一	8급	한 일	統一(통일)
翌	1급	다음날 익	翌日(익일)	日	8급	날 일	休日(휴일)

1~8급까지 읽기

妊(임)~潛(잠) 2301~2350字 한자 및 훈·음 알아보기[47]

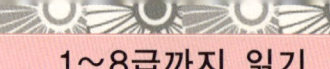

* 다음 한자를 가나다순으로 배열하고 각 한자에 해당하는 급수를 분류하였습니다.

한자	급	훈·음	낱말	한자	급	훈·음	낱말
妊	2급	아이밸 임	姙娠(임신)	資	4급	재물 자	資産(자산)
壬	준3	북방 임	壬辰(임진)	者	6급	놈 자	話者(화자)
賃	준3	품삯 임	賃金(임금)	子	7급	아들 자	獨子(독자)
任	5급	맡길 임	主任(주임)	字	7급	글자 자	活字(활자)
入	7급	들 입	入札(입찰)	自	7급	스스로 자	自律(자율)
剩	1급	남을 잉	剩餘(잉여)	勺	1급	구기 작	龍勺(용작)
孕	1급	아이밸 잉	孕胎(잉태)	嚼	1급	씹을 작	爛嚼(난작)
仔	1급	자세할 자	仔細(자세)	灼	1급	불사를 작	灼熱(작열)
炙	1급	구울 자/구울 적	炙膾(적회)	炸	1급	터질 작	炸裂(작렬)
煮	1급	삶을 자	煮乾(자건)	綽	1급	너그러울 작	綽名(작명)
瓷	1급	사기그릇 자	瓷器(자기)	芍	1급	함박꽃 작	芍藥(작약)
疵	1급	허물 자	瑕疵(하자)	雀	1급	참새 작	孔雀(공작)
蔗	1급	사탕수수 자	蔗糖(자당)	鵲	1급	까치 작	南鵲(남작)
藉	1급	깔/핑계할 자	憑藉(빙자)	爵	3급	벼슬 작	爵位(작위)
滋	2급	불을 자	이름字	酌	3급	술부을/잔질할 작	斟酌(짐작)
磁	2급	자석 자	磁石(자석)	作	6급	지을 작	作品(작품)
諮	2급	물을 자	諮問(자문)	昨	6급	어제 작	昨年(작년)
雌	2급	암컷 자	雌雄(자웅)	棧	1급	사다리 잔	雲棧(운잔)
恣	3급	마음대로/방자할 자	放恣(방자)	盞	1급	잔 잔	賞盞(상잔)
茲	3급	이 자	來茲(내자)	殘	4급	남을 잔	殘酷(잔혹)
刺	준3	찌를 자/찌를 척/수라 라	刺繡(자수)	箴	1급	경계 잠	箴言(잠언)
慈	준3	사랑 자	慈愛(자애)	簪	1급	비녀 잠	玉簪(옥잠)
紫	준3	자줏빛 자	紫色(자색)	蠶	2급	누에 잠	養蠶(양잠)
姉	4급	손윗누이 자	姉妹(자매)	暫	준3	잠깐 잠	暫時(잠시)
姿	4급	모양 자	姿態(자태)	潛	준3	잠길 잠	潛水(잠수)

1~8급까지 읽기

雜(잡)~詛(저) 2351~2400字 한자 및 훈·음 알아보기[48]

* 다음 한자를 가나다순으로 배열하고 각 한자에 해당하는 급수를 분류하였습니다.

한자	급	훈·음	낱 말	한자	급	훈·음	낱 말
雜	4급	섞일 잡	雜色(잡색)	獎	4급	장려할 장	獎勵(장려)
仗	1급	의장 장	儀仗(의장)	將	준4	장수 장	將帥(장수)
匠	1급	장인 장	匠人(장인)	障	준4	막을 장	障碍(장애)
杖	1급	지팡이 장	朱杖(주장)	章	6급	글 장	文章(문장)
檣	1급	돛대 장	檣燈(장등)	場	7급	마당 장	場所(장소)
漿	1급	즙 장	漿果(장과)	長	8급	긴 장	長官(장관)
薔	1급	장미 장	薔薇(장미)	滓	1급	찌끼 재	汁滓(즙재)
醬	1급	장 장	魚醬(어장)	齋	1급	재계할/집 재	齋戒(재계)
庄	2급	전장 장	이름字	哉	3급	어조사 재	快哉(쾌재)
獐	2급	노루 장	獐足(장족)	宰	3급	재상 재	宰相(재상)
璋	2급	홀 장	弄璋(농장)	栽	준3	심을 재	栽培(재배)
蔣	2급	성 장	이름字	裁	준3	옷마를 재	裁斷(재단)
墻	3급	담 장	隔墻(격장)	載	준3	실을 재	記載(기재)
丈	준3	어른 장	丈母(장모)	再	5급	두 재	再生(재생)
掌	준3	손바닥 장	合掌(합장)	災	5급	재앙 재	災殃(재앙)
粧	준3	단장할 장	丹粧(단장)	材	5급	재목 재	材木(재목)
臟	준3	오장 장	五臟(오장)	財	5급	재물 재	財物(재물)
莊	준3	씩씩할 장	莊嚴(장엄)	在	6급	있을 재	存在(존재)
葬	준3	장사지낼 장	葬禮(장례)	才	6급	재주 재	才質(재질)
藏	준3	감출 장	冷藏(냉장)	錚	1급	쇳소리 쟁	錚錚(쟁쟁)
壯	4급	장할 장	壯元(장원)	爭	5급	다툴 쟁	戰爭(전쟁)
帳	4급	장막 장	帳幕(장막)	咀	1급	씹을 저	咀呪(저주)
張	4급	베풀 장	主張(주장)	狙	1급	원숭이/엿볼 저	狙擊(저격)
腸	4급	창자 장	心腸(심장)	箸	1급	젓가락 저	匕箸(비저)
裝	4급	꾸밀 장	裝飾(장식)	詛	1급	저주할 저	詛呪(저주)

1~8급까지 읽기

蹖(저)~專(전) 2401~2450字 한자 및 훈·음 알아보기[49]

* 다음 한자를 가나다순으로 배열하고 각 한자에 해당하는 급수를 분류하였습니다.

한자	급	훈·음	낱 말	한자	급	훈·음	낱 말
蹖	1급	머뭇거릴 저	躊躇(주저)	敵	준4	대적할 적	對敵(대적)
邸	1급	집 저	私邸(사저)	赤	5급	붉을 적	赤潮(적조)
觝	1급	씨름 저	角觝(각저)	的	5급	과녁 적	目的(목적)
豬	1급	돼지 저	豪豬(호저)	剪	1급	가위 전	剪伐(전벌)
沮	2급	막을 저	沮止(저지)	塡	1급	메울 전	塡補(전보)
抵	준3	막을 저	抵抗(저항)	奠	1급	정할/제사 전	奠雁(전안)
著	준3	나타날 저	顯著(현저)	廛	1급	가게 전	市廛(시전)
底	4급	밑 저	底力(저력)	悛	1급	고칠 전	悛換(전환)
低	준4	낮을 저	低潮(저조)	栓	1급	마개 전	血栓(혈전)
貯	5급	쌓을 저	貯蓄(저축)	氈	1급	담 전	氈笠(전립)
嫡	1급	정실 적	嫡子(적자)	澱	1급	앙금 전	沈澱(침전)
狄	1급	오랑캐 적	夷狄(이적)	煎	1급	달일 전	煎油(전유)
謫	1급	귀양갈 적	謫客(적객)	癲	1급	미칠 전	癲癇(전간)
迹	1급	자취 적	證迹(증적)	箋	1급	기록할 전	華箋(화전)
滴	3급	물방울 적	硯滴(연적)	箭	1급	살 전	木箭(목전)
寂	준3	고요할 적	靜寂(정적)	篆	1급	전자 전	篆刻(전각)
摘	준3	딸 적	摘發(적발)	纏	1급	얽을 전	纏結(전결)
笛	준3	피리 적	汽笛(기적)	輾	1급	돌아누울 전	輾轉(전전)
跡	준3	발자취 적	遺跡(유적)	銓	1급	사람가릴 전	銓官(전관)
蹟	준3	자취 적	行蹟(행적)	顚	1급	엎드러질/이마 전	顚末(전말)
積	4급	쌓을 적	蓄積(축적)	顫	1급	떨 전	顫聲(전성)
籍	4급	문서 적	書籍(서적)	餞	1급	보낼 전	餞別(전별)
績	4급	길쌈 적	紡績(방적)	甸	2급	경기 전	畿甸(기전)
賊	4급	도둑 적	盜賊(도적)	殿	준3	전각 전	殿閣(전각)
適	4급	맞을 적	適應(적응)	專	4급	오로지 전	專門(전문)

1~8급까지 읽기

轉(전)~**征**(정) 2451~2500字 한자 및 훈·음 알아보기[50]

* 다음 한자를 가나다순으로 배열하고 각 한자에 해당하는 급수를 분류하였습니다.

한자	급	훈·음	낱 말	한자	급	훈·음	낱 말
轉	4급	구를 전	回轉(회전)	挺	1급	빼어날 정	挺立(정립)
錢	4급	돈 전	換錢(환전)	町	1급	밭두둑 정	町步(정보)
田	준4	밭 전	田畓(전답)	睛	1급	눈동자 정	點睛(점정)
傳	5급	전할 전	傳受(전수)	碇	1급	닻 정	碇泊(정박)
典	5급	법 전	式典(식전)	穽	1급	함정 정	陷穽(함정)
展	5급	펼 전	展示(전시)	酊	1급	술취할 정	酒酊(주정)
戰	6급	싸움 전	戰爭(전쟁)	釘	1급	못 정	釘頭(정두)
全	7급	온전 전	全體(전체)	錠	1급	덩이 정	錠劑(정제)
前	7급	앞 전	前後(전후)	靖	1급	편안할 정	靖國(정국)
電	7급	번개 전	電線(전선)	旌	2급	기 정	旌門(정문)
截	1급	끊을 절	截斷(절단)	晶	2급	맑을 정	水晶(수정)
竊	3급	훔칠 절	竊盜(절도)	楨	2급	광나무 정	이름字
折	4급	꺾을 절	屈折(굴절)	汀	2급	물가 정	汀岸(정안)
絶	준4	끊을 절	絶交(절교)	珽	2급	옥이름 정	玉珽(옥정)
切	5급	끊을 절/온통 체	品切(품절)	禎	2급	상서로울 정	이름字
節	5급	마디 절	節制(절제)	鄭	2급	나라 정	鄭聲(정성)
粘	1급	붙을 점	粘塊(점괴)	鼎	2급	솥 정	鼎談(정담)
霑	1급	젖을 점	均霑(균점)	偵	2급	염탐할 정	探偵(탐정)
漸	준3	점점 점	漸次(점차)	呈	2급	드릴 정	贈呈(증정)
占	4급	점령할 점/점칠 점	占術(점술)	艇	2급	배 정	艦艇(함정)
點	4급	점 점	利點(이점)	訂	3급	바로잡을 정	訂定(정정)
店	5급	가게 점	店鋪(점포)	井	준3	우물 정	石井(석정)
蝶	3급	나비 접	胡蝶(호접)	亭	준3	정자 정	亭子(정자)
接	준4	이을 접	接受(접수)	廷	준3	조정 정	朝廷(조정)
幀	1급	그림족자 정	影幀(영정)	征	준3	칠 정	征服(정복)

1~8급까지 읽기

淨(정)~遭(조) 2501~2550字 한자 및 훈·음 알아보기[51]

* 다음 한자를 가나다순으로 배열하고 각 한자에 해당하는 급수를 분류하였습니다.

한자	급	훈·음	낱 말	한자	급	훈·음	낱 말
淨	준3	깨끗할 정	淨潔(정결)	濟	준4	건널 제	濟州(제주)
貞	준3	곧을 정	貞淑(정숙)	祭	준4	제사 제	祭祀(제사)
頂	준3	정수리 정	頂上(정상)	製	준4	지을 제	製作(제작)
丁	4급	고무래/장정 정	莊丁(장정)	除	준4	덜 제	除去(제거)
整	4급	가지런할 정	整理(정리)	際	준4	즈음/가 제	國際(국제)
靜	4급	고요할 정	靜淑(정숙)	第	6급	차례 제	第一(제일)
政	준4	정사 정	政事(정사)	題	6급	제목 제	題目(제목)
程	준4	한도/길 정	科程(과정)	弟	8급	아우 제	弟子(제자)
精	준4	정할 정	精密(정밀)	凋	1급	시들 조	凋弊(조폐)
停	5급	머무를 정	停止(정지)	嘲	1급	비웃을 조	嘲笑(조소)
情	5급	뜻 정	友情(우정)	曹	1급	무리 조	刑曹(형조)
定	6급	정할 정	配定(배정)	棗	1급	대추 조	梨棗(이조)
庭	6급	뜰 정	庭園(정원)	槽	1급	구유 조	酒槽(주조)
正	7급	바를 정	正言(정언)	漕	1급	배로 실어나를 조	漕船(조선)
啼	1급	울 제	啼泣(제읍)	爪	1급	손톱 조	指爪(지조)
悌	1급	공손할 제	孝悌(효제)	眺	1급	볼 조	眺望(조망)
梯	1급	사다리 제	雲梯(운제)	稠	1급	빽빽할 조	稠密(조밀)
蹄	1급	굽 제	鐵蹄(철제)	粗	1급	거칠 조	粗惡(조악)
劑	2급	약제 제	藥劑(약제)	糟	1급	지게미 조	糟糠(조강)
堤	3급	둑 제	堤防(제방)	繰	1급	고치 켤 조	鑄繰(주조)
諸	준3	모두 제	諸般(제반)	肇	1급	비롯할 조	肇始(조시)
齊	준3	가지런할 제	齊唱(제창)	藻	1급	마름 조	藻鑑(조감)
帝	4급	임금 제	皇帝(황제)	詔	1급	조서 조	詔書(조서)
制	준4	절제할 제	節制(절제)	躁	1급	조급할 조	躁急(조급)
提	준4	끌 제	提携(제휴)	遭	1급	만날 조	遭遇(조우)

1~8급까지 읽기

阻(조)~做(주) 2551~2600字 한자 및 훈·음 알아보기[52]

* 다음 한자를 가나다순으로 배열하고 각 한자에 해당하는 급수를 분류하였습니다.

한자	급	훈·음	낱말	한자	급	훈·음	낱말
阻	1급	막힐 조	積阻(적조)	足	7급	발 족	豊足(풍족)
曺	2급	성 조	이름字	存	4급	있을 존	存廢(존폐)
祚	2급	복 조	景祚(경조)	尊	준4	높을 존	尊稱(존칭)
趙	2급	나라 조	後趙(후조)	猝	1급	갑자기 졸	猝富(졸부)
彫	2급	새길 조	彫刻(조각)	拙	3급	졸할 졸	拙速(졸속)
措	2급	둘 조	措置(조치)	卒	5급	마칠 졸	卒業(졸업)
釣	2급	낚을/낚시 조	釣魚(조어)	慫	1급	권할 종	慫慂(종용)
弔	3급	조상할 조	慶弔(경조)	腫	1급	종기 종	腫氣(종기)
燥	3급	마를 조	乾燥(건조)	踪	1급	자취 종	失踪(실종)
兆	준3	억조 조	吉兆(길조)	踵	1급	발꿈치 종	接踵(접종)
照	준3	비칠 조	照明(조명)	琮	2급	옥홀 종	이름字
租	준3	조세 조	租稅(조세)	綜	2급	모을 종	綜合(종합)
條	4급	가지 조	條目(조목)	縱	준3	세로 종	縱橫(종횡)
潮	4급	밀물/조수 조	潮水(조수)	從	4급	좇을 종	從事(종사)
組	4급	짤 조	組織(조직)	鍾	4급	쇠북 종	鍾閣(종각)
助	준4	도울 조	援助(원조)	宗	준4	마루 종	宗敎(종교)
早	준4	이를 조	早朝(조조)	終	5급	마칠 종	最終(최종)
造	준4	지을 조	構造(구조)	種	5급	씨 종	特種(특종)
鳥	준4	새 조	黃鳥(황조)	挫	1급	꺾을 좌	挫折(좌절)
操	5급	잡을 조	體操(체조)	佐	3급	도울 좌	補佐(보좌)
調	5급	고를 조	調整(조정)	坐	준3	앉을 좌	坐席(좌석)
朝	6급	아침 조	朝鮮(조선)	座	4급	자리 좌	計座(계좌)
祖	7급	할아비 조	太祖(태조)	左	7급	왼 좌	左遷(좌천)
簇	1급	가는대 족	簇酒(족주)	罪	5급	허물 죄	犯罪(범죄)
族	6급	겨레 족	民族(민족)	做	1급	지을 주	做作(주작)

1~8급까지 읽기

胄(주)~櫛(즐) 2601~2650字 한자 및 훈·음 알아보기[53]

* 다음 한자를 가나다순으로 배열하고 각 한자에 해당하는 급수를 분류하였습니다.

한자	급	훈·음	낱 말	한자	급	훈·음	낱 말
胄	1급	자손 주	國胄(국주)	週	5급	주일 주	週日(주일)
呪	1급	빌 주	呪文(주문)	晝	6급	낮 주	晝夜(주야)
嗾	1급	부추길 주	使嗾(사주)	注	6급	부을 주	注油(주유)
廚	1급	부엌 주	廚房(주방)	主	7급	임금/주인 주	主觀(주관)
紂	1급	주임금 주	紂王(주왕)	住	7급	살 주	住居(주거)
紬	1급	명주 주	明紬(명주)	竹	준4	대 죽	竹鹽(죽염)
註	1급	글뜻 풀 주	註釋(주석)	樽	1급	술통 준	樽機(준기)
誅	1급	벨 주	誅罰(주벌)	竣	1급	마칠 준	竣工(준공)
躊	1급	머뭇거릴 주	躊躇(주저)	蠢	1급	꾸물거릴 준	蠢動(준동)
輳	1급	몰려들 주	輻輳(폭주)	埈	2급	높을 준	이름字
疇	2급	이랑 주	範疇(범주)	峻	2급	높을/준엄할 준	峻刑(준형)
駐	2급	머무를 주	駐屯(주둔)	晙	2급	밝을 준	이름字
舟	3급	배 주	泛舟(범주)	浚	2급	깊게할 준	浚渫(준설)
奏	준3	아뢸 주	伴奏(반주)	濬	2급	깊을 준	濬哲(준철)
宙	준3	집 주	宇宙(우주)	駿	2급	준마 준	駿馬(준마)
柱	준3	기둥 주	支柱(지주)	准	2급	비준 준	批准(비준)
株	준3	그루 주	株價(주가)	俊	3급	준걸 준	俊傑(준걸)
洲	준3	물가 주	濠洲(호주)	遵	3급	좇을 준	遵守(준수)
珠	준3	구슬 주	念珠(염주)	準	준4	준할 준	標準(표준)
鑄	준3	쇠불릴 주	鑄造(주조)	仲	준3	버금 중	仲介(중개)
周	4급	두루 주	周邊(주변)	衆	준4	무리 중	大衆(대중)
朱	4급	붉을 주	朱黃(주황)	重	7급	무거울 중	重要(중요)
酒	4급	술 주	燒酒(소주)	中	8급	가운데 중	中庸(중용)
走	준4	달릴 주	疾走(질주)	卽	준3	곧 즉	卽時(즉시)
州	5급	고을 주	濟州(제주)	櫛	1급	빗 즐	櫛比(즐비)

1~8급까지 읽기

汁(즙)~陳(진) 2651~2700字 한자 및 훈·음 알아보기[54]

* 다음 한자를 가나다순으로 배열하고 각 한자에 해당하는 급수를 분류하였습니다.

한자	급	훈·음	낱 말	한자	급	훈·음	낱 말
汁	1급	즙 즙	汁液(즙액)	誌	4급	기록할 지	日誌(일지)
葺	1급	기울 즙	瓦葺(와즙)	志	준4	뜻 지	鬪志(투지)
贈	3급	줄 증	寄贈(기증)	指	준4	가리킬 지	指示(지시)
憎	준3	미울 증	愛憎(애증)	支	준4	지탱할 지	支障(지장)
曾	준3	일찍 증	曾孫(증손)	至	준4	이를 지	冬至(동지)
症	준3	증세 증	症勢(증세)	止	5급	그칠 지	禁止(금지)
蒸	준3	찔 증	汗蒸(한증)	知	5급	알 지	知識(지식)
證	4급	증거 증	證據(증거)	地	7급	땅 지	地形(지형)
增	준4	더할 증	增減(증감)	紙	7급	종이 지	便紙(편지)
咫	1급	여덟치 지	咫尺(지척)	稙	2급	올벼 직	이름字
摯	1급	잡을 지	眞摯(진지)	稷	2급	피 직	后稷(후직)
枳	1급	탱자 지/탱자 기	南橘北枳(남귤북지)	織	4급	짤 직	組織(조직)
祉	1급	복 지	福祉(복지)	職	준4	직분 직	職分(직분)
肢	1급	팔다리 지	四肢(사지)	直	7급	곧을 직	正直(정직)
址	2급	터 지	城址(성지)	嗔	1급	성낼 진	元嗔(원진)
芝	2급	지초 지	芝草(지초)	疹	1급	마마 진	痲疹(마진)
旨	2급	뜻 지	論旨(논지)	晋	2급	진나라 진	東晋(동진)
脂	2급	기름 지	乳脂(유지)	秦	2급	성 진	前秦(전진)
只	3급	다만 지	只今(지금)	塵	2급	티끌 진	粉塵(분진)
遲	3급	더딜/늦을 지	遲延(지연)	津	2급	나루 진	津岸(진안)
之	준3	갈 지	結者解之(결자해지)	診	2급	진찰할 진	檢診(검진)
枝	준3	가지 지	枝葉(지엽)	振	준3	떨친 진	振興(진흥)
池	준3	못 지	蓮池(연지)	辰	준3	별 진/때 신	辰時(진시)
持	4급	가질 지	持參(지참)	鎭	준3	진압할 진	鎭壓(진압)
智	4급	슬기/지혜 지	智慧(지혜)	陳	준3	베풀/묵을 진	屯陳(둔진)

1~8급까지 읽기

震(진)~餐(찬) 2701~2750字 한자 및 훈·음 알아보기[55]

* 다음 한자를 가나다순으로 배열하고 각 한자에 해당하는 급수를 분류하였습니다.

한자	급	훈·음	낱 말	한자	급	훈·음	낱 말
震	준3	우레 진	地震(지진)	徵	준3	부를 징	徵集(징집)
珍	4급	보배 진	珍貴(진귀)	叉	1급	갈래 차	交叉(교차)
盡	4급	다할 진	極盡(극진)	嗟	1급	탄식할 차	叱嗟(질차)
陣	4급	진칠 진	陣營(진영)	蹉	1급	미끄러질 차	蹉跌(차질)
眞	준4	참 진	眞實(진실)	遮	2급	가릴 차	遮斷(차단)
進	준4	나아갈 진	進路(진로)	且	3급	또 차	苟且(구차)
叱	1급	꾸짖을 질	叱責(질책)	借	준3	빌/빌릴 차	借款(차관)
嫉	1급	미워할 질	嫉視(질시)	此	준3	이 차	如此(여차)
帙	1급	책권차례 질	帙冊(질책)	差	4급	다를 차	差異(차이)
桎	1급	차꼬 질	桎梏(질곡)	次	준4	버금 차	次期(차기)
膣	1급	음도 질	膣炎(질염)	搾	1급	짤 착	壓搾(압착)
跌	1급	거꾸러질 질	差跌(차질)	窄	1급	좁을 착	狹窄(협착)
迭	1급	갈마들 질	更迭(경질)	鑿	1급	뚫을 착	鑿空(착공)
窒	2급	막힐 질	窒息(질식)	捉	3급	잡을 착	捕捉(포착)
姪	3급	조카 질	姪女(질녀)	錯	준3	어긋날 착	錯誤(착오)
疾	준3	병 질	疾患(질환)	着	5급	붙을 착	附着(부착)
秩	준3	차례 질	秩序(질서)	撰	1급	지을 찬	自撰(자찬)
質	5급	바탕 질	性質(성질)	纂	1급	모을 찬	編纂(편찬)
斟	1급	짐작할 짐	斟酌(짐작)	饌	1급	반찬 찬	飯饌(반찬)
朕	1급	나 짐	兆朕(조짐)	簒	1급	빼앗을 찬	簒奪(찬탈)
輯	2급	모을 집	特輯(특집)	燦	2급	빛날 찬	燦爛(찬란)
執	준3	잡을 집	執權(집권)	璨	2급	옥빛 찬	璀璨(최찬)
集	6급	모을 집	集團(집단)	瓚	2급	옥잔 찬	圭瓚(규찬)
澄	1급	맑을 징	澄水(징수)	鑽	2급	뚫을 찬	硏鑽(연찬)
懲	3급	징계할 징	懲戒(징계)	餐	2급	밥 찬	午餐(오찬)

1~8급까지 읽기

贊(찬)~責(책)　2751~2800字 한자 및 훈·음 알아보기[56]

* 다음 한자를 가나다순으로 배열하고 각 한자에 해당하는 급수를 분류하였습니다.

한자	급	훈·음	낱말	한자	급	훈·음	낱말
贊	준3	도울 찬	贊成(찬성)	艙	1급	부두 창	船艙(선창)
讚	4급	기릴 찬	稱讚(칭찬)	菖	1급	창포 창	菖蒲(창포)
擦	1급	문지를 찰	摩擦(마찰)	敞	2급	시원할 창	通敞(통창)
刹	2급	절 찰	寺刹(사찰)	昶	2급	해 길 창	이름字
札	2급	편지 찰	書札(서찰)	彰	2급	드러날 창	表彰(표창)
察	준4	살필 찰	監察(감찰)	滄	2급	큰바다 창	滄海(창해)
僭	1급	주제넘을 참	僭竊(참절)	暢	3급	화창할 창	和暢(화창)
塹	1급	구덩이 참	塹壕(참호)	倉	준3	곳집 창	倉庫(창고)
懺	1급	뉘우칠 참	懺悔(참회)	昌	준3	창성할 창	昌盛(창성)
站	1급	역마을 참	驛站(역참)	蒼	준3	푸를 창	蒼空(창공)
讒	1급	참소할 참	讒訴(참소)	創	준4	비롯할 창	創出(창출)
讖	1급	예언 참	圖讖(도참)	唱	5급	부를 창	合唱(합창)
斬	2급	벨 참	斬伐(참벌)	窓	6급	창 창	窓門(창문)
慘	3급	참혹할 참	慘酷(참혹)	寨	1급	목책 채	山寨(산채)
慙	3급	부끄러울 참	慙伏(참복)	埰	2급	사패지 채	이름字
參	5급	참여할 참/석 삼	參與(참여)	蔡	2급	성 채	이름字
倡	1급	광대 창	倡義(창의)	采	2급	풍채 채	風采(풍채)
娼	1급	창녀 창	娼妓(창기)	債	준3	빚 채	債務(채무)
廠	1급	공장 창	工廠(공창)	彩	준3	채색 채	彩色(채색)
愴	1급	슬플 창	悲愴(비창)	菜	준3	나물 채	菜蔬(채소)
槍	1급	창 창	槍劍(창검)	採	4급	캘 채	採擇(채택)
漲	1급	넘칠 창	漲溢(창일)	柵	1급	울타리 책	鐵柵(철책)
猖	1급	미쳐날뛸 창	猖披(창피)	策	준3	꾀 책	對策(대책)
瘡	1급	부스럼 창	頭瘡(두창)	冊	4급	책 책	冊房(책방)
脹	1급	부을 창	膨脹(팽창)	責	5급	꾸짖을 책	責任(책임)

1~8급까지 읽기

凄(처)~妾(첩) 2801~2850字 한자 및 훈·음 알아보기[57]

* 다음 한자를 가나다순으로 배열하고 각 한자에 해당하는 급수를 분류하였습니다.

한자	급	훈·음	낱 말	한자	급	훈·음	낱 말
凄	1급	쓸쓸할 처	凄凉(처량)	千	7급	일천 천	千古(천고)
悽	2급	슬퍼할 처	悽絶(처절)	天	7급	하늘 천	天罰(천벌)
妻	준3	아내 처	妻弟(처제)	川	7급	내 천	河川(하천)
處	준4	곳 처	處地(처지)	凸	1급	볼록할 철	凹凸(요철)
擲	1급	던질 척	投擲(투척)	綴	1급	엮을 철	連綴(연철)
滌	1급	씻을 척	洗滌(세척)	轍	1급	바퀴자국 철	轉轍(전철)
瘠	1급	여윌 척	瘦瘠(수척)	喆	2급	밝을/쌍길 철	이름字
脊	1급	등마루 척	脊椎(척추)	澈	2급	맑을 철	이름字
陟	2급	오를 척	進陟(진척)	撤	2급	거둘 철	撤回(철회)
隻	2급	외짝 척	隻愛(척애)	哲	준3	밝을 철	明哲(명철)
斥	3급	물리칠 척	斥黜(척출)	徹	준3	통할 철	貫徹(관철)
尺	준3	자 척	尺度(척도)	鐵	5급	쇠 철	鐵道(철도)
戚	준3	친척 척	親戚(친척)	僉	1급	다/여러 첨	僉位(첨위)
拓	준3	넓힐 척/박을 탁	開拓(개척)	籤	1급	제비 첨	抽籤(추첨)
喘	1급	숨찰 천	喘息(천식)	諂	1급	아첨할 첨	阿諂(아첨)
擅	1급	멋대로할 천	擅橫(천횡)	瞻	2급	볼 첨	瞻望(첨망)
穿	1급	뚫을 천	穿孔(천공)	尖	3급	뾰족할 첨	尖端(첨단)
闡	1급	밝힐 천	闡明(천명)	添	3급	더할 첨	添加(첨가)
釧	2급	팔찌 천	玉釧(옥천)	帖	1급	문서 첩	手帖(수첩)
薦	3급	천거할 천	薦擧(천거)	捷	1급	빠를 첩	捷勁(첩경)
淺	준3	얕을 천	淺薄(천박)	牒	1급	편지 첩	請牒(청첩)
賤	준3	천할 천	貴賤(귀천)	疊	1급	거듭 첩	重疊(중첩)
踐	준3	밟을 천	實踐(실천)	貼	1급	붙일 첩	貼付(첩부)
遷	준3	옮길 천	遷都(천도)	諜	2급	염탐할 첩	諜報(첩보)
泉	4급	샘 천	溫泉(온천)	妾	3급	첩 첩	蓄妾(축첩)

1~8급까지 읽기

晴(청)~撮(촬) 2851~2900字 한자 및 훈·음 알아보기[58]

* 다음 한자를 가나다순으로 배열하고 각 한자에 해당하는 급수를 분류하였습니다.

한자	급	훈·음	낱말	한자	급	훈·음	낱말
晴	3급	갤 청	快晴(쾌청)	哨	2급	망볼 초	哨所(초소)
廳	4급	관청 청	官廳(관청)	焦	2급	탈 초	焦土(초토)
聽	4급	들을 청	聽覺(청각)	抄	3급	뽑을 초	抄本(초본)
請	준4	청할 청	請願(청원)	秒	3급	분초 초	分秒(분초)
淸	6급	맑을 청	淸正(청정)	礎	준3	주춧돌 초	礎石(초석)
靑	8급	푸를 청	靑春(청춘)	肖	준3	닮을/같을 초	肖像(초상)
涕	1급	눈물 체	涕淚(체루)	超	준3	뛰어넘을 초	超越(초월)
諦	1급	살필 체	諦念(체념)	招	4급	부를 초	招待(초대)
締	2급	맺을 체	締結(체결)	初	5급	처음 초	始初(시초)
替	3급	바꿀 체	代替(대체)	草	7급	풀 초	草原(초원)
逮	3급	잡을 체	逮捕(체포)	囑	1급	부탁할 촉	委囑(위촉)
遞	3급	갈릴 체	遞信(체신)	蜀	2급	나라이름 촉	蜀漢(촉한)
滯	준3	막힐 체	滯症(체증)	燭	3급	촛불 촉	華燭(화촉)
體	6급	몸 체	身體(신체)	促	준3	재촉할 촉	督促(독촉)
憔	1급	파리할 초	憔悴(초췌)	觸	준3	닿을 촉	觸感(촉감)
梢	1급	나무끝 초	梢工(초공)	忖	1급	헤아릴 촌	忖度(촌탁)
樵	1급	나무할 초	採樵(채초)	村	7급	마을 촌	村落(촌락)
炒	1급	볶을 초	炒醬(초장)	寸	8급	마디 촌	寸數(촌수)
硝	1급	화약 초	硝藥(초약)	叢	1급	떨기/모일 총	叢論(총론)
礁	1급	암초 초	暗礁(암초)	塚	1급	무덤 총	貝塚(패총)
稍	1급	점점 초	稍良(초량)	寵	1급	사랑할 총	寵愛(총애)
蕉	1급	파초 초	芭蕉(파초)	聰	3급	귀밝을 총	聰氣(총기)
貂	1급	담비 초	貂熊(초웅)	總	준4	다 총	總額(총액)
醋	1급	초 초	醋酸(초산)	銃	준4	총 총	拳銃(권총)
楚	2급	초나라 초	楚楚(초초)	撮	1급	모을/사진찍을 촬	撮影(촬영)

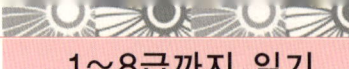

1~8급까지 읽기

崔(최)~臭(취) 2901~2950字 한자 및 훈·음 알아보기[59]

* 다음 한자를 가나다순으로 배열하고 각 한자에 해당하는 급수를 분류하였습니다.

한자	급	훈·음	낱말	한자	급	훈·음	낱말
崔	2급	성/높을 최	이름字	畜	준3	짐승 축	家畜(가축)
催	준3	재촉할 최	開催(개최)	縮	4급	줄일 축	縮小(축소)
最	5급	가장 최	最高(최고)	築	준4	쌓을 축	建築(건축)
墜	1급	떨어질 추	墜落(추락)	蓄	준4	모을 축	貯蓄(저축)
椎	1급	쇠몽치/쇠골 추	脊椎(척추)	祝	5급	빌 축	祝祭(축제)
樞	1급	지도리 추	中樞(중추)	椿	2급	참죽나무 춘	이름字
芻	1급	꼴 추	芻言(추언)	春	7급	봄 춘	春秋(춘추)
酋	1급	우두머리 추	酋長(추장)	黜	1급	내칠 출	放黜(방출)
錐	1급	송곳 추	錐矢(추시)	出	7급	날 출	出版(출판)
錘	1급	저울추 추	錘鐘(추종)	沖	2급	화할 충	이름字
鎚	1급	쇠망치 추	空氣鎚(공기추)	衷	2급	속마음 충	苦衷(고충)
鰍	1급	미꾸라지 추	鰍湯(추탕)	衝	준3	찌를 충	衝突(충돌)
槌	1급	망치 추/망치 퇴	角槌(각퇴)	忠	준4	충성 충	忠誠(충성)
楸	2급	가래 추	楸木(추목)	蟲	준4	벌레 충	病蟲(병충)
鄒	2급	추나라 추	鄒魯(추로)	充	5급	채울 충	充電(충전)
趨	2급	달아날 추	趨勢(추세)	悴	1급	파리할 췌	憔悴(초췌)
抽	3급	뽑을 추	抽出(추출)	膵	1급	췌장 췌	膵臟(췌장)
醜	3급	추할 추	醜態(추태)	萃	1급	모을 췌	拔萃(발췌)
追	준3	쫓을/따를 추	追從(추종)	贅	1급	혹 췌	贅言(췌언)
推	4급	밀 추	推薦(추천)	娶	1급	장가들 취	婚娶(혼취)
秋	7급	가을 추	秋季(추계)	翠	1급	푸를/물총새 취	翠松(취송)
蹴	2급	찰 축	蹴球(축구)	脆	1급	연할 취	脆弱(취약)
軸	2급	굴대 축	主軸(주축)	聚	2급	모을 취	聚合(취합)
丑	3급	소 축	癸丑(계축)	炊	2급	불땔 취	炊事(취사)
逐	3급	쫓을 축	逐出(축출)	臭	3급	냄새 취	惡臭(악취)

1~8급까지 읽기

吹(취)~**墮**(타) 2951~3000字 한자 및 훈·음 알아보기[60]

* 다음 한자를 가나다순으로 배열하고 각 한자에 해당하는 급수를 분류하였습니다.

한자	급	훈·음	낱 말	한자	급	훈·음	낱 말
吹	준3	불 취	鼓吹(고취)	致	5급	이를 치	一致(일치)
醉	준3	취할 취	宿醉(숙취)	勅	1급	칙서 칙	勅書(칙서)
就	4급	나아갈 취	就職(취직)	則	5급	법칙 칙	法則(법칙)
趣	4급	뜻 취	趣味(취미)	親	6급	친할 친	養親(양친)
取	준4	가질 취	取得(취득)	漆	준3	옻 칠	彫漆(조칠)
惻	1급	슬플 측	惻隱(측은)	七	8급	일곱 칠	七夕(칠석)
側	준3	곁 측	右側(우측)	砧	1급	다듬잇돌 침	砧聲(침성)
測	준4	헤아릴 측	測定(측정)	鍼	1급	침 침	鍼醫(침의)
層	4급	층 층	地層(지층)	枕	3급	베개 침	木枕(목침)
侈	1급	사치할 치	奢侈(사치)	沈	준3	잠길 침/성 심	沈水(침수)
嗤	1급	비웃을 치	嗤點(치점)	浸	준3	잠길 침	浸禮(침례)
幟	1급	기 치	旗幟(기치)	寢	4급	잘 침	就寢(취침)
熾	1급	성할 치	熾烈(치열)	針	4급	바늘 침	針葉(침엽)
痔	1급	치질 치	痔疾(치질)	侵	준4	침노할 침	侵掠(침략)
癡	1급	어리석을 치	癡心(치심)	蟄	1급	숨을 칩	蟄居(칩거)
緻	1급	빽빽할 치	緻密(치밀)	秤	1급	저울 칭	秤錘(칭추)
馳	1급	달릴 치	馳報(치보)	稱	4급	일컬을 칭	稱號(칭호)
峙	2급	언덕 치	積峙(적치)	快	준4	쾌할 쾌	快晴(쾌청)
雉	2급	꿩 치	春雉(춘치)	唾	1급	침 타	唾面(타면)
値	준3	값 치	價値(가치)	惰	1급	게으를 타	惰性(타성)
恥	준3	부끄러울 치	羞恥(수치)	楕	1급	길고 둥글 타	楕圓(타원)
稚	준3	어릴 치	幼稚(유치)	舵	1급	키 타	操舵(조타)
治	준4	다스릴 치	政治(정치)	陀	1급	비탈질/부처 타	陀佛(타불)
置	준4	둘 치	配置(배치)	駝	1급	낙타 타	駱駝(낙타)
齒	준4	이 치	齒科(치과)	墮	3급	떨어질 타	墮落(타락)

1~8급까지 읽기

妥(타)~兎(토) 3001~3050字 한자 및 훈·음 알아보기[61]

* 다음 한자를 가나다순으로 배열하고 각 한자에 해당하는 급수를 분류하였습니다.

한자	급	훈·음	낱 말	한자	급	훈·음	낱 말
妥	3급	온당할 타	妥結(타결)	探	4급	찾을 탐	探訪(탐방)
他	5급	다를 타	其他(기타)	搭	1급	탈 탑	搭乘(탑승)
打	5급	칠 타	打字(타자)	塔	준3	탑 탑	佛塔(불탑)
擢	1급	뽑을 탁	拔擢(발탁)	宕	1급	호탕할 탕	豪宕(호탕)
鐸	1급	방울 탁	木鐸(목탁)	蕩	1급	방탕할 탕	放蕩(방탕)
琢	2급	다듬을 탁	琢磨(탁마)	湯	준3	끓을 탕	熱湯(열탕)
託	2급	부탁할 탁	付託(부탁)	汰	1급	일 태	淘汰(도태)
托	3급	맡길 탁	托鉢(탁발)	笞	1급	볼기칠 태	笞刑(태형)
濁	3급	흐릴 탁	混濁(혼탁)	苔	1급	이끼 태	石苔(석태)
濯	3급	씻을 탁	洗濯(세탁)	跆	1급	밟을 태	跆拳(태권)
卓	5급	높을 탁	卓球(탁구)	兌	2급	바꿀/기쁠 태	兌換(태환)
呑	1급	삼킬 탄	呑吐(탄토)	台	2급	별 태	台監(태감)
坦	1급	평탄할 탄	平坦(평탄)	胎	2급	아이밸 태	胎夢(태몽)
憚	1급	꺼릴 탄	忌憚(기탄)	颱	2급	태풍 태	颱風(태풍)
綻	1급	터질 탄	綻露(탄로)	怠	3급	게으를 태	倦怠(권태)
灘	2급	여울 탄	灘聲(탄성)	殆	준3	거의 태	危殆(위태)
誕	3급	낳을/거짓 탄	誕生(탄생)	泰	준3	클 태	泰山(태산)
彈	4급	탄알 탄	糾彈(규탄)	態	준4	모습 태	態度(태도)
歎	4급	탄식할 탄	感歎(감탄)	太	6급	클 태	太陽(태양)
炭	5급	숯 탄	炭素(탄소)	澤	준3	못 택	川澤(천택)
奪	준3	빼앗을 탈	奪取(탈취)	擇	4급	가릴 택	選擇(선택)
脫	4급	벗을 탈	脫衣(탈의)	宅	5급	집 택/집 댁	住宅(주택)
眈	1급	노려볼 탐	眈眈(탐탐)	撐	1급	버틸 탱	支撐(지탱)
耽	2급	즐길 탐	耽溺(탐닉)	攄	1급	펼 터	攄得(터득)
貪	3급	탐낼 탐	貪慾(탐욕)	兎	준3	토끼 토	脫兎(탈토)

1~8급까지 읽기

吐(토)~貝(패) 3051~3100字 한자 및 훈·음 알아보기[62]

* 다음 한자를 가나다순으로 배열하고 각 한자에 해당하는 급수를 분류하였습니다.

한자	급	훈·음	낱 말	한자	급	훈·음	낱 말
吐	준3	토할 토	嘔吐(구토)	芭	1급	파초 파	芭蕉(파초)
討	4급	칠 토	討伐(토벌)	跛	1급	절름발이 파/비스듬히설 피	偏跛(편파)
土	8급	흙 토	土壤(토양)	坡	2급	언덕 파	이름字
慟	1급	서러워할 통	慟哭(통곡)	把	3급	잡을 파	把守(파수)
桶	1급	통 통	水桶(수통)	播	3급	뿌릴 파	播種(파종)
筒	1급	통 통	井筒(정통)	罷	3급	마칠 파	罷業(파업)
痛	4급	아플 통	痛症(통증)	頗	3급	자못 파	頗多(파다)
統	준4	거느릴 통	統率(통솔)	派	4급	갈래 파	派閥(파벌)
通	6급	통할 통	通路(통로)	波	준4	물결 파	波濤(파도)
堆	1급	쌓을 퇴	堆肥(퇴비)	破	준4	깨뜨릴 파	破損(파손)
腿	1급	넓적다리 퇴	大腿(대퇴)	辦	1급	힘들일 판	辦功(판공)
褪	1급	바랠 퇴	褪紅(퇴홍)	阪	2급	언덕 판	이름字
頹	1급	무너질 퇴	頹落(퇴락)	販	3급	팔 판	販賣(판매)
退	준4	물러날 퇴	退出(퇴출)	版	준3	판목 판	版木(판목)
套	1급	씌울 투	外套(외투)	判	4급	판단할 판	批判(비판)
妬	1급	샘낼 투	妬忌(투기)	板	5급	널 판	氷板(빙판)
透	준3	사무칠 투	浸透(침투)	八	8급	여덟 팔	八景(팔경)
投	4급	던질 투	投票(투표)	佩	1급	찰 패	銘佩(명패)
鬪	4급	싸움 투	鬪爭(투쟁)	唄	1급	염불소리 패	梵唄(범패)
慝	1급	사특할 특	私慝(사특)	悖	1급	거스를 패	悖說(패설)
特	6급	특별할 특	特別(특별)	沛	1급	비쏟아질 패	顚沛(전패)
婆	1급	할미 파	老婆(노파)	牌	1급	패 패	名牌(명패)
巴	1급	꼬리 파	巴豆(파두)	稗	1급	피 패	稗官(패관)
爬	1급	긁을 파	爬行(파행)	霸	2급	으뜸 패	制霸(제패)
琶	1급	비파 파	琵琶(비파)	貝	3급	조개 패	貝物(패물)

1~8급까지 읽기

敗(패)~包(포) 3101~3150字 한자 및 훈·음 알아보기[63]

* 다음 한자를 가나다순으로 배열하고 각 한자에 해당하는 급수를 분류하였습니다.

한자	급	훈·음	낱말	한자	급	훈·음	낱말
敗	5급	패할 패	敗北(패배)	肺	준3	허파 폐	肺癌(폐암)
澎	1급	물소리 팽	澎湃(팽배)	閉	4급	닫을 폐	閉鎖(폐쇄)
膨	1급	불을 팽	膨脹(팽창)	匍	1급	길 포	匍行(포행)
彭	2급	성 팽	이름字	咆	1급	고함지를 포	咆號(포호)
愎	1급	강퍅할 퍅	乖愎(괴퍅)	哺	1급	먹일 포	哺乳(포유)
鞭	1급	채찍 편	執鞭(집편)	圃	1급	채마밭 포	田圃(전포)
騙	1급	속일 편	騙取(편취)	泡	1급	거품 포	氣泡(기포)
扁	2급	작을 편	이름字	疱	1급	물집 포	水疱(수포)
遍	3급	두루 편	普遍(보편)	脯	1급	포 포	脯肉(포육)
偏	준3	치우칠 편	偏食(편식)	蒲	1급	부들 포	蒲柳(포류)
片	준3	조각 편	斷片(단편)	袍	1급	도포 포	道袍(도포)
編	준3	엮을 편	編著(편저)	褒	1급	기릴 포	褒賞(포상)
篇	4급	책 편	玉篇(옥편)	逋	1급	도망갈 포	逋脫(포탈)
便	7급	편할 편/똥오줌 변	便紙(편지)	庖	1급	부엌 포	庖廚(포주)
貶	1급	낮출 폄	貶下(폄하)	葡	2급	포도 포	葡萄(포도)
萍	1급	부평초 평	浮萍(부평)	鮑	2급	절인물고기 포	鮑尺(포척)
坪	2급	들 평	坪數(평수)	怖	2급	두려워할 포	恐怖(공포)
評	4급	평할 평	公評(공평)	抛	2급	던질 포	抛棄(포기)
平	7급	평평할 평	平和(평화)	鋪	2급	펼/가게 포	錢鋪(전포)
斃	1급	죽을 폐	病斃(병폐)	抱	3급	안을 포	抱擁(포옹)
陛	1급	대궐섬돌 폐	陛下(폐하)	飽	3급	배부를 포	飽滿(포만)
幣	3급	화폐 폐	貨幣(화폐)	捕	준3	잡을 포	捕獲(포획)
蔽	3급	덮을 폐	隱蔽(은폐)	浦	준3	개 포	浦口(포구)
廢	준3	폐할/버릴 폐	廢品(폐품)	胞	4급	세포 포	細胞(세포)
弊	준3	폐단/해질 폐	弊害(폐해)	包	준4	쌀 포	包裝(포장)

1~8급까지 읽기

布(포)~虐(학) 3151~3200字 한자 및 훈·음 알아보기[64]

* 다음 한자를 가나다순으로 배열하고 각 한자에 해당하는 급수를 분류하였습니다.

한자	급	훈·음	낱 말	한자	급	훈·음	낱 말
布	준4	베 포/보시 보	分布(분포)	被	준3	입을 피	被服(피복)
砲	준4	대포 포	大砲(대포)	疲	4급	피곤할 피	疲困(피곤)
曝	1급	쪼일 폭/쪼일 포	曝陽(폭양)	避	4급	피할 피	避暑(피서)
瀑	1급	폭포 폭/소나기 포	瀑布(폭포)	疋	1급	필 필	疋帛(필백)
幅	3급	폭 폭	畵幅(화폭)	弼	2급	도울 필	輔弼(보필)
爆	4급	불터질 폭	爆彈(폭탄)	匹	3급	짝 필	匹夫(필부)
暴	준4	사나울 폭/모질 포	暴行(폭행)	畢	준3	마칠 필	畢納(필납)
剽	1급	겁박할 표	剽竊(표절)	必	5급	반드시 필	必要(필요)
慓	1급	급할 표	慓毒(표독)	筆	5급	붓 필	筆者(필자)
豹	1급	표범 표	虎豹(호표)	乏	1급	모자랄 핍	缺乏(결핍)
飄	1급	나부낄 표	飄然(표연)	逼	1급	핍박할 핍	逼迫(핍박)
杓	2급	북두자루 표	이름字	瑕	1급	허물 하	瑕疵(하자)
漂	3급	떠다닐 표	漂流(표류)	蝦	1급	두꺼비/새우 하	大蝦(대하)
標	4급	표할 표	標本(표본)	遐	1급	멀 하	昇遐(승하)
票	준4	표 표	車票(차표)	霞	1급	노을 하	朝霞(조하)
表	6급	겉 표	表現(표현)	何	준3	어찌 하	幾何(기하)
稟	1급	여쭐 품	稟議(품의)	荷	준3	멜 하	荷役(하역)
品	5급	물건 품	品質(품질)	賀	준3	하례할 하	祝賀(축하)
諷	1급	풍자할 풍	諷刺(풍자)	河	5급	물 하	氷河(빙하)
楓	준3	단풍 풍	丹楓(단풍)	下	7급	아래 하	下段(하단)
豊	준4	풍년 풍	豊年(풍년)	夏	7급	여름 하	夏至(하지)
風	6급	바람 풍	虛風(허풍)	壑	1급	구렁 학	壑谷(학곡)
披	1급	헤칠 피	披露(피로)	謔	1급	희롱할 학	諧謔(해학)
彼	준3	저 피	彼岸(피안)	瘧	1급	학질 학	瘧疾(학질)
皮	준3	가죽 피	皮革(피혁)	虐	2급	모질 학	虐待(학대)

1~8급까지 읽기

鶴(학)~亥(해) 3201~3250字 한자 및 훈·음 알아보기[65]

* 다음 한자를 가나다순으로 배열하고 각 한자에 해당하는 급수를 분류하였습니다.

한자	급	훈·음	낱 말	한자	급	훈·음	낱 말
鶴	준3	학 학	鶴舞(학무)	咸	3급	다 함	咸氏(함씨)
學	8급	배울 학	學派(학파)	含	준3	머금을 함	含蓄(함축)
悍	1급	사나울 한	猛悍(맹한)	陷	준3	빠질 함	缺陷(결함)
澣	1급	빨래할/열흘 한	中澣(중한)	盒	1급	합 합	酒盒(주합)
罕	1급	드물 한	稀罕(희한)	蛤	1급	조개 합	鳥蛤(조합)
邯	2급	조나라서울 한/사람이름 감	이름字	合	6급	합할 합	合同(합동)
翰	2급	편지 한	書翰(서한)	缸	1급	항아리 항	玉缸(옥항)
旱	3급	가물 한	旱災(한재)	肛	1급	항문 항	肛門(항문)
汗	준3	땀 한	發汗(발한)	亢	2급	높을 항	이름字
恨	4급	한 한	恨歎(한탄)	沆	2급	넓을 항	이름字
閑	4급	한가할 한	閑暇(한가)	巷	3급	거리 항	巷間(항간)
限	준4	한할 한	制限(제한)	恒	준3	항상 항	恒常(항상)
寒	5급	찰 한	寒冷(한랭)	項	준3	항목 항	項目(항목)
漢	7급	한수/한나라 한	漢字(한자)	抗	4급	겨룰 항	抗議(항의)
韓	8급	한국/나라 한	韓國(한국)	港	준4	항구 항	港口(항구)
轄	1급	다스릴 할	管轄(관할)	航	준4	배 항	航海(항해)
割	준3	벨 할	分割(분할)	偕	1급	함께 해	偕老(해로)
函	1급	함 함	紙函(지함)	咳	1급	기침 해	咳痰(해담)
喊	1급	소리칠 함	高喊(고함)	懈	1급	게으를 해	懈慢(해만)
檻	1급	난간 함	檻倉(함창)	楷	1급	본보기 해	楷書(해서)
涵	1급	젖을 함	涵養(함양)	諧	1급	화할 해	諧和(해화)
緘	1급	봉할 함	緘口(함구)	邂	1급	만날 해	邂逅(해후)
銜	1급	재갈 함	尊銜(존함)	駭	1급	놀랄 해	駭怪(해괴)
鹹	1급	짤 함	鹹水(함수)	骸	1급	뼈 해	骸骨(해골)
艦	2급	큰 배 함	軍艦(군함)	亥	3급	돼지 해	亥年(해년)

1~8급까지 읽기

奚(해)~狹(협) 3251~3300字 한자 및 훈·음 알아보기[66]

* 다음 한자를 가나다순으로 배열하고 각 한자에 해당하는 급수를 분류하였습니다.

한자	급	훈·음	낱말	한자	급	훈·음	낱말
奚	3급	어찌 해	奚琴(해금)	險	4급	험할 험	險惡(험악)
該	3급	갖출 해	該博(해박)	驗	준4	시험할 험	試驗(시험)
解	준4	풀 해	解決(해결)	爀	2급	불빛 혁	이름字
害	5급	해할 해	害蟲(해충)	赫	2급	빛날 혁	이름字
海	7급	바다 해	海洋(해양)	革	4급	가죽 혁	皮革(피혁)
劾	1급	꾸짖을 핵	彈劾(탄핵)	眩	1급	어지러울 현	眩惑(현혹)
核	4급	씨 핵	核心(핵심)	絢	1급	무늬 현	絢爛(현란)
杏	2급	살구 행	杏花(행화)	衒	1급	자랑할 현	衒能(현능)
幸	6급	다행 행	幸福(행복)	峴	2급	고개 현	이름字
行	6급	다닐 행/항렬 항	行進(행진)	炫	2급	밝을 현	이름字
嚮	1급	길잡을 향	嚮導(향도)	鉉	2급	솥귀 현	이름字
饗	1급	잔치할 향	饗宴(향연)	弦	2급	시위 현	弓弦(궁현)
享	3급	누릴 향	享樂(향락)	絃	3급	줄 현	絃樂(현악)
響	준3	울릴 향	音響(음향)	縣	3급	고을 현	縣監(현감)
鄕	준4	시골 향	故鄕(고향)	懸	준3	달 현	懸垂(현수)
香	준4	향기 향	香水(향수)	玄	준3	검을 현	玄米(현미)
向	6급	향할 향	向方(향방)	顯	4급	나타날 현	顯現(현현)
噓	1급	불 허	吹噓(취허)	賢	준4	어질 현	賢母(현모)
墟	1급	터 허	古墟(고허)	現	6급	나타날 현	表現(표현)
虛	준4	빌 허	虛實(허실)	穴	준3	굴 혈	虎穴(호혈)
許	5급	허락할 허	許諾(허락)	血	준4	피 혈	血壓(혈압)
軒	3급	집 헌	東軒(동헌)	嫌	3급	싫어할 혐	嫌惡(혐오)
獻	준3	드릴 헌	獻血(헌혈)	俠	1급	의기로울 협	俠客(협객)
憲	4급	법 헌	憲法(헌법)	挾	1급	낄 협	挾攻(협공)
歇	1급	쉴 헐	間歇(간헐)	狹	1급	좁을 협	狹小(협소)

1~8급까지 읽기

頰(협)~號(호) 3301~3350字 한자 및 훈·음 알아보기[67]

* 다음 한자를 가나다순으로 배열하고 각 한자에 해당하는 급수를 분류하였습니다.

한자	급	훈·음	낱 말	한자	급	훈·음	낱 말
頰	1급	뺨 협	紅頰(홍협)	琥	1급	호박 호	琥珀(호박)
陜	2급	좁을 협/땅이름 합	陜川(합천)	瑚	1급	산호 호	珊瑚(산호)
峽	2급	골짜기 협	峽谷(협곡)	糊	1급	풀칠할 호	糊塗(호도)
脅	준3	위협할 협	脅迫(협박)	壕	2급	해자 호	塹壕(참호)
協	준4	화할 협	協力(협력)	扈	2급	따를 호	扈衛(호위)
荊	1급	가시나무 형	荊冠(형관)	昊	2급	하늘 호	昊天(호천)
瀅	2급	물 맑을 형	이름字	晧	2급	밝을 호	이름字
炯	2급	빛날 형	炯眼(형안)	澔	2급	넓을 호	이름字
瑩	2급	밝을 형/옥돌 영	瑩澈(형철)	皓	2급	흴[白] 호	皓齒(호치)
邢	2급	성씨 형	이름字	祜	2급	복[福] 호	이름字
馨	2급	꽃다울 형	馨香(형향)	鎬	2급	호경 호	이름字
型	2급	모형 형	模型(모형)	濠	2급	호주 호	濠洲(호주)
亨	3급	형통할 형	亨通(형통)	乎	3급	어조사 호	斷乎(단호)
螢	3급	반딧불 형	螢光(형광)	互	3급	서로 호	相互(상호)
衡	3급	저울대 형	衡平(형평)	毫	3급	터럭 호	毫髮(호발)
刑	4급	형벌 형	刑罰(형벌)	浩	준3	넓을 호	浩歎(호탄)
形	6급	모양 형	形態(형태)	胡	준3	되 호	胡亂(호란)
兄	8급	형 형	兄弟(형제)	虎	준3	범 호	虎皮(호피)
彗	1급	살별 혜	彗掃(혜소)	豪	준3	호걸 호	豪傑(호걸)
醯	1급	식혜 혜	食醯(식혜)	呼	준4	부를 호	呼名(호명)
兮	3급	어조사 혜	樂兮(낙혜)	好	준4	좋을 호	好感(호감)
慧	준3	슬기로울 혜	智慧(지혜)	戶	준4	집 호	戶主(호주)
惠	준4	은혜 혜	惠澤(혜택)	護	준4	도울 호	看護(간호)
弧	1급	활 호	括弧(괄호)	湖	5급	호수 호	湖水(호수)
狐	1급	여우 호	狐媚(호미)	號	6급	이름 호	年號(연호)

216 • 부록

1~8급까지 읽기

酷(혹)~闊(활) 3351~3400字 한자 및 훈·음 알아보기[68]

* 다음 한자를 가나다순으로 배열하고 각 한자에 해당하는 급수를 분류하였습니다.

한자	급	훈·음	낱말	한자	급	훈·음	낱말
酷	2급	심할 혹	苛酷(가혹)	貨	준4	재물 화	金貨(금화)
惑	준3	미혹할 혹	疑惑(의혹)	化	5급	될 화	孵化(부화)
或	4급	혹 혹	或是(혹시)	和	6급	화할 화	和睦(화목)
渾	1급	흐릴 혼	渾然(혼연)	畫	6급	그림 화/그을 획	畫家(화가)
昏	3급	어두울 혼	昏迷(혼미)	花	7급	꽃 화	花瓶(화병)
魂	준3	넋 혼	魂靈(혼령)	話	7급	말씀 화	談話(담화)
婚	4급	혼인할 혼	結婚(결혼)	火	8급	불 화	火魔(화마)
混	4급	섞을 혼	混合(혼합)	擴	3급	넓힐 확	擴張(확장)
惚	1급	황홀할 홀	恍惚(황홀)	穫	3급	거둘 확	收穫(수확)
笏	1급	홀 홀	投笏(투홀)	確	준4	굳을 확	確信(확신)
忽	준3	갑자기 홀	疏忽(소홀)	喚	1급	부를 환	召喚(소환)
哄	1급	떠들썩할 홍	哄笑(홍소)	宦	1급	벼슬 환	宦官(환관)
虹	1급	무지개 홍	白虹(백홍)	驩	1급	기뻐할 환	合驩(합환)
訌	1급	어지러울 홍	內訌(내홍)	鰥	1급	홀아비 환	鰥居(환거)
泓	2급	물깊을 홍	이름字	桓	2급	굳셀 환	桓雄(환웅)
弘	3급	클 홍	弘報(홍보)	煥	2급	빛날 환	이름字
鴻	3급	기러기 홍	鴻爪(홍조)	幻	2급	헛보일 환	幻相(환상)
洪	준3	넓을 홍	洪水(홍수)	丸	3급	둥글 환	丸藥(환약)
紅	4급	붉을 홍	朱紅(주홍)	換	준3	바꿀 환	交換(교환)
嬅	2급	탐스러울 화	이름字	還	준3	돌아올 환	還拂(환불)
樺	2급	벚나무/자작나무 화	이름字	歡	4급	기쁠 환	歡呼(환호)
靴	2급	신 화	祭靴(제화)	環	4급	고리 환	花環(화환)
禾	3급	벼 화	禾穀(화곡)	患	5급	근심 환	病患(병환)
禍	준3	재앙 화	禍福(화복)	猾	1급	교활할 활	狡猾(교활)
華	4급	빛날 화	華麗(화려)	闊	1급	넓을 활	闊步(활보)

1~8급까지 읽기

滑(활)~厚(후) 3401~3450字 한자 및 훈·음 알아보기 [69]

* 다음 한자를 가나다순으로 배열하고 각 한자에 해당하는 급수를 분류하였습니다.

한자	급	훈·음	낱말	한자	급	훈·음	낱말
滑	2급	미끄러울 활	圓滑(원활)	廻	2급	돌 회	迂廻(우회)
活	7급	살 활	生活(생활)	悔	준3	뉘우칠 회	後悔(후회)
凰	1급	봉황 황	鳳凰(봉황)	懷	준3	품을 회	感懷(감회)
徨	1급	헤맬 황	彷徨(방황)	灰	4급	재 회	灰色(회색)
恍	1급	황홀할 황	恍惚(황홀)	回	준4	돌아올 회	回復(회복)
惶	1급	두려울 황	驚惶(경황)	會	6급	모일 회	會談(회담)
慌	1급	어리둥절할 황	恐慌(공황)	劃	준3	그을 획	劃一(획일)
煌	1급	빛날 황	輝煌(휘황)	獲	준3	얻을 획	獲得(획득)
遑	1급	급할 황	遑急(황급)	橫	준3	가로 횡	縱橫(종횡)
晃	2급	밝을 황	이름字	哮	1급	성낼 효	咆哮(포효)
滉	2급	깊을 황	이름字	嚆	1급	울릴 효	嚆矢(효시)
皇	준3	임금 황	皇帝(황제)	爻	1급	사귈/가로그을 효	六爻(육효)
荒	준3	거칠 황	荒唐(황당)	酵	1급	삭힐 효	醱酵(발효)
況	4급	상황 황	現況(현황)	曉	3급	새벽 효	曉月(효월)
黃	6급	누를 황	黃色(황색)	效	5급	본받을 효	效能(효능)
徊	1급	머뭇거릴 회	徘徊(배회)	孝	7급	효도 효	孝子(효자)
恢	1급	넓을 회	恢復(회복)	吼	1급	울부짖을 후	悲吼(비후)
晦	1급	그믐 회	晦日(회일)	嗅	1급	맡을 후	嗅覺(후각)
繪	1급	그림 회	繪畫(회화)	朽	1급	썩을 후	朽葉(후엽)
膾	1급	회 회	肉膾(육회)	逅	1급	만날 후	邂逅(해후)
蛔	1급	회충 회	蛔蟲(회충)	后	2급	임금/왕후 후	皇后(황후)
誨	1급	가르칠 회	慈誨(자회)	喉	2급	목구멍 후	喉頭(후두)
賄	1급	재물/뇌물 회	贈賄(증회)	侯	3급	제후 후	王侯(왕후)
檜	2급	전나무 회	이름字	候	4급	기후 후	氣候(기후)
淮	2급	물이름 회	이름字	厚	4급	두터울 후	厚薄(후박)

1~8급까지 읽기

後(후)~詰(힐) 3451~3500字 한자 및 훈·음 알아보기[70]

* 다음 한자를 가나다순으로 배열하고 각 한자에 해당하는 급수를 분류하였습니다.

한자	급	훈·음	낱 말	한자	급	훈·음	낱 말
後	7급	뒤 후	前後(전후)	凶	5급	흉할 흉	凶惡(흉악)
暈	1급	무리 훈	月暈(월훈)	黑	5급	검을 흑	黑白(흑백)
壎	2급	질나팔 훈	이름字	欣	1급	기쁠 흔	欣喜(흔희)
熏	2급	불길 훈	이름字	痕	1급	흔적 흔	血痕(혈흔)
薰	2급	향풀 훈	薰氣(훈기)	欠	1급	하품 흠	欠伸(흠신)
勳	2급	공 훈	勳章(훈장)	歆	1급	흠향할 흠	歆饗(흠향)
訓	6급	가르칠 훈	訓戒(훈계)	欽	2급	공경할 흠	欽慕(흠모)
喧	1급	지껄일 훤	喧擾(훤요)	恰	1급	흡사할 흡	恰似(흡사)
卉	1급	풀 훼	花卉(화훼)	洽	1급	흡족할 흡	洽足(흡족)
喙	1급	부리 훼	豕喙(시훼)	吸	준4	마실 흡	吸入(흡입)
毁	3급	헐 훼	毁損(훼손)	興	준4	일 흥	興亡(흥망)
彙	1급	무리 휘	語彙(어휘)	犧	1급	희생 희	犧牲(희생)
諱	1급	꺼릴 휘	忌諱(기휘)	嬉	2급	아름다울 희	이름字
麾	1급	기 휘	麾下(휘하)	憙	2급	기뻐할 희	이름字
徽	2급	아름다울 휘	徽章(휘장)	熹	2급	빛날 희	이름字
輝	3급	빛날 휘	明輝(명휘)	禧	2급	복 희	이름字
揮	4급	휘두를 휘	指揮(지휘)	羲	2급	복희 희	이름字
烋	2급	아름다울 휴	이름字	噫	2급	한숨쉴 희	噫嗚(희오)
携	3급	이끌 휴	携帶(휴대)	姬	2급	계집 희	美姬(미희)
休	7급	쉴 휴	休息(휴식)	熙	2급	빛날 희	熙笑(희소)
恤	1급	불쌍할 휼	救恤(구휼)	稀	준3	드물 희	稀少(희소)
兇	1급	흉악할 흉	兇行(흉행)	戲	준3	놀이 희	戲劇(희극)
洶	1급	용솟음칠 흉	洶湧(흉용)	喜	4급	기쁠 희	喜悲(희비)
匈	2급	오랑캐 흉	匈奴(흉노)	希	준4	바랄 희	希望(희망)
胸	준3	가슴 흉	胸部(흉부)	詰	1급	꾸짖을 힐	詰責(힐책)

漢字능력검정시험 대비 한자성어 및 고사성어[1]

ㄱ …… 漢字成語[한자성어]

街談巷說(가담항설) : 항간에 떠도는 소문.
苛斂誅求(가렴주구) : 가혹하게 세금을 징수하고, 무리하게 재산 등을 빼앗음.
假弄成眞(가롱성진) : 장난삼아 한 일이 정말이 됨.
刻骨難忘(각골난망) : 은혜에 대한 고마운 마음이 깊이 뼛속까지 스며 잊히지 아니함.
各自圖生(각자도생) : 제각기 살아나갈 길을 꾀함.
刻舟求劍(각주구검) : 시대에 뒤떨어진 것만 고집하는 어리석음. 守株待兎(수주대토)
肝膽相照(간담상조) : 마음을 터놓고 진심으로 사귀는 친구 사이.
渴而穿井(갈이천정) : 목이 말라야 우물을 팜.
敢不生心(감불생심) : 능력 없어 감히 생각도 못함.
甘言利說(감언이설) : 이로운 조건을 내세워 남을 꾀하는 말
感之德之(감지덕지) : 고맙게 여기어 어찌할 줄 모름.
甘呑苦吐(감탄고토) : 달면 삼키고 쓰면 뱉음.
甲男乙女(갑남을녀) : 匹夫匹婦(필부필부), 善男善女(선남선녀), 평범한 사람들
甲論乙駁(갑론을박) : 서로 주장을 내세우고 상대방의 주장을 반박함.
改過遷善(개과천선) : 잘못을 고쳐 착해짐.
蓋棺事定(개관사정) : 사람은 죽은 후에야 정당한 평가를 할 수 있다.
開卷有益(개권유익) : 독서를 하면 도움이 됨.
去頭截尾(거두절미) : 요점만 말함.
居安思危(거안사위) : 편안한 때에 앞으로 닥칠 위기를 생각함.
乾坤一擲(건곤일척) : 전력을 다하여 마지막 승부나 승패를 겨룬다.
格物致知(격물치지) : 사물의 이치를 연구하여 지식을 확실히 함.
隔靴搔癢(격화소양) : 마음으로 애써 하려 하나 만족하지 못함.
牽強附會(견강부회) : 말을 억지로 끌어 붙여 자기 주장하는 조건에 맞도록 함.
見利忘義(견리망의) : 이익을 보면 의리를 잊음.
見利思義(견리사의) : 눈앞에 이익이 보일 때, 의리를 생각함.
犬馬之勞(견마지로) : 윗사람을 위해 애쓰는 노력을 겸손히 일컫는 말.
見蚊拔劍(견문발검) : 모기를 보고 칼을 뺌.
見物生心(견물생심) : 물건을 보면 그것을 가지고 싶은 욕심이 생김.
結者解之(결자해지) : 자기가 저지른 일은 자기가 해결해야 한다.
結草報恩(결초보은) : 죽어서까지도 은혜를 갚음.
兼人之勇(겸인지용) : 여러 사람을 당해 낼 용기.

漢字능력검정시험 대비 한자성어 및 고사성어[2]

ㄱ •••• **漢字成語**[한자성어]

輕擧妄動(경거망동) : 경솔하고 망령된 행동.
傾國之色(경국지색) : 나라의 운명을 위태롭게 할만한 절세의 미인.
經世濟民(경세제민) : 세상을 구하고 백성을 구함.
敬而遠之(경이원지) : 곁으로는 공경하는 체 하면서 속으로는 멀리함.
鷄卵有骨(계란유골) : 운수 나쁜 사람은 좋은 기회를 만나도 일이 잘 안됨.
鷄肋　　　(계륵)　　　: 가치는 없으나 버리기 아까움을 비유.
鷄鳴狗盜(계명구도) : 하찮은 재주가 뜻밖에 큰 구실을 함.
孤軍奮鬪(고군분투) : 외로운 군사력으로 대적과 싸움.
孤立無援(고립무원) : 고립되어 도움받을 수 없음.
鼓腹擊壤(고복격양) : 세상이 태평하여 근심 없이 안락하게 삶.
姑息之計(고식지계) : 당장 편안한 것만 택하는 계책. 凍足放尿(동족방뇨), 姑息策(고식책)
苦肉之策(고육지책) : 적을 속이거나 목적을 달성하려고 제 몸을 괴롭히는 계책.
孤掌難鳴(고장난명) : 상대가 없으면 혼자서는 일을 이루기가 어려움. 獨掌難鳴(독장난명)
苦盡甘來(고진감래) : 고생 끝에 즐거움이 옴.
曲學阿世(곡학아세) : 정도를 벗어난 학문으로 세상 사람에게 아첨함.
骨肉相爭(골육상쟁) : 형제나 같은 민족끼리 서로 다툼을 뜻함.
公卿大夫(공경대부) : 벼슬이 높은 사람들.
過猶不及(과유불급) : 정도를 지나침을 미치지 못한 것과 같음.
管鮑之交(관포지교) : 아주 친한 친구사이의 두터운 우정.
刮目相對(괄목상대) : 눈을 비비고 다시 볼 정도로 크게 향상됨. 日就月將(일취월장)
矯角殺牛(교각살우) : 잘못을 고치려다 오히려 일을 그르침. 矯枉過正(교왕과정), 矯枉過直
巧言令色(교언영색) : 남에게 아첨하려고 듣기 좋게 꾸미는 말과 얼굴빛.
敎外別傳(교외별전) : 以心傳心(이심전심), 不立文字(불립문자), 마음에서 마음으로 뜻을 전함.
膠柱鼓瑟(교주고슬) : 변통성이 없는 소견을 비유함.
狡兔三窟(교토삼굴) : 교묘한 꾀로 어려움을 피함.
敎學相長(교학상장) : 가르치거나 배우는 일이 모두 학업을 증진시킴.
狗尾續貂(구미속초) : 훌륭한 것에 보잘것없는 것이 뒤따르다.
口蜜腹劍(구밀복검) : 친절하나 속으로는 해칠 생각을 함.
九死一生(구사일생) : 여러 번 죽을 고비를 겪고 살아남.
口尙乳臭(구상유취) : 언행이 매우 유치함.
鳩首會議(구수회의) : 여럿이 한자리에 모여 앉아 머리를 맞대고 의논함.

漢字능력검정시험 대비 한자성어 및 고사성어[3]

ㄱ ···· **漢字成語**[한자성어]

九牛一毛(구우일모) : 많은 것 가운데서 가장 적거나 매우 하찮은 것. 滄海一粟(창해일속)
群鷄一鶴(군계일학) : 평범한 사람들 가운데 뛰어난 사람. 白眉(백미), 出衆(출중)
群雄割據(군웅할거) : 많은 영웅이 각지에 자리 잡고 서로 세력을 다툼.
窮餘之策(궁여지책) : 매우 궁하여 어려운 끝에 짜낸 한 가지 꾀.
權謀術數(권모술수) : 남을 교묘하게 속이는 술책.
權不十年(권불십년) : 권세가 십 년을 가지 못함.
勸善懲惡(권선징악) : 착한 일은 권장하고 악한 일은 징계함.
捲土重來(권토중래) : 실패 후 다시 분기하여 세력을 되찾음.
橘化爲枳(귤화위지) : 좋은 물건이라도 처지와 상황이 알맞지 않으면 왜곡될 수밖에 없다.
近墨者黑(근묵자흑) : 나쁜 사람을 가까이하면 물들기 쉬움.
金科玉條(금과옥조) : 귀중한 법칙, 규정.
金蘭之契(금란지계) : 마음이 맞고, 두터운 우정.
今時初聞(금시초문) : 이제 비로소 처음으로 듣다.
錦衣夜行(금의야행) : 아무 보람이 없는 행동.
錦衣還鄕(금의환향) : 객지에서 성공하여 고향으로 돌아옴.
金枝玉葉(금지옥엽) : 임금의 자손이나 집안의 귀한 자손.
氣高萬丈(기고만장) : 씩씩한 기운이 크게 떨침.
起死回生(기사회생) : 죽음에서 일어나 삶을 회복함.
杞憂　　　(기우)　　 : 쓸데없는 걱정.
騎虎之勢(기호지세) : 시작한 일이라 중도에서 그만둘 수 없는 형세.

ㄴ ···· **漢字成語**[한자성어]

落花流水(낙화유수) : 남녀 간의 그리운 심정 비유.
難兄難弟(난형난제) : 우열을 분간하기 어려움.
南柯一夢(남가일몽) : 꿈과 같이 헛된 부귀영화.
男負女戴(남부여대) : 가난한 사람 살 곳을 찾아다닌다.
濫觴　　　(남상)　　 : 사물의 시초. 큰 강물도 원천은 한 잔의 물에서 출발한다.
囊中之錐(낭중지추) : 주머니 속의 송곳. 뛰어난 재주는 숨겨도 드러남.
囊中取物(낭중취물) : 주머니 속의 물건을 꺼냄. 손쉽게 얻을 수가 있다는 뜻.
內憂外患(내우외환) : 나라 안팎의 근심과 걱정.
怒甲移乙(노갑이을) : 종로에서 뺨을 맞고 한강에서 눈 흘긴다.

漢字능력검정시험 대비 한자성어 및 고사성어[4]

ㄴ···· 漢字成語[한자성어]
勞心焦思(노심초사) : 마음으로 애쓰며 속을 태운다.
綠衣紅裳(녹의홍상) : 연두색 저고리와 다홍치마. 젊은 여자가 곱게 차린 옷 색깔.
論功行賞(논공행상) : 세운 공을 논하여 상을 줌.
累卵之危(누란지위) : 累卵之勢(누란지세). 새알을 쌓아놓은 것처럼 아슬아슬한 위기.
能小能大(능소능대) : 크고 적은 일에 모두 능함.

ㄷ···· 漢字成語[한자성어]
多岐亡羊(다기망양) : 亡羊之歎(망양지탄). 갈림길이 많아 양을 잃는다.
多多益善(다다익선) : 많으면 많을수록 좋다.
多事多難(다사다난) : 일도 많고 어려움도 많음.
斷金之交(단금지교) : 우정이 쇠붙이를 끊는다. 단단한 우정.
斷機之戒(단기지계) : 중간에 그만둔 학문은 쓸모가 없다.
單刀直入(단도직입) : 곧바로 말함.
斷末魔　　(단말마)　 : 숨이 끊어질 때의 고통.
堂狗風月(당구풍월) : 유식한 사람과 같이 있으면 견문이 넓어짐.
螳螂拒轍(당랑거철) : 분수 모르고 강적에게 대듦.
大喝一聲(대갈일성) : 크게 한 번 소리치다.
大驚失色(대경실색) : 몹시 놀라 얼굴빛을 잃다.
大器晩成(대기만성) : 큰 인물은 늦게 이루어짐.
道不拾遺(도불습유) : 나라가 태평함. 백성이 길에 떨어진 물건을 주워 갖지 아니함.
道聽塗說(도청도설) : 뜬소문. 경솔히 듣고 경망하게 말을 함.
塗炭之苦(도탄지고) : 흙탕물과 숯불과 같은 고통.
東家食西家宿(동가식서가숙) : 떠돌아다니며 얻어먹고 지냄.
同價紅裳(동가홍상) : 같은 값이면 다홍치마.
同苦同樂(동고동락) : 함께 괴로워하고 즐거워함.
東問西答(동문서답) : 엉뚱한 대답.
同病相憐(동병상련) : 같은 처지에 있는 사람끼리 서로 불쌍히 여김.
東奔西走(동분서주) : 이리저리 바쁘게 쏘다니는 것.
同床異夢(동상이몽) : 겉과 다르게 속으로는 다른 생각을 함.
杜門不出(두문불출) : 집안에만 틀어박혀 세상 밖으로 나다니지 아니함.
登高自卑(등고자비) : 높은 곳에 오르려면 낮은 곳에서부터 시작함.

漢字능력검정시험 대비 한자성어 및 고사성어[5]

ㄷ ···· 漢字成語[한자성어]
登龍門 (등용문) : 입신출세에 어려운 관문. 시험.
燈下不明(등하불명) : 등잔 밑이 어둡다. 가까이 있는 것을 알아내기 어려움.
燈火可親(등화가친) : 가을은 밤이 길어지고 서늘하여 등불을 밝히고 책을 읽기 좋다.

ㅁ ···· 漢字成語[한자성어]
馬耳東風(마이동풍) : 남의 의견을 귀담아듣지 아니함. 소귀에 경 읽기.
莫逆之友(막역지우) : 아주 허물없이 지내는 친구.
萬事休矣(만사휴의) : 모든 일이 헛되게 됨.
晩時之歎(만시지탄) : 기회를 잃은 것에 대한 한탄.
萬彙群象(만휘군상) : 우주의 수많은 형상.
亡羊補牢(망양보뢰) : 소 잃고 외양간 고친다.
亡羊之歎(망양지탄) : 학문이 길이 여러 갈래라 길을 잡기가 어렵다.
望雲之情(망운지정) : 객지에서 자식이 부모를 그리워하는 마음.
麥秀之嘆(맥수지탄) : 고국의 망함을 한탄함.
面從腹背(면종복배) : 앞에서 복종하고 뒤에서 배신함.
名不虛傳(명불허전) : 명예로운 이름은 마땅히 실적이 있어야 전해짐.
名實相符(명실상부) : 이름과 실제가 부합함.
明若觀火(명약관화) : 불을 보듯이 명확히 알 수 있음.
命在頃刻(명재경각) : 금방 숨이 넘어갈 지경.
毛遂自薦(모수자천) : 자기 스스로 자신을 천거함.
目不識丁(목불식정) : 아주 무식함. 낫 놓고 기역자도 모른다.
武陵桃源(무릉도원) : 속세를 떠난 별천지.
無所不爲(무소불위) : 못할 일이 없음.
刎頸之交(문경지교) : 목숨을 바꿀만한 절친한 친구.
文房四友(문방사우) : 종이, 붓, 벼루, 먹.
門外漢 (문외한) : 어떤 일에 대한 전문적인 지식이 없거나 관련이 없음.
聞一知十(문일지십) : 하나를 들으니 열 가지를 미루어 안다. 매우 총명함.
門前成市(문전성시) : 방문객이 많아 문 앞에 시장을 이루다.
物我一體(물아일체) : 자연과 자아가 하나가 됨. 物心一如(물심일여)
彌縫策 (미봉책) : 임시로 꾸며 눈가림하는 계책.
美辭麗句(미사여구) : 아름다운 말과 훌륭한 글귀.

漢字능력검정시험 대비 한자성어 및 고사성어[6]

ㅁ ···· **漢字成語**[한자성어]
尾生之信(미생지신) : 융통성 없이 신의만 굳게 지킴.
未曾有　 (미증유)　 : 아직까지 있어 본 적이 없음. 前代未聞(전대미문)

ㅂ ···· **漢字成語**[한자성어]
博而不精(박이부정) : 여러 방문으로 널리 아나 자세하지는 못함.
拍掌大笑(박장대소) : 손뼉을 치면서 크게 웃는다.
半面之分(반면지분) : 얼굴은 알아도 친하지 않음.
反目嫉視(반목질시) : 서로 미워하고 질투하다.
反哺之孝(반포지효) : 자식이 자라서 부모의 은혜를 갚음.
拔本塞源(발본색원) : 폐단의 근원을 뽑고 막아버림.
傍若無人(방약무인) : 곁에 사람이 없는 듯이 함부로 행동하다. 眼下無人(안하무인)
蚌鷸之爭(방휼지쟁) : 漁父之利(어부지리). 서로 다투다가 제삼자에게 이익을 줌.
背水之陣(배수지진) : 목숨을 걸고 싸우는 방책.
背恩忘德(배은망덕) : 은혜를 저버리고 배반함.
白骨難忘(백골난망) : 죽어서 백골이 되어도 은혜를 잊을 수 없음.
百年河淸(백년하청) : 아무리 세월이 흘러가도 일을 해결할 희망이 없음.
白面書生(백면서생) : 얼굴이 해맑은 젊은이로 세상 경험이 부족한 사람.
白眉　　 (백미)　　 : 흰 눈썹. 여러 가운데에서 가장 뛰어난 사람이나 훌륭한 물건.
白眼視　 (백안시)　 : 업신여기거나 냉대하여 흘겨봄.
百折不屈(백절불굴) : 어떤 고난도 이겨 나감.
伯仲之勢(백중지세) : 우열을 가리기 어려운 형세.
百尺竿頭(백척간두) : 風前燈火(풍전등화). 매우 위태로운 지경에 이름.
兵家常事(병가상사) : 전쟁에서 이기고 지는 것은 보통 있는 일이다.
不知其數(부지기수) : 너무 많아 수를 셀 수 없음.
夫唱婦隨(부창부수) : 남편이 노래하면 아내가 따라하다.
附和雷同(부화뇌동) : 주견이 없이 남의 말에 덩달아 놀아남.
北窓三友(북창삼우) : 거문고와 술과 시
粉骨碎身(분골쇄신) : 자기 몸을 돌보지 않고 정성을 다해 전력을 쏟음.
不可思議(불가사의) : 사람 생각으로 이해하기 어려움.
不共戴天之讐(불공대천지수) : 같은 하늘 아래 서는 함께 살 수 없는 원수.
不立文字(불립문자) : 以心傳心(이심전심). 마음에서 마음으로 전한다.

漢字능력검정시험 대비 한자성어 및 고사성어[7]

ㅂ ···· 漢字成語[한자성어]
不眠不休(불면불휴) : 자지도 않고 쉬지도 않는다.
不問可知(불문가지) : 옳고 그름은 묻지 않아도 가히 알 수 있음.
不問曲直(불문곡직) : 이유도 묻지 않고 함부로 함.
不撤晝夜(불철주야) : 밤과 낮을 가리지 아니함.
不恥下問(불치하문) : 아랫사람에게 묻는 것을 부끄러워하지 않음.
非夢似夢(비몽사몽) : 꿈인지 생시인지 어렴풋한 상태.
非一非再(비일비재) : 아주 많음. 하나도 아니고 둘도 아님.
貧者一燈(빈자일등) : 물질보다 정성이 소중하다.
氷炭之間(빙탄지간) : 얼음과 숯 사이. 서로 용납될 수 없는 사이.

ㅅ ···· 漢字成語[한자성어]
四顧無親(사고무친) : 의지할 사람이나 친척이 전혀 없이 외로움.
四面楚歌(사면초가) : 사면이 적에게 포위됨. 고립된 상태.
四分五裂(사분오열) : 천하가 크게 어지러워짐.
砂上樓閣(사상누각) : 모래 위의 누각. 기초가 약하여 위태함.
獅子吼　(사자후)　 : 크게 부르짖어 열변하는 연설.
蛇足　　(사족)　　: 쓸데없는 것을 덧붙여 오히려 잘못됨.
四通五達(사통오달) : 길이나 통신망이 사방으로 막힘없이 통함.
事必歸正(사필귀정) : 모든 일은 반드시 바른 데로 돌아간다.
死後藥方文(사후약방문) : 때가 이미 늦었음.
山紫水明(산자수명) : 산수의 경치가 아름다움.
山戰水戰(산전수전) : 험한 세상의 온갖 어려운 일.
殺身成仁(살신성인) : 자기를 희생해 仁(인)을 이룸.
三顧草廬(삼고초려) : 인재를 맞아들이려고 참을성 있게 노력함.
三昧境　(삼매경)　: 무아지경. 無念無想(무념무상). 정신을 집중하는 일.
三旬九食(삼순구식) : 몹시 가난함. 서른 날에 아홉 끼니를 먹는다.
三人成虎(삼인성호) : 근거 없는 말도 여럿이 하면 곧이듣게 됨.
三遷之敎(삼천지교) : 교육에는 환경이 매우 중요함.
桑田碧海(상전벽해) : 세상일이 변천이 심함. 10년이면 강산이 변함.
塞翁之馬(새옹지마) : 인생의 길흉화복은 변화가 많아 예측불허. 전화위복.
雪上加霜(설상가상) : 불행한 일이 잇달아 일어남. 엎친 데 덮친다.

漢字능력검정시험 대비 한자성어 및 고사성어[8]

ㅅ · · · · 漢字成語[한자성어]

小貪大失(소탐대실) : 작은 것 탐내다 큰 거 잃는다.
束手無策(속수무책) : 묶인 듯이 어찌할 도리가 없어 꼼짝 못함.
送舊迎新(송구영신) : 묵은해 보내고 새해를 맞이함.
首丘初心(수구초심) : 고향을 그리워하는 마음.
手不釋卷(수불석권) : 늘 책을 읽고 공부함. 손에서 책을 놓지 않음.
袖手傍觀(수수방관) : 간섭하거나 거들지 않고 그대로 버려둠.
修身齊家(수신제가) : 행실을 닦고 집안을 다스림.
水魚之交(수어지교) : 물고기와 물의 사이처럼 아주 친밀하여 떨어질 수 없는 사이.
守株待兎(수주대토) : 융통성이 없는 행동. 刻舟求劍(각주구검)
脣亡齒寒(순망치한) : 입술이 없으면 이가 시리다는 뜻. 한쪽이 망하면 다른 한쪽도 망함.
是是非非(시시비비) : 옳은 것은 옳고 그른 것은 그르다고 하는 일. 公平無私(공평무사)
始終一貫(시종일관) : 처음과 끝이 같은 방침이나 태도로 나감.
識字憂患(식자우환) : 학식이 있는 것이 도리어 근심을 사게 된다.
信賞必罰(신상필벌) : 상벌을 공정하게 행함.
身言書判(신언서판) : 몸, 말씨, 글씨, 판단력. 인물을 판단하는 네 가지 조건.
實事求是(실사구시) : 사실에 토대하여 진리를 탐구하는 일.
十匙一飯(십시일반) : 힘을 합하면 한 사람을 도울 수 있음. 열 숟가락이 한 끼의 밥이 된다.
十日之菊(십일지국) : 국화는 9월9일이 절정으로 이미 때가 늦었다.

ㅇ · · · · 漢字成語[한자성어]

阿鼻叫喚(아비규환) : 참혹한 고통 가운데서 살려 달라고 울부짖는 상태.
阿諛苟容(아유구용) : 환심을 사려고 알랑거리며 구차스럽게 행동함.
我田引水(아전인수) : 제논에 물대기란 뜻으로. 자기에게 이롭기만 함.
惡戰苦鬪(악전고투) : 고난이 많고 어려운 싸움. 孤軍奮鬪(고군분투).
安分知足(안분지족) : 분수를 지키며 만족함.
安貧樂道(안빈낙도) : 가난한 생활이지만 편안한 마음으로 道(도)를 즐김.
眼下無人(안하무인) : 교만하여 남을 업신여김.
暗中摸索(암중모색) : 어둠 속에서 더듬어 찾듯이 어림으로 무엇을 찾아내려 함.
弱肉强食(약육강식) : 강한 놈이 약한 놈을 먹는다.
羊頭狗肉(양두구육) : 겉으로는 그럴 듯하나 속은 변변하지 않음
養虎遺患(양호유환) : 기른 범이 우환이 됨. 화근이 될 것을 길러 나중에 화를 당함.

漢字능력검정시험 대비 한자성어 및 고사성어[9]

○ **漢字成語**[한자성어]

魚變成龍(어변성룡) : 어릴 때는 신통치 않던 자가 커서 훌륭해짐.
漁父之利(어부지리) : 蚌鷸之爭(방휼지쟁). 犬兎之爭(견토지쟁). 제삼자가 이득을 챙긴다.
語不成說(어불성설) : 말이 이치에 맞지 않는다.
言語道斷(언어도단) : 말문이 막힘. 어이가 없다.
言中有骨(언중유골) : 예사로운 말 속에 심상치 않은 뜻이 있음.
如履薄氷(여리박빙) : 살얼음을 밟는 것과 같은. 처세에 조심하라.
逆鱗   (역린)   : 임금의 분노. 용의 턱밑에 거꾸로 난 비늘 한 장. 건드리면 죽음을 당함.
易地思之(역지사지) : 처지를 바꾸어 생각함.
緣木求魚(연목구어) : 나무에 올라가 고기를 구함. 불가능한 일을 하려고 한다.
五里霧中(오리무중) : 갈피를 못 잡고 알 길이 없다.
寤寐不忘(오매불망) : 자나깨나 잊지 못함.
吾不關焉(오불관언) : 나는 상관하지 않는다.
吾鼻三尺(오비삼척) : 내 코가 석 자. 자기 사정이 다급하여 남에게 신경 쓸 여유가 없음.
烏飛梨落(오비이락) : 일이 공교롭게도 같이 일어나 남의 의심을 받게 됨.
傲霜孤節(오상고절) : 서릿발 속에서도 굴하지 않고 지키는 절개.
五十步百步(오십보백보) : 약간의 차이는 있지만, 본질적인 차이는 없음.
吳越同舟(오월동주) : 서로 적의를 가진 자들이 같은 처지나 한자리에 놓임.
烏合之卒(오합지졸) : 까마귀 떼같이 질서없는 무리.
玉石俱焚(옥석구분) : 선악 구별 없이 함께 멸망함.
溫故知新(온고지신) : 옛것을 익히고 그것을 미루어서 새것을 앎.
臥薪嘗膽(와신상담) : 뜻을 이루려는 일념으로 스스로 괴로움을 겪으면서 다짐함.
外柔內剛(외유내강) : 겉으로는 부드럽고 순하게 보이나 속은 단단하고 굳셈.
欲速不達(욕속부달) : 일을 급하게 하고자 서두르면 오히려 이루지 못함.
龍頭蛇尾(용두사미) : 처음은 좋으나 끝이 좋지 않음을 비유하는 말.
龍蛇飛騰(용사비등) : 용, 뱀이 움직이는 것처럼 아주 활기찬 필력.
用意周到(용의주도) : 준비가 철저하여 빈틈없음.
愚公移山(우공이산) : 산을 옮긴다. 어렵고 큰일이라도 끊임없이 노력하면 이루어진다.
迂餘曲折(우여곡절) : 뒤얽힌 복잡한 사정이나 변화.
雨後竹筍(우후죽순) : 비 온 후 솟는 竹筍(죽순). 같이 어떤 일이 한때에 많이 일어남.
遠禍召福(원화소복) : 화를 보내고 복을 불러들인다.
韋編三絶(위편삼절) : 주역을 즐겨 읽어 책의 가죽끈이 세 번이나 끊어짐. 독서에 열중.

漢字능력검정시험 대비 한자성어 및 고사성어[10]

○···· **漢字成語**[한자성어]

有口無言(유구무언) : 입이 있으나 할 말이 없음.
類萬不同(유만부동) : 모든 것이 서로 같지 아니함.
有名無實(유명무실) : 명성만 있고 실상은 없다.
流芳百世(유방백세) : 아름다운 이름을 후세에 길이 남김.
有備無患(유비무환) : 준비가 있으면 근심이 없음.
唯我獨尊(유아독존) : 자기만이 잘났다고 뽐냄.
類類相從(유유상종) : 같은 무리끼리 서로 좇아서 사귐. 草綠同色(초록동색). 가재는 게 편.
隱忍自重(은인자중) : 마음속에 감추고 참고 견디며 신중하게 행동함.
意味深長(의미심장) : 말이나 글의 뜻이 매우 깊음.
異口同聲(이구동성) : 여러 사람의 말이 같다.
以實直告(이실직고) : 사실대로 바로 말하다.
以心傳心(이심전심) : 마음에서 마음으로 전함. 敎外別傳(교외별전). 不立文字(불립문자).
以熱治熱(이열치열) : 힘은 힘으로써 물리친다. 열은 열로써 다스린다.
二律背反(이율배반) : 서로 모순되는 두 개의 명제가 동등한 권리로 주장되는 일.
泥田鬪狗(이전투구) : 진흙탕에서 싸우는 개. 더럽고 추한 상황.
李下不整冠(이하부정관) : 남에게 의심받을 행동은 하지 마라.
因果應報(인과응보) : 과거나 선악에 따라 훗날 길흉화복이 갚음을 받게 된다.
人面獸心(인면수심) : 겉으로는 좋으나 속이 검은 사람.
人事不省(인사불성) : 정신을 잃고 의식을 모르다.
人之常情(인지상정) : 누구나 갖는 보편적 인정.
一擧兩得(일거양득) : 一石二鳥(일석이조). 한 가지 일로써 두 가지 이익을 얻음.
一刀兩斷(일도양단) : 머뭇거리지 않고 일이나 행동을 선 듯 결정함.
一目瞭然(일목요연) : 첫눈에 똑똑하게 알 수 있음.
一絲不亂(일사불란) : 질서가 정연하여 조금도 어지러움이 없음.
一瀉千里(일사천리) : 조금도 거침없이 진행됨.
一魚濁水(일어탁수) : 한 사람이 잘못으로 여러 사람이 손해를 입다.
一言以蔽之(일언이폐지) : 말 한마디로 뜻을 다함.
一言之下(일언지하) : 말 한마디로 끊음. 한 마디로 딱 잘라 말함.
一葉知秋(일엽지추) : 나뭇잎에서 가을이 온 것을 안다. 작은 일로 장차 있을 일을 짐작하다.
一場春夢(일장춘몽) : 한바탕 허무한 봄 꿈.
一觸卽發(일촉즉발) : 조금만 닿아도 곧 폭발할 것 같은 모양.

漢字능력검정시험 대비 한자성어 및 고사성어[11]

ㅇ ····· 漢字成語[한자성어]

一寸光陰(일촌광음) : 아주 짧은 시간.
日就月將(일취월장) : 날로달로 자라거나 발전함.
一片丹心(일편단심) : 변치 않는 참된 마음.
一攫千金(일확천금) : 쉽게 많은 재물을 얻다.
臨機應變(임기응변) : 형편에 따라 알맞게 일을 처리함. (임시방편). (미봉책). (고식지계)
臨戰無退(임전무퇴) : 싸움에 임하여 물러섬이 없다.
立身揚名(입신양명) : 출세하여 이름을 드날림.

ㅈ ····· 漢字成語[한자성어]

自家撞着(자가당착) : 말과 행동을 잘못하여 스스로 얽혀 들어감. 앞뒤가 모순됨.
自强不息(자강불식) : 노력하여 힘쓰고 쉬지 않음.
自激之心(자격지심) : 제가 한 일에 대하여 스스로 미흡한 생각을 함.
自手成家(자수성가) : 물려받은 재산 없이 스스로 재산을 모아 살림을 이루다.
自繩自縛(자승자박) : 자기의 마음씨나 언행으로 자기가 구속을 당하여 괴로워함.
自業自得(자업자득) : 자기가 저지른 일의 업을 자기가 받음.
自重自愛(자중자애) : 자신을 소중히 여기고 아낌.
自中之亂(자중지란) : 자기네 한 동아리 안에서 일어나는 싸움.
自暴自棄(자포자기) : 마음에 불만이 있어 되는대로 행동하고 자신을 돌아보지 않음.
張三李四(장삼이사) : 匹夫匹婦(필부필부). 甲男乙女(갑남을녀). 평범한 보통사람들.
長幼有序(장유유서) : 어른과 아이 사이에는 순서와 질서가 있다.
才子佳人(재자가인) : 재주 있는 남자. 아름다운 여자.
賊反荷杖(적반하장) : 도둑이 매를 든다. 잘못한 사람이 도리어 죄 없는 사람을 나무람.
赤手空拳(적수공권) : 아무것도 가진 것이 없음.
適材適所(적재적소) : 마땅한 인재를 적합한 자리에 쓰다.
電光石火(전광석화) : 번개, 부싯돌 불처럼 신속함.
前代未聞(전대미문) : 지금까지 들어본 일이 없는 새로운 일.
前途有望(전도유망) : 앞길이 유망함. 앞으로 잘 되어 나갈 희망이 있음.
前無後無(전무후무) : 전에도 없고 앞으로도 없음.
戰戰兢兢(전전긍긍) : 매우 두려워하여 조심함.
輾轉反側(전전반측) : 뒤척이며 잠을 이루지 못함.
轉禍爲福(전화위복) : 좋지 않은 일이 바뀌어 오히려 좋은 일이 생김.

漢字능력검정시험 대비 한자성어 및 고사성어[12]

ㅈ · · · · 漢字成語[한자성어]

切磋琢磨(절차탁마) : 옥이나 돌 따위를 갈고 닦아서 빛을 냄. 학문이나 덕행을 부지런히 닦음.
切齒腐心(절치부심) : 분하여 이를 갈며 속을 썩임.
漸入佳境(점입가경) : 들어갈수록 점점 재미있음.
頂門一鍼(정문일침) : 급소를 짚는 따끔한 충고.
井底之蛙(정저지와) : 우물 안 개구리. 井庭蛙(정정와). 井中蛙(정중와).
諸行無常(제행무상) : 인생이 덧없다.
糟糠之妻(조강지처) : 몹시 가난하고 천한 생활을 할 때 고생을 함께 겪어온 아내.
朝令暮改(조령모개) : 아침의 법령 저녁에 거둔다. 법령을 자주 고침.
朝變夕改(조변석개) : 朝三暮四(조삼모사) : 간사한 꾀로 사람을 속여 농락함.
鳥足之血(조족지혈) : 새 발의 피. 양이 매우 적음.
坐不安席(좌불안석) : 마음이 불안하고 걱정스러워 한곳에 오래 머물러 있지 못함.
坐井觀天(좌정관천) : 우물 안에서 하늘을 본다. 견문이 아주 좁음.
左之右之(좌지우지) : 왼쪽으로 갔다가 오른쪽으로 갔다가 한다. 마음대로 한다.
左衝右突(좌충우돌) : 이리저리 마구 찌르고 부딪힘.
主客顚倒(주객전도) : 주인과 손님의 위치가 뒤바뀜.
晝耕夜讀(주경야독) : 낮에는 일하고 밤에는 공부함. 어려운 여건 속에서 틈을 내어 공부함.
走馬加鞭(주마가편) : 열심히 하는 사람을 더욱 잘하도록 권장함.
走馬看山(주마간산) : 수박 겉핥기. 자세하지 못하고 겉핥기로 지나침.
竹馬故友(죽마고우) : 어릴 때부터 놀며 자란 벗.
衆寡不敵(중과부적) : 소수는 다수를 대적할 수 없음.
衆口難防(중구난방) : 막기 어려울 정도로 여럿이 마구 지껄임.
重言復言(중언부언) : 같은 말을 반복하다.
知己之友(지기지우) : 서로 뜻이 통하는 친한 벗.
指鹿爲馬(지록위마) : 사람을 농락하여 권세를 마음대로 휘두르다.
支離滅裂(지리멸렬) : 이리저리 흩어지고 찢기어 갈피를 잡을 수 없음.
知彼知己(지피지기) : 상대를 알고 나를 안다.
指呼之間(지호지간) : 부르면 대답할 만한 가까운 거리.
知音   (지음)   : 마음이 통하는 친한 벗.
知者樂水 仁者樂山(지자요수 인자요산) : 지혜로운 자는 물을, 어진 자는 산을 좋아함.
進退兩難(진퇴양난) : 進退維谷(진퇴유곡). 이러지도 저러지도 못하는 어려운 처지.
進退維谷(진퇴유곡) : 궁지에 몰린 입장. 四面楚歌(사면초가). 進退兩難(진퇴양난).

漢字능력검정시험 대비 한자성어 및 고사성어[13]

ㅈ ···· **漢字成語**[한자성어]
嫉逐排斥(질축배척) : 시기하고 미워하여 물리침.

ㅊ ···· **漢字成語**[한자성어]
此日彼日(차일피일) : 약속이나 기한 따위를 미루는 모양.
滄海一粟(창해일속) : 극히 작음. 사람이 천지간에 있음. 九牛一毛(구우일모).
天高馬肥(천고마비) : 하늘이 높고 말이 살찐다. 풍성한 가을을 말함.
千慮一得(천려일득) : 어리석은 자도 간혹 쓸만한 것이 있음.
千慮一失(천려일실) : 지혜로운 자도 간혹 실수가 있음.
天方地軸(천방지축) : 함부로 덤벙거리다.
泉石膏肓(천석고황) : 고질병이 되다시피 자연을 즐기고 좋아함.
千辛萬苦(천신만고) : 온갖 어려움과 고통.
天衣無縫(천의무봉) : 하늘나라 사람의 옷은 꿰맨 곳이 없다. 사물이 흠 없이 완벽함.
天人共怒(천인공노) : 하늘과 땅이 분노하다. 도저히 용서할 수 없음.
千載一遇(천재일우) : 천 년에 한 번 만남. 좀처럼 만나기 어려운 기회.
天眞爛漫(천진난만) : 가식이 없는 말과 행동.
千篇一律(천편일률) : 사물들이 대동소이하여 변화나 차이가 없음.
鐵面皮　　(철면피)　 : 염치를 모르고 뻔뻔한 사람을 비난하는 일.
靑雲之志(청운지지) : 청운의 뜻. 출세하려는 마음.
靑天霹靂(청천벽력) : 뜻밖에 일어나는 변고. 맑은 하늘에 날벼락.
靑出於藍(청출어람) : 제자가 스승보다 실력이나 평판이 뛰어남.
草綠同色(초록동색) : 풀과 녹색은 같은 색. 서로 같은 처지나 부류끼리 어울린다.
寸鐵殺人(촌철살인) : 짤막한 경구로 어떤 일의 급소를 찔러 사람을 감동시킴.
春秋筆法(춘추필법) : 〈춘추〉와 같이 비판적이고 엄정한 筆法(필법).
置之度外(치지도외) : 의중에 두지 않고 도외시함.
七顚八起(칠전팔기) : 七顚八倒(칠전팔도). 여러 번의 실패에도 굽히지 않고 분투함.
針小棒大(침소봉대) : 작은 일을 크게 과장해 말함.

ㅌ ···· **漢字成語**[한자성어]
他山之石(타산지석) : 자기보다 부족한 사람의 언행도 인격을 수양하는 데 도움이 됨.
卓上空論(탁상공론) : 실현성이 희박한 공상.
泰斗　　　(태두)　　 : 泰山北斗(태산북두). 한 분야의 최고로 인정받는 사람.

漢字능력검정시험 대비 한자성어 및 고사성어[14]

ㅌ ···· 漢字成語[한자성어]
泰山北斗(태산북두) : 태산과 북두칠성처럼 존경받는 사람.
泰然自若(태연자약) : 침착하여 어떤 충동에도 마음이 동요하지 않는다.
兎死狐悲(토사호비) : 남의 처지를 보고 자신의 신세를 슬퍼함. 같은 무리의 불행을 슬퍼함.

ㅍ ···· 漢字成語[한자성어]
波瀾萬丈(파란만장) : 인생을 살아가는 데 있어서 기복과 변화가 심함.
破顔大笑(파안대소) : 매우 즐거운 표정으로 활짝 웃음.
破竹之勢(파죽지세) : 대를 쪼개는 기세. 세력이 강하여 막을 수 없게 맹렬히 적은 친다.
破天荒　(파천황)　: 전례가 없는 일을 처음 시작함. (전대미문). (미증유). (최초).
弊袍破笠(폐포파립) : 너절하고 구차한 차림새.
抱腹絶倒(포복절도) : 배를 잡고 몸을 가누지 못할 정도로 몹시 웃다.
飽食暖衣(포식난의) : 배불리 먹고 따뜻하게 입음.
表裏不同(표리부동) : 겉과 속이 다름.
風樹之嘆(풍수지탄) : 부모가 이미 돌아가셔서 효도를 못함. 기회를 잃는 것을 한탄함.
風前燈火(풍전등화) : 바람 앞의 등불. 위급한 상태.
風餐露宿(풍찬노숙) : 거친 음식과 험한 잠자리.
匹夫之勇(필부지용) : 혈기만 믿고 함부로 행동하는 소인의 용기.
匹夫匹婦(필부필부) : 한 사람의 남자와 한 사람의 여자. 평범한 남녀.

ㅎ ···· 漢字成語[한자성어]
鶴首苦待(학수고대) : 학처럼 목을 길게 늘이고 애타게 기다림.
漢江投石(한강투석) : 한강에 돌 던지기. 지나치게 미미하여 전혀 효과가 없음.
邯鄲之步(한단지보) : 자신의 본분을 잊고 남의 흉내만 내면 실패함.
汗馬之勞(한마지로) : 말을 달려 싸움터에서 힘을 다하여 싸운 공로.
汗牛充棟(한우충동) : 짐으로 실으면 소가 땀을 흘리고, 쌓으면 들보에까지 찬다. 매우 많은 책.
含哺鼓腹(함포고복) : 배불리 먹고 배 두드리다.
咸興差使(함흥차사) : 한 번 가면 깜깜무소식.
行動擧止(행동거지) : 몸을 움직이는 모든 것.
虛心坦懷(허심탄회) : 마음속에 아무런 사념 없이 품은 생각을 터놓고 말함.
虛張聲勢(허장성세) : 실속이 없이 허세로 떠벌림.
孑孑單身(혈혈단신) : 아무도 의지할 곳이 없음.

漢字능력검정시험 대비 한자성어 및 고사성어[15]

ㅎ •••• 漢字成語[한자성어]

螢雪之功(형설지공) : 갖은 고생을 하며 학문을 닦아서 이룩한 공.
狐假虎威(호가호위) : 남의 권세를 빌어 자기가 위세를 부리는 것을 비유한 말.
糊口之策(호구지책) : 겨우 먹고 살아가는 방법.
好事多魔(호사다마) : 좋은 일에는 방해물이 많음.
虎視耽耽(호시탐탐) : 범이 먹이를 노려 봄. 기회를 노려보고 있는 모양.
豪言壯談(오언장담) : 허풍을 떨며 하는 말.
浩然之氣(호연지기) : 마음이 크고 올바른 기운.
好衣好食(호의호식) : 좋은 옷과 음식.
胡蝶之夢(호접지몽) : 자연과 한 몸이 된 경지. 인생의 덧없음.
惑世誣民(혹세무민) : 세상을 어지럽히고 백성을 미혹하게 하여 속임.
昏定晨省(혼정신성) : 부모의 잠자리를 정해 드리고 아침에 문안드림.
紅爐點雪(홍로점설) : 힘이 미약하여 아무런 보람을 얻을 수 없음.
弘益人間(홍익인간) : 널리 인간세계를 이롭게 함.
紅一點　　(홍일점)　 : 많은 남자들 가운데 단 한 사람의 여자가 낀 경우.
畵龍點睛(화룡점정) : 가장 중요한 부분을 마무리함으로써 일을 완성함. 사물의 가장 중요한 부분.
花容月態(화용월태) : 아름다운 여인의 얼굴과 맵시.
畵中之餠(화중지병) : 그림의 떡. 보기만 했지 실효성은 없음.
畵虎類狗(화호유구) : 호랑이 그리다 개 그린다. 서툰 솜씨로 도리어 잘못됨.
荒唐無稽(황당무계) : 하는 일이 허황하고 두서가 없음.
虛無孟浪(허무맹랑) : 膾炙人口(회자인구) : 널리 사람의 입에 오르내림.
會者定離(회자정리) : 만나는 자는 반드시 헤어질 운명에 있음.
橫說竪說(횡설수설) : 조리가 없이 말을 함부로 함.
嚆矢　　　(효시)　　 : 우는 화살이나 사물의 처음. 시작이나 사건이 처음 일어난 것.
後生可畏(후생가외) : 젊은이란 장차 얼마나 큰 역량을 나타낼지 헤아리기 어려운 존재.
厚顔無恥(후안무치) : 뻔뻔하여 부끄러운 줄을 모름.
興盡悲來(흥진비래) : 즐거운 일이 다하면 슬픈 일이 다가옴.
喜怒哀樂(희로애락) : 기쁨과 노여움과 슬픔과 즐거움. 사람의 온갖 감정.
喜色滿面(희색만면) : 기쁜 빛이 얼굴에 가득함.
喜喜樂樂(희희낙락) : 매우 기뻐하여 즐거워함.

24일 완성 부수한자

그림 연상 기억법

정가 ▮ 15,000원

지은이 ▮ 손동조 · 손주남
펴낸이 ▮ 차 승 녀
펴낸곳 ▮ 도서출판 건기원

2009년 7월 15일 제1판 제1인쇄 발행
2014년 4월 15일 제2판 제1인쇄 발행

주소 ▮ 경기도 파주시 산남로 141번길 59(산남동)
전화 ▮ (02)2662-1874~5
팩스 ▮ (02)2665-8281
등록 ▮ 제11-162호, 1998. 11. 24

• 건기원은 여러분을 책의 주인공으로 만들어 드리며 출판 윤리 강령을 준수합니다.
• 본서에 게재된 내용 일체의 무단복제 · 복사를 금하며 잘못된 책은 교환해 드립니다.

ISBN 979-11-85490-69-4   13710